KB174975

命理約言

원전 현토 완역

陳素庵 著 / 김정혜 · 서소옥 · 안명순 공역

命理約言

명리약언

이담 Books

蔣序

命書傳世, 不知凡幾, 予閱書無多. 就所知者, 以『命理約言』, 『命理析疑』, 『命理輯要』, 『滴天髓輯要』及『子平眞詮』, 爲最精確. 約言一書, 曩在硯友宣仲策(國勳)處見之. 說其先人宦遊京師, 手鈔遺傳. 予擇要錄存若干則, 以備參攷. 予世居紹興, 雖不以談命爲生涯, 然於讀律之暇, 喜習命學. 尤喜與各地談命家, 互相探討, 交換意識. 鎭江袁公樹珊(阜), 精醫術, 擅命理. 予慕名求敎, 承不棄, 時通訊焉, 偶及約言書. 袁公以未窺全豹爲憾, 囑予寄閱. 予向宣友商[1]借原抄本, 就袁公之所缺者, 錄而補之. 宣本缺起例三十六則, 蒙袁公錄示, 遂爲宣本補入. 予復向戚屬袁幼安(肇基)借抄命理輯要, 及滴天髓輯要, 陸續郵寄袁公, 俾成全璧. 袁公與予約, 以約言書

---
1) 商은 연문인 듯함.

最有價值，世少刊本，擬謨付剞劂，以供同好. 予韙之，及事閱數年，未見實現. 去歲嘉興韋君天里，蒙以研究命理訂交，彼此通訊頻頻，兼由韋介紹其至好張恒夫先生，亦時以命學相問難. 韋係命術家遯道人哲嗣，年少英俊，學有心得. 予聞韋有搜輯命理學說，參以平日談命所得，彙刊成書之議，予卽將約言寄供採擇. 韋謂書中所述學說，與其意見不謨而合. 予遂促其致力於是書，詳加詮註，付印問世，以揚先著，不必另輯矣. 韋然之，閱半載，稿成，乃存原名，紀實也. 由予函請袁公樹珊撰述序文，其中原委，詳見韋序中，予不贅述. 惟命書尚有命理析疑，亦無刊木，名著湮沒，予深惜之. 韋君輯書既竣，囑予校正，并索序焉. 予自知學術荒蕪，言之無文. 爰陳梗概，誌諸簡端，是爲序.

中華民國二十二年，歲在癸酉，暮春中浣，浙江紹興，蔣善瀅清渠，甫序於古越魚化橋畔桂蔭館.

蔣序(장서)

命書가 세상에 전해지는 것이 모두 얼마나 되는지 모르며, 내가 읽어 본 책이 많지 않지만, 아는 것 중에서는 『명리약언』, 『명리석의』, 『명리집요』, 『적천수집요』 및 『자평진전』을 가장 정밀하고 확실한 것으로 여긴다.

약언이라는 책은 전에 연우(학우)인 선중책(국훈)의 처소에서 그것을 보았는데, 그 先人이 京師(서울 낙양)에 가서 벼슬할 적에 손으로 베껴서 전한 것이므로, 내가 중요한 기록을 골라 약간의 조목을 보존하여 참고 자료로 간직하였다.

나는 대대로 소흥에 살면서 비록 談命을 생업으로 삼지는 않았으나 율서를 읽는 틈에 命學 익히기를 좋아했으며, 특히 각 지방의 담명가들과 서로 찾아 토론하며 마음에 깨닫는 바를 좋아했는데, 진강의 원공수산(阜)이 의술에 밝고 명리를 잘한다 하므로, 내가 명성을 사모하여 가르침을 구하자 받아들이고 버리지 않아서 때때로 그에게 소식을 전하던 중 우연히 約言書를 전하기에 이르렀는데, 袁公이 그 책의 전체 내용을 보지 못함을 한스럽게 여기면서 나에게 검열해 줄 것을 부탁하므로, 나는 학우 宣에게서 원초본을 빌려 袁公의 빠진 부분에 대하여 기록 보충하였는데, 宣本에서 36칙이 빠졌으므로 袁公에게 보여 준 기록을 받아서 마침내 宣本으로 보충하여 기입하였다.

나는 다시 척속(인척)인 원유안(조기)에게서 『명리집요』와 『적천수집요』를 빌려 베껴서 계속하여 袁公에게 우편으로 부쳐서, 완전한 책을 이루게 하였다. 원공이 나에게 약속하기를 약언서는 가장 가치가 있는데도 세상에 인쇄된 책이 적으니 미리 계획을 세워 목판에 새겨서 동호인에게 제공하겠다고 하여, 나도 그 말을 옳게 여기고 검열에 전념한 지 몇 년이 되어도 실현하지 못하다가, 지난해 가흥 위천리 군과 命理를 연구하는 것으로 교분을 맺게 되어 서로 통신과 왕래가 빈번했으며, 겸하여 위 군을 통하여 그와 지극히 친한 장항부 선생을 소개받아서 때때로 명학을 가지고 서로 어려운 점을 묻게 되었는데, 위 군은 命術

家이며 은둔한 道人인 哲의 대를 이은 아들로, 어릴 때부터 영민하고 준수하여 命學에 마음으로 깨달음이 있었다. 나는 韋 君이 명리학설을 수집하고 평소에 談命하여 얻은 바를 참고하여 모아서 책을 만들 생각이 있다는 말을 듣고 내가 곧바로 약언을 보내서 채택할 것을 부탁하니, 위 군이 말하기를 책 중에 논술한 학설이 자기의 의견과 모의함이 없는데도 부합한다고 하므로, 내가 마침내 이 책에 힘을 다하여 상세히 詮註를 가하고 인쇄하여 세상에 내놓아서 선인의 저서를 널리 알려지게 하고 달리 수집할 필요가 없다고 재촉하자, 위 군이 그 말을 옳게 여기고 반년 동안 검열하여 원고가 완성되자 이에 原名을 보존하여 사실대로 기록하였고, 또 내가 편지로 원수산 공에게 序文을 지어 줄 것을 청하였는데, 그 가운데의 일의 본말이 위 군의 서문 중에 자세히 보이니, 나는 쓸데없는 말을 더하지 않겠다.

命書 중에 또 『명리석의』가 있는데 역시 나무에 새긴 것이 없어서 名著가 사라져 없어질까 봐 내가 그것을 깊이 애석해하였는데, 위 군이 책 모으기를 마치고 나서 나에게 교정을 부탁하고, 아울러 거기에 서문을 써 주기를 원하였다. 나는 스스로 학술이 모자라고 말에 꾸밈이 없음을 알고 있으니, 대강의 줄거리를 진술하고 간략한 단서를 기록

하여 이것을 서문으로 삼는다.

중화민국 22년(1933) 癸酉년 3월 중순에 절강성 소흥의
장선영청거가 이제 막 고월어화교반 계음관에서 쓰다.

韋 序

　孔子罕言命，而有時亦常言命，豈前後兩異哉？蓋賦命在天，知命在人，人人有命，未必人人皆知．所謂知者，非學問不能造其極，非閱歷不能竟其功，故曰君子，居易以俟命．又曰五十而知天命．魯論終篇，更曰不知命，無以爲君子．聖人勉人知命之意，顧不深且遠哉？千里年纔弱冠，學復荒蕪，薄技片長，閱歷膚淺，敢謂知命耶？惟憶十二歲時，隨先君子石泉公，誦讀子平諸書．先君子諭余曰，學命豈易事哉？必也二事兼備，始可見功．其一多看書，其二多看命，多看書則學術精，多看命則經驗富，二者不可偏廢．孟子有云，盡信書則不如無書．書中之言，能盡是耶？卽盡是矣，能盡達耶？必須以今人之命，參合古人之書，久而久之，自能融會貫通，孰是孰非，不難洞若觀火．斯言也，小子志之不敢忘．及年十八，先君子見背．

余以趨庭所聞，又閱書所得，日與士大夫朝夕研求，反復討論，積五年之久，閱命三萬餘．差幸有所獲，更覺泥古者，不足以談命．先君子向謂學命不能徒讀書者，至此益信．邇來朋好中，有囑余將近年心得，筆之於書，以備遺忘者．奈俗務紛紜，猶未整理就緒，心恆歉焉．客夏紹興蔣清渠先生，忽以清初陳素庵相國所著命理約言四卷，見示．余拜讀至再，欽佩莫名．蓋余所欲言者，陳書中已先我言之，余所不敢言不能言者，陳書中已振襟搖筆，侃侃而言之矣．且識見高超，議論透闢，誠爲命書中唯一之傑作，不獨文章典雅，考據詳明已也．

清渠謂是書乃友人宣君仲策，家藏鈔本，世少流傳，君如謀諸剞劂，必可紙貴洛陽．余遂不辭狂瞀，力任校刊，其篇目略爲更動，間有無關切要者，則稍從割愛．賦二十篇，乃論命之精華．余畧加詮註，俾初學者讀之，得以由淺入深，高明者讀之，得以困同考異．蛇足之譏，知所不免，稿成，質之清渠先生．復蒙謬以精選許之，因是命名爲精選命理約言．先生又謂是書湮沒人世，垂三百年．今竟賴君毅力，得以公諸天下，使命學日進昌明，則人人知命，人人守分，上無戰爭之害，下無攘奪之虞，其功不亦大哉？余唯唯，不敢承，茲因刊印事竣．爰志得書之緣起如此，尚望巨碩宏達，進而教之，則幸甚矣．

民國癸酉春日，浙江，嘉興　韋千里謹識於滬江寓次

韋序(위서)

공자께서 命을 드물게 말씀하셨으나 때때로 또한 일정하게 命을 말씀하셨으니, 어째서 앞뒤가 두 가지로 다른가? 무릇 命을 타고나는 것은 하늘에 달려 있고 命을 아는 것은 사람에게 달려 있는데, 사람마다 命을 지니고 있으나 반드시 사람마다 命을 알지는 못하는 것이다. 이른바 안다는 것은 학문이 아니면 그 지극함에 나아갈 수 없고 겪고 온 이력이 아니면 그 功을 다할 수 없다. 그러므로 "군자는 평이함에 거처하면서 命을 기다린다"라고 하였고, 또 "50세에 天命을 알았다"라고 했으며, 魯論 마지막 편에 다시 또 "命을 알지 못하면 군자가 될 수 없다"라고 했으니, 성인이 사람들에게 命을 알도록 권면한 뜻이 어찌 깊고도 원대하지 않겠는가?

나는(千里) 겨우 약관의 나이로 학문도 모자라고 재주도 적고 장점도 적으며 겪고 온 이력도 천박하니, 감히 命을 안다고 말할 수 있겠는가마는 기억을 회상해 보면 12세 때 선군자 석천공을 따라 자평의 여러 책을 읽고 외웠는데, 선군자께서 나를 깨우쳐 말씀하기를 "命을 배우는 것이 어찌 쉬운 일이겠느냐? 반드시 두 가지 일이 겸비되어야 비로소 功力을 볼 수 있으니, 그중 하나는 독서를 많이 하는 것이고 또 하나는 看命을 많이 하는 것인데, 독서를 많이 하면 학술이 정밀해지고 看命을 많이 하면 경험이 풍부해지므로 두 가지 중 한쪽도 폐지해서는 안 된다."

맹자께서 말씀하시기를 "書를 다 믿는다면 書가 없는 것만 못하다"라고 했으니, 書 중의 말이 다 옳다고 할 수 있겠는가? 비록 모두 옳더라도 속속들이 통달할 수 있겠는가? 반드시 요즘 사람들이 命을 가지고 고인의 書와 참고하여 맞춰 보기를 오래도록 한다면 저절로 자세히 이해하고 일관되게 통하여 무엇이 옳고 무엇이 그른지 불을 보듯 환하게 통달하기가 어렵지 않을 것이라고 하신 이 말씀을 소자가 기억하고 감히 잊지 못하는데, 18세 되던 해에 선군자께서 세상을 떠나셨다. 나는 선친에게 들은 것과 또 책을 읽으면서 터득한 것으로 날마다 사대부들과 조석으로 연구하고 반복 토론하면서 5년의 오랜 세월을 경과하는 동안 命을 검열한 것이 3만이 넘었는데, 조금 다행스러운 것은 얻은 바도 있었고 다시 또 古書에 구애되면 命을 말할 수 없음을 깨달았으니, 선친께서 예전에 命을 배우는 것을 독서만으로는 할 수 없다고 말씀하신 것을 이때에 이르러 더욱 믿게 되었다.

근래에 친한 벗 중에 나에게 근년에 마음으로 터득한 이치를 책에 써서 망각에 대비할 것을 부탁한 자가 있었는데, 어찌나 세속의 잡된 일이 많은지 아직도 일을 정리하여 시작하지 못해서 마음속으로 항상 그것을 미안하게 생각하던 중, 작년 여름에 소흥 장청거 선생이 갑자기 청나라 초기에 진소암 상국이 저술한 『명리약언』 4권을 보여주므로, 나는 정중히 두 번 읽고 나서 감탄함이 말로 형용할 수 없으므로, 무릇 말하자고 한 것을 진소암의 書 중에 이미 나보다 먼저 말하였고, 내가 감히 말하지 못하고 말할 수 없었던 것을 진의 書 중에 이미 흉금을 털어놓고 붓을 움직여 꼬장꼬장하게 말했으며, 또 식견이 높이 뛰어나고 의논이 투철하게 개통하여 진실로 命書 중에 유일한 걸작으로 문장이 단정하고 품위가 있을 뿐 아니라 고증과 근거가 상세하고 분명하였다.

청거 선생이 말하기를 "이 책은 곧 友人인 선중책 군이 집에 보관하던 초본으로 세상에 전해진 것이 적으므로, 그대가 만약 인쇄할 것을 꾀한다면, 반드시 낙양에 종이가 귀해질 것이다"라고 하므로, 나는 마침내 나의 어리석음을 말하지 않고 힘껏 교정하는 일을 맡아 그 편목을 약간 변동하고 그 사이에 절실한 요건에 관계가 없는 것이 있으면 조금 따르기도 하고 아깝지만 버리기도 했다. 賦 20편은 곧 論命의 가장 뛰어난 부분으로, 내가 대략 전주를 가하여 초학자들로 하여금 그것을 읽고 얕은 곳으로부터 깊은 곳에 들어갈 수 있게 하고, 학식이 높은 자들로 하여금 그것을 읽고 같은 것을 근거로 다른 것을 고찰할 수 있게 하였으나, 사족이라는 비난을 면치 못할 바임을 잘 알고 있기에, 원고가 완성되어 청거 선생에게 잘잘못을 묻자, 덮여 있던 오류를 정밀한 선택으로 회복시켰다고 인정하였으므로, 이로 인하여 命名하기를 『정선 명리약언』이라고 하였다.

선생이 또 말하기를 "이 책이 인간 세상에서 사라진 지 300년 가까이 되는데, 이제 마침내 그대의 의연한 노력에 의하여 이것을 천하에 공개하여 命學으로 하여금 날로 진보하고 번창하여 밝아질 수 있다면 사람마다 命을 알고 사람마다 분수를 지켜서, 위로는 전쟁의 해로움이 없고 아래는 양탈(攘奪)의 염려가 없을 것이니, 그 功이 크지 않겠는가?"라고 하므로 나는 공손히 대답만 하고 말을 잇지 못했는데, 이로 인하여 간행하는 일이 갖추어진 것이다. 이에 책을 얻게 된 인연이 이와 같음을 기록하였으니, 바라건대 조예가 깊은 석학과 사리에 통달한 선비가 나와서 나를 가르쳐 주면 매우 다행이라 하겠다.

　　민국 계유년(1933) 春日에 절강, 가흥위천리가 호강우차에서 삼가 쓰다.

『명리약언』은 청나라 초기에 진소암이 저술한 명리서로 1권 法(48편), 2권 賦(20편), 3권 論(48편), 4권 雜論 등 모두 4권으로 이루어졌다.

『명리약언』에서 첫 번째로 "命을 보는 大法은 오행의 생극과 부억에 불과할 뿐이다"[2]라고 했는데, 이 문장은 약언이 말하고자 하는 논명의 큰 뜻을 한마디로 대변하고 있음을 알 수 있다.

『명리약언』은 오행의 생극과 억부를 제외한 대부분의 이론에 대한 잘못을 논리정연하게 논하고 나서 배제할 것을 단호하게 언급하고 있다. 더욱이 대부분의 신살 등을 부정함은 더 말할 필요가 없겠다.

---

2) 看命大法, 不過生尅扶抑而已.

『명리약언』을 자세히 살피면서 연구하며 번역하였는데, 이 책이 명리이론에 한 획을 장식할 만한 가치가 있음을 알 수 있었다. 귀중한 명학서임에도 세상에 간행본 없이 필사본으로 私家에 전해 내려온 『명리약언』이 명리이론에 획기적으로 미친 영향이나 결과는 훗날 실로 크게 나타났다. 다름 아니라 『명리약언』이 나온 후 100년 후쯤에 심효첨이 저술한 『자평진전』의 이론이 『명리약언』에서 발전되어 나온 것을 확인할 수 있었다. 다시 『자평진전』이 나오고 난 몇십 년 후에 또한 『적천수천미』에 임철초의 증주가 『명리약언』과 『자평진전』의 내용에서 나왔음을 알 수 있었다. 이 부분에 대하여 『적천수천미』의 서문을 쓴 원수산은 다음과 같이 말하고 있다. "『적천수천미』 책 가운데 임철초의 증주를 보면 대체로 『명리약언』과 『자평진전』에서 채록했는데 『약언』은 해녕 진상국 소암이 저술하고 『진전』은 산음 심진사 효첨이 저술한 것이다"라고 했다. 그러나 원수산은 『자평진전』이 『명리약언』을 근거로 발전시켜 저술했음을 말하지는 않았다.

이에 지금 삼대 명리서로 꼽히고 있는 『자평진전』과 『적천수천미』의 근원이 곧 『명리약언』이므로, 이 두 책보다 앞서서 『명리약언』을 읽고 공부하면 원리 터득과 命의 분석에 큰 도움이 될 것으로 사료된다.

오행의 생극제화와 억부로 세운 간명법의 체계적 이론을 제외한 여러 가지 잡다한 이론을 배제한『명리약언』이야말로 21세기에 알맞은 현대 명리이론이라 할 수 있으며, 더 나아가 현대 명리이론의 "근본서"라고 말할 수 있겠다.

위천리가『명리약언』을 편집하고 목록을 변동한 후에 書名을『정선 명리약언』이라고 했다. 역자들은 위천리가 편집한『정선 명리약언』으로 번역하였지만 책명을『명리약언』으로 출간하고자 한다.

저자 진소암의 깊은 뜻을 간직하기 위해 원문의 한 글자 한 글자마다 소중히 번역하였다. 부족하고 미흡한 부분이 많지만 명리학의 초학자부터 전문가들에게 작은 도움이라도 되기를 희망한다.

2015년 12월

김정혜·서소옥·안명순

* 원저자 진소암의『명리약언』본문과 위천리 주를 분별하기 위해 위천리 주에는 괄호 처리를 하였다. 그리고 또한 위천리 주는 十干生旺墓等論의 끝부분을 제외하고는 현토를 하지 않았다.

* 참고원서 세 권의 책에 나오는 글자들이 약자와 혼용되어 있어 아래와 같이 원문 글자를 대략 통일하였다.

刦 → 劫 / 即 → 卽 / 逈 → 廻 / 為 → 爲

克 → 剋 / 冲 → 沖 / 既 → 旣 / 叁 → 參

* 참고원서와 문헌

命理約言, 陳素庵相國, 選輯者 韋千里 香港上海印書館, 1987.

精選命理約言, 韋千里, 瑞成書局(B), 中華民國93년(2004).

精選命理約言, 韋千里 編著, 瑞成書局(D2), 2013.

심효첨 저, 김정혜·서소옥·안명순 공역, 『子平眞詮』, 한국학술정보, 2011.

임철초 증주, 김정혜·서소옥·안명순 공역, 『滴天髓闡微』상, 한국학술정보, 2013.

임철초 증주, 김정혜·서소옥·안명순 공역, 『滴天髓闡微』하, 한국학술정보, 2014.

目 錄

命理約言 卷二 賦(二十篇)

命理約言 卷三 論(四十八篇)

命理約言　卷四

命理約言　卷一

法(四十八篇)

1. 看命總法 一(명을 보는 총법 1)

看命大法은 不過生尅扶抑而已니 列下四柱에 先看日
干是何五行이요 隨看月支가 或是生我尅我커나 或是我
生我尅이라

看命의 大法은 생극과 扶抑에 불과할 뿐이니, 사주를 배
열하고 나서 먼저 日干이 어떤 오행인가 보고 이어서 月支
가 혹시 나를 生하는가, 나를 극하는가, 혹은 내가 생하는
것인가, 내가 극하는 것인가를 본다.

如月支本氣透於天干에 寅透甲거나 午透丁이면 卽取
爲格이니 係正官食神偏財偏印은 則宜生之助之하고 係
偏官傷官은 則宜制之化之하며 若本氣未透遭尅이면 則
寅不用甲하고 而用所藏之丙戊하며 午不用丁하고 而用

所藏之己하니 若所藏之神이 又不透遭尅이면 則不用月
支하고 而用別干支之勢盛力旺者爲格하며 其祿刃比劫은
無論在干在支요 均不以取格이며 但用爲日干之助耳라

　가령 月支의 본기가 천간에 투출한 경우에 寅에서 甲이
투출했거나, 午에서 丁이 투출했으면 곧 그것을 취하여 격
으로 삼는데, 정관·식신·편재·편인 등은 마땅히 그것을
생하거나 그것을 부조해야 하고, 편관·상관 등은 마땅히
그것을 억제하거나 인화해야 하며, 만약 본기가 투출하지
않고 극을 당하면 寅의 경우에는 甲을 쓰지 않고 소장된
丙·戊를 쓰며, 午의 경우에는 丁을 쓰지 않고 소장된 己
를 쓰는데 만약 소장된 神이 투출하지 않고 극을 당하면
月支를 쓰지 않고 다른 干支중에 세력이 왕성한 것을 써서
격으로 삼는다. 또 祿·刃·比劫 등은 천간에 있거나 지지
에 있음을 논할 것 없이 모두 격을 취하지 않고 다만 日干
의 보조로 삼는 데 쓸 뿐이다.

　總之컨대 以日干與財官等較其強弱하여 強者抑之하
고 弱者扶之하되 局不能扶抑者는 以運扶抑之요 其必
不可扶者則棄之요 必不可抑者則順之니 惟合化格 一氣
兩神格 暗冲暗合格 不在此例라

요컨대 日干을 기준으로 財·官 등과 그 강약을 비교하여 강한 것은 억제하고 약한 것은 부조하되, 사주 원국에서 부조하거나 억제할 수 없는 경우에는 운에서 그것을 부조하거나 억제해야 하며, 만일 부조할 수 없으면 그것을 버리고, 만일 억제할 수 있으면 그것을 따르는 것이다. 다만 합화격 일기양신격 암충암합격 등은 이러한 예에 해당되지 않는다.

　總之컨대 淺而易見者는 小요 淸而難測者는 大며 淸而有神者는 貴요 濁而無氣者는 賤이며 純粹中和者는 貴而安이요 奇怪偏駁者는 貴而危라 或謂太平之世取正하고 有事之秋取奇라 하나 余嘗閱古今之命數萬컨대 承平安樂도 儘多七煞傷官하고 開創經綸도 不少正官正印하니 特奇正之命이 世多世少은 氣運偶然이요 非奇者生太平之世必無用커나 正者生有事之世必不貴也니라

　총괄하여 말하자면 얕아서 보기 쉬운 것은 작은 命이고, 맑으면서 헤아리기 어려운 것은 큰 命이며, 맑으면서 神氣가 있는 것은 귀한 命이고, 탁하고 氣가 없는 것은 천한 命이며, 순수하고 중화를 이룬 것은 귀하고 편안하며, 기

괴하고 치우친 것은 귀하면서도 위태롭다.

혹자는 태평한 시대에는 바른 것을 취하고 사변이 있을 때에는 기이한 것을 취한다고 하는데, 내가 고금의 命 수만 가지를 검열해 보니 태평한 치세가 계속되어 안락하게 지내는 사람도 늘 칠살과 상관이 많았고, 새로 창업하여 경영하고 다스리는 사람도 정관과 정인이 적지 않았다. 다만 奇命이나 正命이 시대에 따라 많거나 적은 것은 時運의 우연일 뿐이지, 기이한 命이 태평한 시대에 태어나면 반드시 쓸모가 없다거나 正命이 사변이 있는 시대에 태어나면 반드시 귀하게 되지 않는 것이 아니다.

2. 看命總法 二(명을 보는 총법 2)

推命先看日干이 或得時 或失時 或得勢 或失勢와 下坐某支요 緊貼某干이며 於日干生剋扶抑何如하고 隨看餘三干及四支의 於日干生剋扶抑何如니 此恒法也라

命을 추리할 때에는 먼저 日干이 時令을 얻었는지 잃었는지, 세력을 얻었는지 잃었는지, 아래에 어떤 지지를 깔고 앉았고 어떤 천간과 바짝 붙어 있으며, 日干에 대한 生

剋扶抑(생극부억)이 어떤가를 본다. 이어서 나머지 세 천간과 네 지지의 日干에 대한 생극부억이 어떠한가를 보는 것이니, 이것이 불변의 법칙이다.

然不特日干而已요 凡柱中干支皆當如此研究니 如看
年干에 先看得時得勢否와 下坐何支요 緊貼何干이며
於年干生剋扶抑何如하고 隨看餘三干及四支의 於年干
生剋扶抑何如며 月干時干亦然이라

그러나 日干뿐만 아니라 모든 사주 중의 干支를 다 마땅히 이와 같이 연구해야 하는데, 가령 年干을 볼 때에는 먼저 時令을 얻었는지 세력을 얻었는지 여부와, 아래에 어떤 지지를 깔고 앉고 어떤 천간과 바짝 붙어 있으며, 年干에 대한 생극부억이 어떠한가를 본다. 이어서 나머지 세 천간과 네 지지의 年干에 대한 생극부억이 어떠한가를 보며, 月干과 時干을 보는 법도 이와 같다.

如看年支에 先看得時得勢否와 上載何干이요 緊貼何
支며 於年支生剋扶抑何如하고 隨看餘三支及四干의 於
年支生剋扶抑何如며 月日時支亦然이니 如此一一研究

的確하고 然後用之爲官殺이요 爲財印이요 爲食傷이라
도 其是强是弱과 當用當舍가 自然精當無差하여 洞澈
不惑矣니 此看命第一要訣也니라

　가령 年支를 볼 때에는 먼저 시령을 얻었는지 세력을 얻
었는지 여부와, 위에 어떤 천간을 실었고 어떤 지지와 바
짝 붙어 있으며, 年支에 대한 생극부억이 어떤가를 본다.
이어서 나머지 세 지지와 네 천간의 年支에 대한 생극부억
이 어떤가를 보며, 나머지 月·日·時支를 보는 법도 이와
같다. 이와 같이 하나하나의 연구를 확실히 하고, 그런 뒤
에 쓰는 것이 官殺이나 財印이나 食傷이 되더라도, 그 강
하고 약한 것과 써야 할 것과 버려야 할 것이 저절로 이치
에 합당하고 어긋남이 없어서 환하게 통달하여 미혹되지
않을 것이니, 이것이 간명의 제일 중요한 비결이다.

3. 看格局法 一(격국을 보는 법 1)

　格局은 有正有變하니 正者는 五行之常理也니 曰正
官 曰偏官 曰印 曰財 曰食神 曰傷官이요 變者는 亦五
行之常理나 而取用則異矣니 曰從 曰化 曰一行得氣 曰

兩神成象 曰暗衝 曰暗合이라

　격국에는 정격이 있고 변격이 있는데, 정격은 오행의 일
정한 이치이니, 正官격 偏官격 印격 財격 食神격 傷官격
등이고, 변격도 오행의 일정한 이치이나 용신을 취함이 다
르니, 從격 化격 일행득기격 양신성상격 암충격 암합격 등
이다.

　凡正格은 未有不相兼者니 官殺必兼印財요 印財必兼
官殺이요 食傷必兼印財니 推之須詳하고 取之須確하며
變格은 更宜精審이니 從化須極眞이요 一行兩神須無難
이요 暗冲暗合須至當이라 俱勿依稀妄取니 開列於左하
노라

　무릇 정격은 서로 겸하지 않음이 없으니, 정관격과 편관
격은 반드시 印과 財를 겸하고, 인격이나 재격은 반드시
관이나 살을 겸하고, 식신격과 상관격은 반드시 인이나 재
를 겸하니, 추리하기를 반드시 상세히 하고 취하기를 반드
시 확실히 해야 한다.

　변격은 더욱 마땅히 정밀하게 살펴야 하니, 종격과 화격
은 반드시 眞을 다해야 하고, 일행득기와 양신성상격은 반
드시 잡됨이 없어야 하고, 암충과 암합격은 반드시 이치에

합당해야 하므로, 모두 분명치 않은 것을 함부로 취하지
말아야 하니, 이것을 아래에 열거한다.

正官格

兼印曰官印格   정관격이 印을 겸하면 官印격이라 하고

兼財曰財官格   정관격이 財를 겸하면 財官격이라 한다.

偏官格

兼印曰殺印格   편관격이 印을 겸하면 殺印격이라 하고

兼財曰財殺格   편관격이 財를 겸하면 財殺격이라 한다.

印 格

兼官曰官印格   인격이 官을 겸하면 官印격이라 하고

兼殺曰殺印格   인격이 殺을 겸하면 殺印격이라 한다.

財 格

兼官曰財官格   재격이 官을 겸하면 財官격이라 하고

兼殺曰財殺格   재격이 殺을 겸하면 財殺격이라 한다.

食神格

用殺曰食神制殺格   식신격이 殺을 쓰면 식신재살격이
라 하고

用財曰食神生財格   식신격이 財를 쓰면 식신생재격이
라 한다.

傷官格

取印曰傷官用印格   상관격이 印을 취하면 상관용인격
이라 하고

取財曰傷官生財格   상관격이 財를 취하면 상관생재격
이라 한다.

從 格

日主無根滿局皆官曰從官格   일주가 무근하고 局에 가
득 찬 것이 모두 官일 경우에 종관격

日主無根滿局皆財曰從財格   일주가 무근하고 局에 가
득 찬 것이 모두 財일 경우에 종재격

日主無根滿局皆傷曰從傷格   일주가 무근하고 局에 가
득 찬 것이 모두 傷일 경우에 종상격

日主無根滿局皆殺日從殺格　　일주가 무근하고 局에 가득 찬 것이 모두 殺일 경우에 종살격

日主無根滿局皆食日從食格　　일주가 무근하고 局에 가득 찬 것이 모두 食일 경우에 종식격

化 格

日化土格

甲日合己月或己時　　化土格은 甲日이 己月이나 己時와 합하거나

己日合甲月或甲時　　己日이 甲月이나 甲時와 합하는 경우이다.

日化金格

乙日合庚月或庚時　　化金格은 乙日이 庚月이나 庚時와 합하거나

庚日合乙月或乙時　　庚日이 乙月이나 乙時와 합하는 경우이다.

日化水格

丙日合辛月或辛時 　화水格은 丙日이 辛月이나 辛時와

합하거나

辛日合丙月或丙時 　辛日이 丙月이나 丙時와 합하는 경

우이다.

日化木格

丁日合壬月或壬時 　化木格은 丁日이 壬月이나 壬時와

합하거나

壬日合丁月或丁時 　壬日이 丁月이나 丁時와 합하는 경

우이다.

日化火格

戊日合癸月或癸時 　化火格은 戊日이 癸月이나 癸時와

합하거나

癸日合戊月或戊時 　癸日이 戊日이나 戊時와 합하는 경

우이다.

一行得氣格

日曲直格   곡직격은

木日全寅卯辰木方 或亥卯未木局   木日이 寅卯辰木方
이나 亥卯未木局일 때

日炎上格   염상격은

火日全巳午未火方 或寅午戌火局   火日이 巳午未火方
이나 寅午戌火局일 때

日從革格   종혁격은

金日全申酉戌金方 或巳酉丑金局   金日이 申酉戌金方
이나 巳酉丑金局일 때

日潤下格   윤하격은

水日全亥子丑水方 或申子辰水局   水日이 亥子丑水方
이나 申子辰水局일 때

日稼穡格   가색격은

土日全辰戌丑未局   土日이 辰戌丑未局을 갖출 때

兩神成象格

水木各占二干二支曰水木相生格

水와 木이 각각 2干과 2支를 차지하면 水木상생격이라
하며

木火各占二干二支曰木火相生格

木과 火가 각각 2干과 2支를 차지하면 木火상생격이라
하며

火土各占二干二支曰火土相生格

火와 土가 각각 2干과 2支를 차지하면 火土상생격이라
하며

土金各占二干二支曰土金相生格

土와 金이 각각 2干과 2支를 차지하면 土金상생격이라
하며

金水各占二干二支曰金水相生格

金과 水가 각각 2干과 2支를 차지하면 金水상생격이라
한다.

木土各占二干二支曰木土相成格

木과 土가 각각 2干과 2支를 차지하면 木土상성격이라
하며

土水各占二干二支曰土水相成格

土와 水가 각각 2干과 2支를 차지하면 土水상성격이라 하며

水火各占二干二支曰水火相成格

水와 火가 각각 2干과 2支를 차지하면 水火상성격이라 하며

火金各占二干二支曰火金相成格

火와 金이 각각 2干과 2支를 차지하면 火金상성격이라 하며

金木各占二干二支曰金木相成格

金과 木이 각각 2干과 2支를 차지하면 金木상성격이라 한다.

暗衝格

日沖官格

丙午日午多沖子　　충관격은 丙午日에 午가 많아 子를 沖하거나

丁巳日巳多沖亥　　丁巳日에 巳가 많아 亥를 沖하는 경우이다.

日沖官格

庚子壬子二日子多沖午　　충관격은 庚子일 壬子일에 子가 많아 午를 충하거나

辛亥癸亥二日亥多沖巳　　辛亥일 癸亥일에 亥가 많아 巳를 충하는 경우이다

日暗沖格

庚日申子辰全沖寅午戌　　암충격은 庚日에 申子辰이 갖춰져 寅午戌을 충하는 경우이다

暗合格

皆日合官格　　　　　합관격은

甲辰日辰多合酉 甲辰일에 辰이 많으면서 酉와 합하거나

戊戌日戌多合卯 戊辰일에 戌이 많으면서 卯와 합하거나

癸卯日卯多合戌 癸卯일에 卯가 많으면서 戌과 합하거나

癸酉日酉多合辰 癸酉일에 酉가 많으면서 辰과 합할 경우이다

以上은 正變諸格作用으로 或載於賦커나 或著於法이니
宜通閱之니라

이상은 정격과 변격의 여러 격의 작용으로 부(賦)와 법
(法)에 기록한 것이니, 마땅히 이것을 두루 검열해야 한다.

4. 看格局法 二(격국을 보는 법 2)

五行之理는 祇是生我剋我와 我生我剋이로되 但不設
名目이면 不便推詳이라 故古人立官殺印財食傷之名이
요 而六格出焉이라 然所謂官者는 非誠官爵이요 所謂
印者는 非誠印章이요 所謂財者는 非誠資財요 所謂食
者는 非誠祿食이요 所謂殺者는 非誠殺害이요 所謂傷
者는 非誠損傷이니 故得時得局이면 殺傷可以富貴요
失時失局이면 官印可以貧賤이라

오행의 이치는 다만 나를 生하거나 나를 剋하는 것과 내
가 생하거나 극하는 것뿐인데, 다만 명목을 설정하지 않으
면 자세히 헤아리기가 불편하므로, 옛사람이 官·殺·印·
財·食·傷 등의 이름을 지어 붙였으며, 六格이 여기에서
나온 것이다. 그러나 이른바 官이란 것은 실제 관직이 아

니며, 이른바 印이란 것은 실제의 인장(도장)이 아니며, 이른바 財란 것은 실제의 자재나 재물이 아니며, 이른바 食이란 것은 실제의 녹식(祿食)이 아니며, 이른바 殺이란 것은 실제의 살해가 아니며, 이른바 傷이란 것은 실제의 손상이 아니니, 바로 時를 만나고 局을 이루면 殺이나 傷도 부귀할 수 있고, 時를 잃고 局을 이루지 못하면 官이나 印도 빈천할 수 있다.

大抵成格則爲上命이요 破格則爲下命이니 然有初看甚吉이나 而竟不吉하여 或吉凶相參者하고 初看甚凶이나 而竟不凶하여 或吉凶相參者하니 此乃柱中有暗神助格破格하여 而不易見也라 又有細看仍吉而終不吉하여 或吉凶相參者하고 細看仍凶而終不凶하여 或吉凶相參者하니 此乃運中有暗神助格破格이로되 而未及察也라

대체로 격을 이루면 上命이 되고 격을 파괴하면 下命이 되는데, 그러나 처음 볼 때에는 매우 길한데도 마침내 불길하여 혹 길과 흉이 서로 뒤섞인 경우도 있고, 처음 볼 때에는 매우 흉한데도 마침내 흉하지 않아서 혹 길과 흉이 서로 뒤섞인 경우도 있으니, 이것은 곧 사주 중에 암신이 격을 돕거나 격을 파괴함이 있어서 보기가 쉽지 않다. 또

자세히 보아도 곧 길한 듯한데 마침내 불길하여서 길과 흉이 서로 뒤섞인 경우도 있고, 자세히 보아도 곧 흉한 듯한데 마침내 흉하지 않아서 혹 길과 흉이 뒤섞인 경우도 있으니, 이것은 바로 운중에 암신이 격을 돕거나 격을 파괴함이 있는데도 미처 살피지 못한 것이다.

且或卽此一字라도 而助格破格亦在此니 是以吉處藏凶이요 凶中隱吉이라 昔賢諄諄言之니 豈不精審乎리오 若人命更有令神無力하고 六神皆輕하여 不敢取某神爲格者하니 固多下命이나 亦有上命하니 此亦隨柱斟酌이요 逐運消詳이며 不必膠執取格也라

또 곧 그것이 한 글자라도 격을 돕거나 파괴함이 거기에 달려 있으니, 이 때문에 길한 곳에 흉함을 감추고, 흉중에 길이 숨어 있으므로, 옛 현인이 자세히 이것을 말했으니, 어찌 정밀하게 살피지 않겠는가? 혹 人命에는 또 월령의 신이 무력하고 육신도 모두 경미하여 감히 어떤 신도 격으로 취할 수 없는 경우가 있는데, 본래 하등의 命이 많지만 또한 상등의 命도 있으니, 이 또한 사주에 따라 헤아리고 운에 따라 자세히 살펴야 하며, 격을 취하는 데 집착할 필요는 없다.

至於諸變格도 亦不外生剋之理니 從局化局은 則欲生
扶其所從所化요 不欲損剋其所從所化며 一行得氣는 則
欲生扶死此一行[3]이요 不欲損剋此一行이며 兩神成象
은 則或相生이든 或相剋이든 欲淸不欲混이며 暗沖暗
合은 則暗取剋我之神이라 欲虛不欲實이니 此其大略也
라 然變局有時似成矣나 而竟不成하고 有時似不成矣나
而竟有成이라 此亦吉藏凶이요 凶隱吉耳니 寧求全이면
毋姑取可也니라

여러 가지 변격에 이르러서도 생극의 이치를 벗어나지
않으니, 從局과 化局은 그 從하거나 化하는 것을 생부하기
를 원하고 손극하기를 원치 않는다. 일행득기는 그 일행을
생부하는 것을 원하고 손극하는 것을 원치 않으며, 양신성
상은 상생하는 경우이든 상극하는 경우이든 청(淸)한 것을
원하고 혼잡한 것을 원하지 않으며, 암충과 암합은 나를
극하는 신을 속으로 취하므로, 허한 것을 원하고 실한 것
을 원치 않는 것이니, 이것이 그 대략이다. 그러나 변국도
때로는 이루어진 듯한데도 이루어지지 않은 경우도 있고,
때로는 이루어지지 않은 듯한데도 마침내 이루어짐이 있

---

3) 死는 연문이 듯함.

는 경우도 있다. 이것도 역시 길한 곳에 흉을 감추고 흉중에 길이 숨어 있을 뿐이니, 차라리 온전함을 찾을지언정 당장에 편한 것만을 취하는 것은 옳지 않다.

5. 看用神法(용신을 보는 법)

命以用神爲緊要하니　看用神之法은　不過扶抑而已니 凡弱者宜扶하니 扶之者卽用神也요 扶之太過엔 抑其扶者爲用神이요 扶之不及엔 扶其扶者爲用神이라 凡强者宜抑엔 抑之者卽用神也요 抑之太過엔 抑其抑者爲用神이요 抑之不及엔 扶其抑者爲用神이라

命에서는 용신을 긴요한 것으로 여기는데, 용신을 보는 법은 扶助(부조)와 抑制(억제)에 불과할 뿐이니, 무릇 약한 것은 부조해야 하는데 부조하는 것이 용신이며, 부조함이 지나친 경우에는 그 부조를 억제하는 것이 곧 용신이며, 부조함이 모자라는 경우에는 그 부조를 부조하는 것이 곧 용신이다. 무릇 강한 것은 억제해야 하는데 억제하는 것이 용신이며, 억제함이 너무 지나친 경우에는 그 억제를 억제하는 것이 곧 용신이며, 억제함이 모자라는 경우에는 그

억제를 부조하는 것이 용신이다.

如木弱扶之以水하니 水扶太過면 制水以土하고 水扶
不及이면 生水以金하며 木强抑之以金하니 金抑太過면
制金以火하고 金抑不及이면 生金以土하니 至同類之相
助와 財氣之相資도 亦扶也며 生物洩其氣와 克物殺其
勢도 亦抑也라

가령 木이 약하면 그것을 水로 부조해야 하는데, 水의
부조가 지나치면 土로써 水를 억제하고, 水의 부조가 모자
라면 金으로 水를 생조하며, 木이 강하면 그것을 金으로
억제하는데, 金의 억제가 너무 지나치면 火로써 金을 억제
하고, 金의 억제가 모자라면 土로써 金을 생조해야 하는
것이니, 같은 부류끼리 서로 돕거나 마름질(재단)하는 氣끼
리 서로 돕는 것에 이르러서도, 역시 부조이며, 生하는 물
건으로 그 氣를 누설하기나 극하는 물건으로 그 세력을 죽
이는 것도 역시 억제이다.

是故로 有日主之用神焉하니 六神之扶抑日主者是也
요 有六神之用神焉하니 六神之互相扶抑者是也니 六神

之用神이 即爲日主用也며 有原局之用神焉하니 局中本
具之扶抑是也요 有行運之用神焉하니 運中補足之扶抑
是也니 行運之用神이 即爲原局用也라

　그러므로 사주에는 日主의 용신이 있으니 六神이 日主
를 부조하거나 억제하는 것이 그것이며, 육신의 용신이 있
으니 육신끼리 부조하거나 억제하는 것이 그것인데, 육신
의 용신이 곧 日主의 쓰임이 되는 것이며, 사주에는 원국
의 용신이 있으니 局중에 본래 갖추고 있는 부조와 억제가
그것이며, 행운의 용신이 있으니 운 가운데서 보충해 주는
부조와 억제가 그것인데, 행운의 용신이 곧 원국에 쓰임이
되는 것이다.

　用神無破爲吉이요 有助則更吉이며 用神有損爲凶이
요 無救則更凶이며 命譬之身이요 用神譬之身之精神이
니 精神厚則身旺하고 精神薄則身衰하며 精神長存則身
生하고 精神壞盡則身死하니 看命者는 看用神而已矣라

　용신이 파괴됨이 없으면 吉하고 부조가 있으면 더욱 길
하며, 용신에 손상됨이 있으면 凶하고 구원함이 없으면 더
욱 흉하다. 命은 몸에 비유되고 용신은 몸의 정신에 비유

되니, 정신이 넉넉하면 몸이 왕성하고 정신이 적으면 몸이 쇠약하며, 정신이 오래 보존되면 몸이 살고 정신이 허물어지면 몸이 죽는 것이니, 命을 본다는 것은 용신을 보는 것일 뿐이다.

  然取用神之法은 雖當專一而不眩이나 亦宜變通而勿拘니 如正偏官格에 有時制化互用이요 甚或生制參用이라 況行運數十年에 無俱木俱金之理니 嘗見大富貴之命은 不恃一神爲用이요 其專恃一神者는 及補偏救弊之命耳라

  그러나 용신을 취하는 방법은 비록 마땅히 한결같게 하여 갈팡질팡하지 말아야 하지만, 또한 그때그때 형편에 따라 처리하고 일정한 규칙에 억매이지 말아야 한다. 가령 정관이나 편관격에서 때로는 制와 化가 서로 넘나들면서 쓰이기도 하고, 어떤 때는 生과 制가 나란히 섞여 쓰이기도 한다. 더구나 행운 수 10년 동안에 모두 木이거나 모두 金일 이치가 없으니, 경험해 본 바로는 크게 부귀하는 命은 하나의 神에 의지하여 용신으로 삼지 않았으며, 오로지 하나의 神만을 의지하는 경우에는 치우친 것을 보충하고 폐단을 구제하는 命에 이르렀을 뿐이다.

抑更有說焉이면　有體而後有用이니　日主六神體也요
扶抑日主六神者는　用也니　苟日主六神이　或强不可制커
나　或衰不堪扶커나　或散漫無倫커나　或戰爭不定이면
是則體先不成이니　用於何有리오　其爲下命決矣니라

　다시 또 말하자면 본체가 있은 뒤에 작용이 있는 것이
니, 일주와 육신은 본체이고, 일주와 육신을 부조하거나
억제하는 것은 용신인데, 만일 일주나 육신이 혹 강하여
억제할 수 없거나, 혹 너무 쇠하여 부조할 수 없거나, 혹은
산만하여 차례가 없거나, 서로 다투어 안정되지 않았다면,
이것은 본체가 우선 이루어지지 않은 것이니, 작용이 어디
에 있겠는가? 그 하등의 命이 됨이 틀림없을 것이다.

6. 看生年法(생년을 보는 법)

　古時以生年干支論命이요　後來專主日干이나　然生年
終爲根本이라　年干重於月干이요　年支重於月支며　若得
時得勢하여　氣力較大면　其干支力亦相等이니　術者多有
重年干이요　輕年支者는　蓋惑於流年重天干之說하여　謂
柱中亦然耳이라　無論干支共司一歲之事니　卽如種種神

煞이 從年干起者少하고 從年干起者多4)라도 何容妄有
軒輊乎리오

옛날에는 생년의 간지로 命을 논하고, 후대에는 오로지
日干을 위주로 하지만 그러나 생년이 마침내 근본이 된다.
年干이 月干보다 중하고, 年支가 月支보다 중한 것이며,
만약 시령을 얻고 세력을 얻어서 氣力이 분명하게 커지면,
그 간지의 힘도 역시 서로 대등한 것인데, 술자들이 年干을
중히 여기고 年支를 가볍게 여기는 경우가 많은 것은, 대
체로 유년은 천간을 중히 여긴다는 설에 미혹되어 柱중에
서 그와 같다고 말할 뿐이다. 천간이나 지지를 막론하고 한
해의 일을 함께 맡으니, 가령 여러 가지 신살들이 年干에서
비롯된 것이 적고 年支에서 비롯된 것이 많더라도, 어찌
함부로 높고 낮음이 있다고 말하는 것을 용납하겠는가?

若舊書所載歲德扶官扶殺扶財等格은 則又不然하니 夫
五陽干爲歲德이요 五陰干爲歲德合이어늘 安可混以德
稱이며 且官殺財可扶면 印食何不可扶리오 況殺非吉神
이니 方將制之化之어늘 奈何扶之리오 總之컨대 合四

---

4) 年干은 年支가 되어야 함.

柱干支取斷이라야 斯無弊之道耳니라

또 구서에 기재된 세덕부관이나 세덕부살 세덕부재 등의 격 또한 옳지 않으니, 무릇 다섯 陽干은 세덕이 되고 다섯 陰干은 세덕합이 되는데, 어떻게 다 같이 덕으로 칭할 수 있겠으며, 또 官·殺·財를 부조할 수 있다면 印과 食은 왜 부조할 수 없는가? 더구나 살은 길신이 아니니, 바야흐로 그것을 제지하거나 引化해야 하는데, 어째서 그것을 부조해야 하는가? 총괄하여 말하자면 사주의 간지를 합하여 판단을 취해야만 폐단이 없는 도리일 뿐이다.

7. 看月令法 一(월령을 보는 법 1)

格局先取當令이요 次取得勢라 (詳於賦中) 若日主之爲旺爲弱과 官殺財印食傷之爲旺爲弱도 亦先以月令推之니 如木在春月爲旺이요 在驚蟄以後로 穀雨以前엔爲尤旺이며 在秋月爲弱이요 在白露以後로 霜降以前엔爲尤弱이나 或黨多援衆하면 則秋木亦旺하며 勢孤克衆하면 則春木亦弱하나니 餘倣此니라

격국은 먼저 월령을 담당하는 것을 취하고, 다음에 세력

을 얻은 것을 취한다. (격국부에 상세히 기록되었음) 일주가 旺에 속하는가? 弱에 속하는가? 관·살·재·인·식·상 등이 왕에 속하는가 약에 속하는가에 이르러서도 역시 먼저 월령으로 그것을 헤아리는 것이다. 예컨대 木은 춘월에는 왕에 속하는데, 경칩 이후부터 곡우 이전까지는 더욱 왕하며, 추월에는 약에 속하는데 백로 이후로부터 상강 이전까지는 더욱 약하지만, 혹 같은 무리가 많고 도와주는 것이 많으면 추월의 木일지라도 旺하며, 형세가 외롭고 극하는 것이 많으면 춘월의 木일지라도 약한 것이니, 나머지도 이와 같다.

神峯張楠이 謂生本氣之月이라도 反不能任剋하여 止可一二點剋神이요 多剋必倒며 生受剋之月이라도 而有生扶者면 反能任剋이라 하니 試之屢驗하여 以爲理外之見이나 余考舊命誠有之하니 此盛衰倚伏이 亦非理外也라

신봉 장남이 本氣의 月에 태어나도 도리어 극을 감당하지 못하여 단지 한두 점의 극신을 감당할 뿐이고 극이 많으면 반드시 넘어지며, 극을 당하는 월에 태어나더라도 생부함이 있으면 오히려 극을 감당할 수 있다고 말했는데,

이것을 누차 시험하면서 이치 밖의 견해로 여겼으나, 내가 옛사람의 命을 살펴볼 때 진실로 그러한 것이 있었으니, 이렇게 성하고 쇠함이 서로 인연이 되어 일어섰다 엎드렸다 하는 것이 역시 이치 밖의 일이 아니었다.

若令支所藏이 或二神이요 或三神이니 其取用之法은 如甲生寅月엔 先論甲木이요 次論丙火戊土니 或寅字損壞無氣면 則取丙戊하고 或寅字雖無損傷이라도 而丙戊中有一透干成象者면 則亦取之하니 否則無舍甲而用丙戊者니 餘支皆然이라

월령의 지지에 소장된 것(지장간)이 혹 두 神이나 세 神인데, 그 用을 취하는 법은 가령 甲이 寅月에 태어난 경우에는 먼저 甲木을 논하고 다음에 丙火와 戊土를 논하는 것이니, 혹 寅이 손괴되어 無氣하면 丙이나 戊를 취하고, 혹 寅이 비록 손상이 없더라도 丙이나 戊중에 하나가 천간에 투출하여 상을 이룬 것이 있으면 또한 그것을 취하는데, 그렇지 않고서는 甲을 버리고 丙·戊를 쓰는 경우가 없는 것이니, 나머지 지지도 모두 이와 같다.

舊書謂行運必不可沖月令이니 沖必不利라 하니 夫人

生六十歲左右엔 不論順逆이요 運無不冲令者어늘 多有
安富尊榮하니 豈皆不利乎며 且格局有不恃令神者요 又
有令神强旺하여 不畏冲者니 何可槪論乎리오 惟原命止
恃此令神이요 而令神本來單弱엔 則誠不可冲耳니라

舊書(구서)에 행운은 반드시 월령을 충하지 말아야 하니,
충하면 반드시 불리하다고 말했는데, 무릇 사람이 60세 정
도 살 때에는 행운의 순역을 막론하고 운에서 월령을 충하
지 않을 경우가 없을 것인데도 편안하고 부유하고 존귀하
고 영화로운 자가 많이 있으니, 어찌 모두 불리하다 하겠
으며? 또 격국이 월령의 신에 의지하지 않는 경우도 있고,
다시 또 월령의 신이 강왕하여 충을 두려워하지 않는 경우
도 있으니, 어찌 한데 뭉뚱그려서 논할 수 있겠는가? 다만
원명이 이 월령의 신에 겨우 의지하고 있는데 월령의 신이
본래 허약하다면 진실로 충해서는 안 된다.

8. 看月令法 二(월령을 보는 법 2)

舊書十二月支中所藏諸干이 俱分日用事라 하니 相沿
旣久하여 遵若金科玉律이나 但實理不然하니 推本論之

컨대 寅卯只是甲乙木이요 巳午只是丙丁火요 申酉只是
庚辛金이요 亥子只是壬癸水요 辰戌丑未只是戊己土며
若亥有甲이요 寅有丙이요 巳有庚이요 申有壬은 蓋木
火金水生地之故며 未有乙이요 戌有丁이요 丑有辛이요
辰有癸는 蓋木火金水墓地之故며 辰又有乙이요 未又有
丁이요 戌又有辛이요 丑又有癸는 蓋木火金水餘氣之故
며 寅巳又有戊요 午又有己는 蓋土隨火母生旺之故라

　구서에 12달의 지지 중에 소장된 여러 천간이 모두 날짜
를 분담하여 用事한다고 하였는데, 그대로 답습해 온 지
이미 오래되어 금과옥률처럼 따르고 있으나, 다만 실제의
이치는 그렇지 않다. 근본을 미루어 논한다면 寅과 卯는
다만 甲乙木뿐이고, 巳와 午는 다만 丙丁火뿐이고, 申과
酉는 다만 庚辛金뿐이고, 亥와 子는 다만 壬癸水뿐이고,
辰戌丑未는 다만 戊己土뿐이다. 또 亥중에 甲木이 있고,
寅중에 丙이 있고, 巳중에 庚이 있고, 申에 壬이 있는 것은
다 木火金水의 生地이기 때문이다. 未중에 乙이 있고, 戌
중에 丁이 있고, 丑중에 辛이 있고, 辰중에 癸가 있는 것은
다 木火金水의 묘지(墓地)이기 때문이다. 辰중에 다시 또
乙이 있고, 未에 또 丁이 있고, 戌중에 또 辛이 있고, 丑중
에 또 癸가 있는 것은 다 木火金水의 여기(餘氣)이기 때문
이며, 寅과 巳중에 또 戊가 있고, 午중에 또 己가 있는 것

은 다 土가 火母를 따라 생왕하기 때문이다.

　總之컨대 但有其氣요 非能分諸支之位하여 而各得若
干日也니 惟有其氣라 故論命者는 必兼取之요 惟不能
分其位라 故論命者必以本支爲主요 而後及其所藏也라

　총괄하여 논하자면 다만 그 氣만 있을 뿐이지, 여러 가
지의 자리를 분담하여 각각 얼마쯤의 날짜를 맡을 수 있는
것이 아니다. 오직 그 氣가 있기 때문에 命을 논하는 자는
반드시 그것을 함께 취해야 하며, 그 자리를 나눌 수 없기
때문에 命을 논하는 자는 반드시 본 지지를 위주로 하고,
그다음에 그 소장된 지지에 이르러야 하는 것이다.

　今列舊例於左컨대 若果如其所分인덴 則巳有戊는 猶
可言也나 亥有戊요 寅申有己는 有是理乎아 古今論命
에 曾有遇亥月而取戊요 遇寅申月而取己者乎아 且又牽
於土生申之說이라 故於申中混列戊己共七日이니 夫諸
支皆分某干若干日이면 申中何不明分戊若干日이요 己
若干日乎아 論命逢申이면 將取戊乎아 取己乎아

　이제 구(舊) 예를 아래에 열거하니, 만약 과연 그 분담하
는 바와 같다면 巳중에 戊가 있다는 것은 그래도 말할 수

있으나, 亥중에 戊가 있고 寅과 申중에 己가 있다는 것은, 이러한 이치가 있을 수 있겠는가? 古今의 논명에서 일찍이 亥月을 만났을 때 戊를 취하고, 寅·申月을 만났을 때 己를 취한 경우가 있었는가? 게다가 또 土가 申을 생한다는 설에 억매임을 당했기 때문에, 申중에 戊己가 함께 7일이라고 섞어 열거하니, 무릇 여러 가지가 모두 무슨 천간에 며칠을 분담한다면, 申중에는 왜 戊 며칠 己 며칠을 분담한다고 밝히지 않았는가? 논명을 할 때 申을 만나면 장차 戊를 취해야 하는가? 己를 취해야 하는가?

舊書陰生於子午卯酉하니 則子午卯酉中에 當亦分乙丁辛癸各若干日컨을 何以止言長生이요 而不分日乎아 陽之所墓에 旣能分日이면 陰之所墓에 何不亦分日乎아 四時止有三百六十五日이어늘 乃每支中諸干皆共三十一日이면 豈非四時共三百七十二日乎아 種種難通하니 將何說以處此이로 則各干分日에 萬不可拘矣니라

　구서에 陰干(음간)은 子午卯酉에서 生한다고 했는데, 그렇다면 子午卯酉중에 당연히 또한 乙丁辛癸가 각각 며칠을 분담한다고 해야 할 것인데, 무엇 때문에 다만 장생만 말하고 날짜를 구분하지 않았는가? 陽干(양간)의 묘에 이미 날짜를 구분할 수 있다면 음간의 묘에는 왜 날짜를 구

분하지 않았는가? 四時에는 다만 365일이 있을 뿐인데, 마침내 매 지지 중에 여러 가지 천간이 모두 31일씩 이른다면 어찌 사시가 모두 372일이 아니겠는가? 각가지로 통달하기 어려우니 장차 어떤 설명으로 여기에 대처해야 하는가? 그렇다면 각각의 천간이 날짜를 분담한다는 말에 절대로 억매이지 말아야 한다.

舊 例

子	壬十日三分半 癸二十日六分半 辛長生 壬(10.35일)　癸(20.65일)　(辛의 장생)
丑	癸九日三分 辛三日一分 己十八日六分 癸(9.3일)　辛(3.1일)　己(18.6일)
寅	丙七日三分半 己七日二分半 甲十六日五分 丙(7.35일)　己(7.25일)　甲(16.5일)
卯	甲十日三分半錢 乙二十日六分半 癸長生 甲(10.35일)　乙(20.65일)　(癸의 장생)
辰	乙九日三分 癸三日一分 戊十八日六分 乙(9.3일)　癸(3.1일)　戊(18.6일)
巳	庚七日二分半 戊七日二分半 丙十六日五分半 庚(7.25일)　戊(7.25일)　丙(16.5일)
午	丙十日三分半 己九日三分 丁十一日三分半 丙(10.35일)　己(9.3일)　丁(11.35일)
未	丁九日三分 乙三日一分 己十八日六分 丁(9.3일)　乙(3.1일)　己(18.6일)
申	戊己七日二分半錢 壬七日二分半 庚十六日三分 戊己(7.25일)　壬(7.25일)　庚(16.3일)
酉	庚十日三分半 辛二十日六分半 丁長生 庚(10.35일)　辛(20.65일)　丁의 장생
戌	辛九日三分 丁三日一分 戊十八日六分 辛(9.3일)　丁(3.1일)　戊(18.6일)
亥	戊七日三分半 甲七日二分半 壬十六日五分 戊(7.35일)　甲(7.25일)　壬(16.5일)

再考歷法건대 木火金水는 分旺四時가 各七十二日이
요 土旺四季가 各十八日이니 立春日始에 甲木用事三
十六日하고 驚蟄後六日에 乙木用事三十六日하고 淸明
後十二日에 戊土用事十八日하며 餘仿此니 是則卯月前
六日은 當用甲不用乙이요 辰月前十二日은 當用乙不用
戊癸어늘 然昔人論命에 甲木生卯月前六日엔 取卯爲刃
이요 不以爲本氣며 生辰月前十二日엔 先論季土하고
次取透干之乙癸하여 未有竟取乙者하니 蓋旣已分建이
로되 卯自當從乙하고 辰自當從戊하여 且命法不同歷法
也니라

역법을 다시 살펴보면 木火金水는 四時에서 旺으로 분
담하는 것이 각각 72일씩이고 土가 四季에서 旺한 것이
각각 18일씩인데, 입춘일로부터 시작하여 甲木이 36일을
用事하고, 경칩 후에 6일부터는 乙木이 36일을 용사하고,
청명 후 12일부터는 戊土가 18일을 용사하며, 나머지도 이
와 같다. 이것은 곧 卯月의 앞 6일은 마땅히 甲을 쓰고 乙
을 쓰지 않으며, 辰月의 앞의 12일은 마땅히 乙을 쓰고 戊
癸를 쓰지 않아야 하는 것인데, 옛사람들이 命을 논할 때
甲木이 卯月의 앞 6일에 생하면 卯를 취하여 刃으로 삼고

그것을 본보기로 삼지 않으며, 辰月의 앞 12일에 생하면 먼저 季土를 논하고 다음에 천간에 투출한 乙癸를 취하여 곧바로 乙을 취한 경우가 없으니, 이것은 이미 월건을 나누어 놓아도 卯月에는 스스로 乙을 따르고 辰月에는 스스로 戊를 따라서, 도리어 命法이 역법과 같지 않은 것이다.

9. 看日主法(일주를 보는 법)

舊書論日主에 或專主强旺하고 或反尚衰弱하니 蓋以太强則得抑有力이요 太弱則得扶立效니 此卽有病方爲貴之說이니 皆偏見也라

구서에서 일주를 논할 때 혹은 오로지 강왕함을 위주로 하고 혹은 반대로 쇠약함을 숭상했으니, 그것은 너무 강할 때는 억제를 만나야 세력이 있고 너무 약할 때에는 부조를 만나야 공을 세운다고 여긴 것인데, 이것은 곧 病이 있어야 비로소 貴하게 된다는 설이니 모두 치우친 견해이다.

凡日主最貴中和라 自然吉多凶少니 日主太强太弱하면 自然吉少凶多라 惟可抑之强이요 可扶之弱은 則存

乎作用耳니 作用之法은 如木日强則用金剋之요 用火洩
之며 木日弱則水生之요 用木助之며 若得土而殺其勢도
亦所以抑之며 借土而培其根도 亦所以扶之니 其要歸諸
中和而已라

　무릇 일주는 中和를 가장 귀하게 여기므로 자연히 吉이
많고 凶함이 적은 것이니, 일주가 너무 강하거나 너무 약
하면 자연히 길함이 적고 흉함이 많다. 오직 그 강함을 억
제할 수 있고 그 약함을 부조할 수 있는 것은 작용하는 데
있을 뿐이니, 작용하는 법은 가령 木日主가 강하다면 金을
써서 그것을 극하거나 火를 써서 그것을 누설하며, 木日主
가 약하다면 水로써 그것을 生하거나 木으로 부조하며, 혹
은 土를 써서 그 세력을 제거하는 것도 역시 그것을 억제
하는 것이며, 土를 빌려서 그 뿌리를 배양하는 것도 역시
그것을 부조하는 것인데, 그 요점은 중화에 귀결될 뿐이다.

　舊謂男命日主不嫌於强이나 然過强則亦取咎며 女命
日主不嫌於弱이나 然過弱則亦受虧며 至於日主所坐之
支하여는 較爲親切하니 但坐財官等吉神은 亦須四柱透
露扶助하고 坐傷劫等凶神은 四柱亦能伐而去之나 非坐

下一支가 遂定休咎也니라

　구서에 男命의 일주는 강함을 싫어하지 않는다 했으나 지나치게 강하면 또한 허물을 취하고, 女命의 日主는 약함을 싫어하지 않는다 했으나 지나치게 약하면 또한 휴손을 당하며, 日主가 깔고 앉은 지지에 이르러서는 비교적 더욱 친밀하고 절실하니, 다만 財官 등 吉神에 앉은 경우에는 또한 반드시 사주에 드러나서 부조해야 하고, 傷官劫財 등 흉신에 앉은 경우에는 사주에서 역시 그것을 극벌하여 제거해야 한다고 했으나, 坐下의 한 地支가 마침내 休咎(휴구, 길흉)를 결정하는 것은 아니다.

10. 看生時法 一(생시를 보는 법 1)

　自日干而外에 三干四支가 均各關係나 而時尤要緊이니 蓋時乃全局之歸宿이라 必將日主引至時上에 喜生旺하고 惡衰絶하며 凡局中喜神이 引至時上에 生旺則愈吉하고 衰絶則不吉하며 局中忌神이 引至時上에 生旺則愈凶하고 衰絶則不凶이라

　日干 이외에 세 천간과 네 지지가 똑같이 각각 서로 관

계되지만 時는 더욱 긴요하니, 대체로 時가 마침내 온 局의 귀착점이므로, 반드시 또한 日主가 時上에 이르러 生旺이 되면 더욱 길하고 쇠절이 되면 불길하며, 局중의 忌神이 時上에 이르러 生旺이 되면 더욱 흉하고 쇠절되면 흉하지 않다.

又有喜神過旺엔 喜時上剋之泄之요 凶神無制엔 喜時上剋之化之라 較爲得力하며 若日干苟非太過면 未有不喜時上生旺者요 卽日主太過라도 亦喜時上剋泄이나 然死終非所宜耳라 或曰時旣緊要如此면 則以時取格何不可리오 하니 不知歸宿特重生時요 格局須合全柱니 何可槪論乎리오

또 희신이 지나치게 왕할 때에는 時上에서 그것을 극하거나 누설하는 것이 좋고, 흉신이 억제됨이 없을 때는 時上에서 그것을 극하거나 이끌어 변화시키는 것이 좋으므로 비교적 힘을 얻으며, 만약 日干이 진실로 태과하지 않으면 時上에서 생왕이 되는 것을 좋아하지 않는 경우가 없으며, 혹 日主가 태과하더라도 시상에서 극설되는 것은 좋으나 死하는 것은 마침내 마땅한 바가 아니다. 혹 時가 이미 이와 같이 긴요하다면 時로써 格을 취하면 왜 안 되는

가라고 했는데, 귀숙(귀착되는 것)은 다만 生時를 중요하게 여기고 격국은 반드시 모든 柱에 합당해야 함을 모르기 때문이니, 어찌 한데 묶어 논할 수 있겠는가?

11. 看生時法 二(생시를 보는 법 2)

舊有時分上中下刻之說하여 謂四柱同이나 而窮達不同은 職此故也라 하니 其說似乎精晰이나 然昔賢論此者甚少며 偶有及之者도 不過謂時支分刻用事니 亦若月支分日用事耳면 如寅時一二刻은 則丙火用事요 三四刻則戊土用事요 後四刻則甲木用事니 夫月支尚無分日用事之理어늘 安有一時之間에 某刻金水當權하고 某刻木火司柄者乎리오

예전에는 時를 上·中·下 刻(각)으로 나누는 설이 있어서, 사주가 같아도 곤궁과 현달이 같지 않은 것은 이 때문이라고 말하는데, 그 설이 정밀하고 분명한 듯하지만, 선현들이 이것을 논한 경우가 매우 적으며, 우연히 이것을 언급한 경우가 있어도 時支는 각으로 나누어 용사한다고 말한 것에 불과하니, 時支 역시 月支처럼 날짜를 나누어

용사할 뿐이라면, 예컨대 寅時의 一二각은 丙火가 용사하고 三四각은 戊土가 용사하고, 뒤에 四각은 甲木이 용사할 것이니, 무릇 月支도 오히려 날짜를 나누어 용사하는 이치가 없는데, 어찌 한 時 사이에 모각은 金水가 당권하고 모각은 木火가 권세를 맡은 경우가 있겠는가?

若時支如是면 則日支亦然이니 何不分昧爽以前某神用事요 日出以後엔 某神用事요 日中以後엔 某神用事乎아 不知生於某月이라도 不拘何日이요 月支之氣俱備며 生於某時라도 不拘何刻이요 時支之氣俱備니 如生寅時면 不拘何刻이요 甲丙戊[5)]之氣俱備니 只看三者之中에 何神得時得勢則用之하고 何神失時失勢則舍之하여 如是取斷이 於理最當이니 勿信分刻虛談可也니라

만약 時支가 이와 같다면 日支도 그와 같아야 할 것이니, 왜 昧爽(매상, 동트기 전)에는 모신이 용사하고, 일출 이후에는 모신이 용사하며, 日中(정오) 이후에는 모신이 용사한다고 나누지 않는가?

어떤 달에 태어나더라도 어느 날짜에 구애받지 않고 月

---

5) 甲丙戊은 甲丙戊가 되어야 함.

支의 氣가 모두 갖춰지며, 어떤 時에 태어나더라도 어느 刻에 구애받지 않고 時支의 氣가 모두 갖춰짐을 알지 못한 것이니, 가령 寅時에 태어났으면 몇 각에 구애받지 않고 甲丙戊의 氣가 모두 갖춰지는데, 다만 세 가지 중에 어떤 神이 時를 얻고 세력을 얻었으면 그것을 쓰고, 어떤 神이 時를 잃고 세력을 잃으면 그것을 버려서, 이와 같이 판단을 취하는 것이 이치에 가장 합당한 것이니, 각으로 나눈다는 허황된 말을 믿지 않는 것이 옳다.

12. 看運法 一(운을 보는 법 1)

舊書에 謂一運上干下支가 分管年數라 하여 率謂上下各五年하고 又有因運重地支之說하여 或謂上四下六이라 하고 或謂上三下七이라 하니 其實皆不然也라 蓋行運從月建而起하여 順行者는 行未來之月建하고 逆行者는 行已往之月建하니 凡月建干支가 共管一月之事요 無干管上半月하고 支管下半月之理하니 乃因以行運으로 反分裂干支하여 各管幾年하는 有是理乎아

구서(舊書)에 일운의 上干과 下支가 햇수를 나누어 관장

한다고 말하여, 대체로 상하가 각각 5년씩이라고 말하기도
하고, 또 운은 지지를 중요시한다는 설을 근거로 하여 혹
은 上干은 四·下支는 六이라 하고, 혹은 上干은 三·下支
를 七이라고 하는 경우도 있으나, 그 실제는 모두 그렇지
않다. 무릇 행운은 월건으로부터 시작하여 순행하는 경우
에는 미래의 월건으로 행하고, 역행하는 경우에는 이미 지
나간 월건으로 행하니, 무릇 월건의 干支가 한 달의 일을
함께 관장하는 것이며, 天干이 상반월을 관장하고 地支는
하반월을 관장하는 이치가 없는데, 이것을 근거로 하여 행
운을 가지고 도리어 干과 支를 나누어 찢어서 각각 몇 년
씩 관장하는 이러한 이치가 있겠는가?

故上干下支가 共管十年爲是며 上下比和커나 上下相
生하면 則其力相同하고 上剋下者면 上之力勝於下며
下剋上者면 下之力勝於上이라 合之命主에 上下俱喜면
則十年全吉하고 上下俱忌면 則十年全凶하며 上下一喜
一忌면 則十年之間에 吉凶參半이니 此理之最確當者로
되 但看上干較易요 看下支較難이라

그러므로 上·下의 간지가 함께 十年을 관장하는 것이
옳으며, 상하가 한편이 되어 화합하거나 상하가 상생하면

그 힘이 서로 동일하고, 上이 下를 극하면 上의 힘이 下보다 나으며, 下가 上을 극하면 下의 힘이 上보다 나은 것이다. 이것을 命主에 맞추어 볼 때 上下가 모두 희신이면 10년이 모두 길하고, 上下가 모두 기신이면 10년이 모두 흉하며, 上下 중에 하나는 희신이고 하나는 기신이라면 10년 사이에 길과 흉이 반반씩 섞이는 것이니, 이것이 이치상 가장 확실하고 마땅한 것인데, 다만 上干은 보기는 쉬우나 下支를 보기는 비교적 어렵다.

蓋干神은 甲只是甲이요 乙只是乙이나 惟支則各有所藏이라 須一一硏析이니 如行運寅字엔 原柱或甲或丙或戊면 當察此運하여 某干得氣하며 再看上干是甲이면 則此運純然是木이요 上干是丙이면 則此運大半是火요 上干是戊면 則此運一半是土니 餘支倣此며 又上干與原柱干支는 止論生剋이요 理亦易見이나 下支則與原柱干支와 生剋之外에 更有相冲, 相合, 相刑, 相害 등 種種道理하여 未易草率論斷也니라

무릇 干神의 경우에는 甲은 오로지 甲이고 乙은 오로지 乙일 뿐이나, 지지에는 각각 저장된 것이 있으므로 반드시

하나하나 연구 분석해야 한다. 가령 행운이 寅字인 경우에는 原柱에 혹 甲이나 丙·戊가 있으면 마땅히 이 운을 살펴서 어떤 干이 득氣를 했는가를 보아야 하며, 다시 上干을 보아 甲인 경우에는 이 운은 순수하게 木이고, 上干이 丙이면 이 운은 거의 火이며, 上干이 戊이면 이 운의 절반이 土인 것이니, 나머지 지지도 이와 같다. 또 上干과 원주의 간지는 다만 生과 剋을 논할 뿐이고 이 이치도 보기 쉬우나, 下支의 경우는 원주의 간지와 생극 이외에 다시 상충 상합 상해 등 각가지 도리가 있어서, 간략하게 논단하기가 쉽지 않다.

13. 看運法 二(운을 보는 법 2)

初運管少年하고 中運管中年하며 末運管晩年하니 此看運法也며 更有舊法可參用者하니 卽以四柱推論이니 年管少年하고 月日管中年하고 時管晩年이라 若年爲喜神이면 則少年發達하고 爲忌神이면 則少年迍邅하며 月日爲喜神이면 則中年亨通하고 爲忌神이면 則中年蹇滯하며 時爲喜神이면 則晩年安榮하며 爲忌神이면 則

晩年零落하니 此法屢試有驗이라 故附之나 然但可約略
少旺老之大槪而已요 若確分年限하여 詳斷吉凶이면 仍
當以看運爲主耳니라

초운은 소년을 관장하고, 중운은 중년을 관장하며, 말운
은 만년을 관장하니, 이것이 운을 보는 법이며, 다시 또 舊
法(구법)이 섞어서 함께 쓸 만한 것이 있는데, 곧 이것을
사주로 추론하면 年은 소년(초운)을 관장하고, 月·日은 중
년을 관장하고, 時는 만년을 관장한다.

가령 年이 희신에 속하면 소년에 발달하고 기신에 속하
면 소년에 막히고 어려우며, 月·日이 희신에 속하면 중년
에 형통하고 기신에 속하면 중년에 막히고 어려우며, 時가
희신에 속하면 만년에 평안하고 영화로우며 기신에 속하
면 만년에 세력이나 살림이 보잘것없으니, 이 법은 누차 실
험하여 증명됨이 있었다. 그러므로 여기에 附記(부기)하지만
다만 少旺老(소·중·노)年기의 대개를 간략하게 볼 수 있
을 뿐이고, 만약 年限을 확실하게 나누어 길흉을 상세하게
판단하려면 곧 마땅히 운을 보는 것을 위주로 할 뿐이다.

14. 看流年法(유년을 보는 법)

自少至老之歲를 謂之流年이요 雖不若大運之重이나
然於原柱及大運에 亦能抑扶니 其法合上干下支하여 先
看與原柱干支生剋何如하고 次看與大運干支生剋何如하
여 參伍而窮究之하되 柱運喜神相聚에 能助吉乎아 能
損吉乎아 柱運忌神交會에 能增凶乎아 能減凶乎아 柱
運或有不和에 爲解鬪乎아 各佐鬪乎아 柱運或有偏勝에
爲左袒커나 爲右袒乎아

어릴 때부터 늦을 때까지의 매년을 流年(유년)이라 하며,
비록 대운의 중함만은 못하지만, 原柱와 대운에 대하여 역
시 억제하거나 부조할 수 있는데, 그 보는 법은 上干과 下
支를 합하여 먼저 원주 干支와의 生剋관계가 어떠한가를
보고, 다음에 대운 간지와의 생극관계를 보아서 이리저리
뒤섞인 관계를 깊이 연구하되, 사주와 대운에 희신이 서로
모여 있을 때 길함을 도울 수 있는가? 그 길함을 해칠 수
있는가? 사주와 대운에 기신이 모여 있을 때 그 흉함을 더
할 수 있는가? 그 흉함을 줄일 수 있는가? 사주와 대운에
혹 불화함이 있을 때 그 다툼을 말리는가? 그 다툼을 각각
돕는가? 사주와 대운에 혹 한쪽에 우세함이 있을 때 편을

들거나 반대하는가를 궁구하는 것이다.

　雖柱與運之所喜憎이　大略相同이나　然柱運流年三項
에　干支輾轉生剋하여　情理多端하여　亦有柱喜而運憎者
하고　且一年之中에　當令不齊하며　一支之中에　藏神非
一이라　其理甚紛甚細하니　旣須窮精極微하며　又須從詳
反約이라　推斷休咎之難이　全在此處하니　果能了了於心
이면　則命理思過半矣니라

　비록 사주와 대운의 좋아하고 싫어하는 바가 대략 서로
같더라도 사주와 대운과 유년의 세 가지 사항에 천간과 지
지가 이리저리 生하고 剋하여 정황과 이치가 많아서, 또한
사주는 좋아해도 대운이 싫어하는 경우도 있고, 또 일 년
중에도 시령(월령)을 담당함이 똑같지 않으며, 하나의 지지
중에도 소장된 神이 하나가 아니라서, 그 이치가 매우 복
잡하고 매우 세밀하니 곧 반드시 정밀함을 다하고 은미함
을 다해야 하며, 또 상세한 것으로부터 요약된 것을 돌이
켜 보아야 하므로, 길흉을 추단하는 어려움이 모두 여기에
있으니, 정말로 마음에서 명확하게 깨달을 수 있다면 명리
에 대하여는 태반 이상을 알게 될 것이다.

15. 看正官法(정관을 보는 법)

看官之法은 先論日干强弱하여 日干强則當扶官하고 日干弱則當扶日하니 再看官星得時得勢與否하여 適當月令이요 又透天干爲止니 如甲生酉月하고 天干透辛커나 乙生申月하고 天干透庚이 是也니라

官을 보는 법은 먼저 日干의 강약을 논하여, 일간이 강하면 마땅히 관을 부조해야 하고 일간이 약하면 일간을 부조해야 하는데, 다시 관성의 득시 득세 여부를 보아서 월령에 합당하고 또 천간에 투출하면 알맞은 것이니, 가령 甲이 酉月에 生하고 천간에 辛이 투출하거나, 乙이 申月에 生하고 천간에 庚이 투출한 것이 이 경우이다.

次則或當月令而不透干커나 或不當月令而干官通支커나 支官通干이며 又次則干有支無커나 支有干無니 皆須財以生之라야 則官之根茂요 印以衛之라야 則傷官之害遠이며 必須正財配偏印이요 偏財配正印이라야 則財印不相戰이며 或財在干이요 印在支커나 或印在干이요 財在支면 雖皆正皆偏이라도 各有理會하여 亦不相戰也니라

그다음은 혹 월령에 해당하면서도 천간에 투출하지 않았거나, 혹은 월령에 해당하지 않아도 천간에 官이 지지에 통근하거나 지지의 官이 천간에 통투한 경우이며, 또 그다음은 官이 천간에는 있어도 지지에 없거나 지지에는 있어도 천간에 없는 경우이니, 모두 반드시 이것을 財로써 생조해야만 官의 뿌리가 무성해지고, 印으로써 호위해야만 상관의 피해가 멀어지며, 반드시 正財는 偏印과 짝을 이루고 偏財는 正印과 짝을 이루어야만 財와 印이 서로 싸우지 않는다. 혹 財가 천간에 있고 印이 지지에 있거나, 印이 천간에 있고 財가 지지에 있으면, 모두 正이거나 모두 偏일지라도 각각 시비의 이해가 있어서 역시 서로 싸우지 않는다.

若官星太多면 亦須食傷制之나 然不作殺論이며 其切忌有二하니 一曰沖破요 一曰傷官이며 須忌有三하니 一曰食衆暗損이요 一曰印衆洩氣요 一曰時歸死絶이니 大抵官之强旺者는 遇此五忌라도 但減貴氣요 官之衰弱者는 遇此五忌면 則壞矣라

만약 관성이 너무 많으면 또한 반드시 식상으로 그것을 제압하지만 殺로 논하지는 않으며, 官이 심하게 꺼리는 것이 두 가지가 있으니, 하나는 충파이고 하나는 상관이며,

반드시 기피해야 할 것이 세 가지가 있으니, 첫째는 食이 많아서 은밀히 손상하는 것이고, 둘째는 印이 많아서 기를 누설하는 것이며, 세 번째는 時節(시절)이 官의 死나 絶에 귀착하는 것이니, 대체로 官이 강왕한 경우에는 이 다섯 가지 꺼리는 것을 만나더라도 다만 貴氣를 감할 뿐이지만, 官이 쇠약한 경우에 이 다섯 가지 꺼리는 것을 만나면 파괴된다.

至於逢官看財는 雖一定之理나 然官衰倚財는 以多爲貴요 官旺亦不甚倚財니 略見已足이며 行運之法은 俱與看官相同이라

官을 만나면 財를 보아야 한다는 말에 이르러서는 비록 일정한 이치이나, 官이 쇠하여 財에 의지하는 경우에는 많은 것을 귀하게 여기지만, 官이 왕하면 財에 크게 의지하지 않으니, 대략 살펴보면 이미 충분한 것이며, 행운의 법은 모두 관을 보는 것과 같다.

總之컨대 日干能任財官爲要니 苟日干太衰太旺에 運局中又無生剋扶抑이면 卽財官俱有라도 亦不免貧賤이니 古云小人命內에도 亦有正氣官星이나 蓋坐是耳라

하니라

    총괄하여 말하자면 日干이 財官을 감당할 수 있는 것을
중요하게 여기니, 만일 日干이 너무 쇠하거나 너무 왕한
경우에 운이나 원국 중에 다시 생극이나 扶抑이 없다면 비
록 財와 官이 함께 있더라도 빈천을 면치 못한다. 고인이
말하기를 小人의 命 안에도 正氣의 관성이 있으나 모두 거
기에 앉아 있을 뿐이라고 하였다.

    至於日主無氣요 滿局皆官엔 當棄命從之니 與從殺同
法이나 然自是從官이요 非官多作殺也라

    日主가 無氣하고 局에 가득한 것이 모두 官인 경우에는
마땅히 命을 버리고 그것을 따라야 하니, 종살과 방법이
같으나 원래 이것은 官을 따르는 것이니, 官이 많아서 殺
로 간주하는 것은 아니다.

    若神峯張楠謂年時虛官可用은 月令官星必無可用之理
니 此偏僻之見이라 不足深信이요 又舊書有官不見官之
說은 謂甲日見丙辛인덴 則甲得辛爲官이요 辛又得丙爲
官이니 此乃節外生枝니 不足信也니라

그리고 神峯 張南(신봉 장남)이 年과 時의 허한 官을 쓸 수 있다고 말한 것은 월령의 관성은 틀림없이 쓸 만한 이치가 없다는 것이니, 이것은 편벽된 견해이므로 깊이 믿을 것이 못 되며, 또 舊書에 官은 官을 만나지 말아야 한다는 말은, 甲日이 丙·辛을 만나는 경우에는 甲이 辛을 만나 官으로 삼는데 辛이 다시 또 丙을 만나 官으로 삼는다는 말이니, 이것은 곧 가지의 마디에 또 가지가 생기는 것이니 믿을 것이 못 된다.

16. 看偏官法(편관을 보는 법)

看殺之法은 先論日干强弱하여 日干强엔 則一點殺星은 亦可不制나 日干弱엔 則不問殺之多寡하고 必須制之며 再看殺星得時得勢與否니 當令而又透干이면 爲殺旺이요 次則或當令而不透干커나 或不當令而干殺通支커나 支殺通干이요 又次則干有支無어나 支有干無이라

殺(살)을 보는 법은 먼저 日干의 강약을 헤아려서, 日干이 강할 때에는 한 점의 殺星은 억제하지 않아도 되나, 日干이 약할 때에는 살의 많든 적음을 불문하고 반드시 그것

을 억제해야 한다. 다시 살성의 득시 득세 여부를 보아야 하니 當令(당령)하고 다시 또 천간에 투출했으면 곧 살이 왕한 것이고 다음은 혹 당령했더라도 천간에 투출하지 않았거나, 혹은 당령하지 않았더라도 천간의 살이 지지에 통근하거나 지지의 살이 천간에 통투(通透)하는 것이며, 또 그다음은 천간엔 있으나 지지에 없거나, 지지에는 있으나 천간에는 없는 것이다.

制之用食傷하니 食較有力이요 合之用刃劫하니 刃較有勢요 化之用印하니 偏正同功이며 殺太旺엔 則制化兩用하니 但須食神配正印하고 傷官配偏印이라야 則不相戰也며 或食傷配正印에 干支異處라도 各有理會라도 亦不相戰也라

殺(살)을 억제할 때에는 食이나 傷을 쓰는데 食이 비교적 힘이 있고, 殺을 합할 때에는 刃이나 劫을 쓰는데 刃이 비교적 세력이 있으며, 殺을 引化할 때에는 印을 쓰는데 편인과 정인이 효험이 같다. 殺이 태왕할 때에는 억제와 인화가 모두 쓰이는데, 다만 반드시 식신은 정인과 짝이 되고, 상관은 편인과 짝이 되어야만 서로 싸우지 않으며, 혹 식상이 정인과 짝이 될 때 干과 支에 거처를 달리하여

야 각각 시비의 이해가 있어도 서로 싸우지 않는다.

若刃劫合殺엔 陰日不如陽日이니 蓋甲用卯中之乙合
庚엔 乃卯之本氣나 乙用寅中之丙合辛엔 視本氣有間矣
니 甲用乙合庚엔 庚貪合則忘殺이나 乙用甲止能幇身이
라 視合殺又有間矣니 故陰日以制化爲急이라

그리고 刃이나 劫으로 살과 합할 때에는 陰日이 陽日만
못하니, 무릇 甲일간이 卯중의 乙을 써서 庚합과 할 때에
는 곧 卯는 本氣이나, 乙일간이 寅중의 丙을 써서 辛과 합
하는 경우에는 本氣에 비하여 차이가 있으니, 甲이 乙을
써서 庚과 합하면 庚은 합을 탐하여 殺의 본분을 잊지만,
乙이 甲을 쓰는 경우에는 다만 자신을 幇助(방조)할 수 있
을 뿐이므로, 살을 합하는 것에 비교하여 또 차이가 있기
때문에, 陰日은 制化(제화)를 긴요하게 여긴다.

若殺星太弱엔 宜財神滋之요 制神太過엔 宜偏印破之
며 至殺星太强而無制요 日主太弱而無根엔 宜棄命從之
니 總之컨대 日干能任財殺爲要니 苟日干衰絶이요 又
不能從殺이면 卽有制有化라도 歲運財殺旺地엔 必成災

禍며　倘更無制無化요　歲運財殺旺地면　無不危亡이며
若身殺兩停이면　行運寧可扶身이라

　만약 살성이 너무 약하면 마땅히 財神으로 그것을 자양
해야 하고, 억제하는 神이 너무 지나치면 마땅히 편인으로
그것을 파괴해야 하며, 살성이 태강한데도 억제함이 없고
일주가 태약하고 根(근)이 없는 경우에 이르러서는 마땅히
命을 버리고 그것을 따라야 하는 것이다. 총괄하여 말하자
면 日干이 財殺을 감당할 수 있는 것을 중요하게 여기니,
만일 일간이 衰絶(쇠절)하고 또 종살을 할 수 없으면 비록
制化가 있더라도 세운의 재살이 旺地인 경우에는 반드시
災禍(재화)를 이루며, 만약 다시 또 제화가 없는데 비록 세
운의 재살이 旺地라면 위태롭게 되어 망하지 않음이 없으
며, 만일 身과 殺이 비등하다면 행운이 마침내 身을 도울
수 있을 것이다.

　古云殺不離印이요 印不離殺이라 하고 又云印無殺不
顯이요 殺無刃不威라 하니 蓋印所以生日主요 刃所以
護日主니 雖不言扶身이나 而扶身在其中矣며 又有殺强
於主요 行殺運反利者하니 此必日主本非衰絶이요 而原
局印綬成象有力하여 殺生印이요 印生身也며 惟忌行財

運이니 壞印助殺이면 則必爲禍矣니라

고인이 말하기를 "殺은 印을 떠나지 않고, 印은 殺을 떠나지 않는다." 하였고, 또 "印은 殺이 없으면 드러나지 않고, 殺은 刃이 없으면 위엄이 없다"고 했다. 무릇 印은 日主를 생하는 것이고, 刃은 일주를 보호하는 것이니, 비록 身을 돕는다고 말하지 않았지만 身을 돕는다는 뜻이 그 가운데 있으며, 또 살이 일주보다 강한데도 殺運으로 행할 때 도리어 이로운 경우가 있으니, 이것은 반드시 일주가 본래 쇠약한 것이 아니고 원국의 인수가 상을 이루고 힘이 있어서 殺이 印을 생하고 印이 身을 생하기 때문이며, 다만 財運으로 행하는 것을 꺼리니 印을 파괴하고 殺을 도우면 반드시 재앙이 되기 때문이다.

17. 看官殺去留法 一(관살제거와 잔류를 보는 법 1)

官殺去留는 須審其輕重하니 官重殺輕엔 必當去殺이니 蓋官乃淸純之氣라 不可混也며 殺重官輕엔 不必去官이니 蓋殺乃雄剛之氣라 不畏混也며 若官殺兩停엔 則當分去留니 柱中傷官有力하면 則去官用殺이요 柱中

食神有力하면 則去殺用官이라

官殺의 제거와 잔류는 반드시 그 경중을 살펴야 하는데, 官이 중하고 殺이 경할 때에는 반드시 殺을 제거해야 하니, 그 이유는 관은 곧 청순한 氣이므로 혼잡해서는 안 되기 때문이다. 殺이 중하고 官이 경미할 때에는 官을 제거할 필요가 없으니, 그 이유는 殺은 곧 웅강한 氣이므로 혼잡을 두려워하지 않기 때문이다. 만약 官과 殺의 세력이 비등하게 자리 잡고 있으면 마땅히 제거와 잔류를 분별해야 하니, 柱중에 상관이 유력이 하면 官을 제거하고 殺을 쓰며, 柱중에 식신이 유력하면 殺을 제거하고 官을 써야 한다.

舊書에 云陽日食神能去殺이요 又能留官이니 如甲日得丙에 能剋庚而去之요 又能合辛而留之也며 陰日傷官能去官이요 又能留殺이니 如丁日得戊에 能克壬而去之요 又能合癸而留之也니 陽日傷官能去官이로되 不能留殺이니 如甲日得丁에 能剋辛而去之로되 不能合庚而留之也며 陰日食神能去殺이로되 不能留官이니 如丁日得巳6)에 能剋癸而去之로되 不能合壬而留之也라 하니

蓋剋則去하니 去則不爲我害요 合則留하니 留則可爲我
用이라

구서에 말하기를 "陽日의 식신은 殺을 제거할 수 있고,
또 官을 잔류시킬 수 있으니, 甲日이 丙식신을 만난 경우
에는 庚殺을 극하여 그것을 제거할 수 있고 또 辛官과 합
하여 그것을 잔류시킬 수 있다. 陰日의 상관은 官을 제거
할 수 있고 또 殺을 잔류시킬 수 있으니, 가령 丁日이 戊
상관을 만난 경우에는 壬官을 극하여 그것을 제거할 수 있
고 또 癸殺과 합하여 그것을 잔류시킬 수 있다.

陽日의 상관은 官을 제거할 수는 있어도 殺을 잔류시킬
수는 없으니, 가령 甲日이 丁상관을 만난 경우에는 辛官을
극하여 그것을 제거할 수는 있어도, 庚殺과 합하여 그것을
잔류시킬 수는 없다. 陰日의 식식은 殺을 제거할 수는 있
으나 官을 잔류시킬 수는 없으니, 가령 丁日이 己식신을
만난 경우에는 癸殺을 극하여 그것을 제거할 수 있으나 壬
官과 합하여 그것을 잔류시킬 수 없다"고 했는데, 무릇 극
하면 제거되니 제거되면 나에게 害가 되지 않으며, 합하면
남아 있게 되니 남아 있으면 나의 쓰임이 되는 것이다.

---

6) 巳는 己가 되어야 함.

然舊書에　又云甲以乙妹妻庚하여　凶爲吉兆라　하니
豈非合而去之乎리오　蓋庚見乙係我剋이라　故去요　辛見
丙係受剋이라　故留也라

그러나 구서에 다시 또 "甲은 乙누이를 庚에게 시집보내
서 흉을 길조가 되게 한다"고 했으니, 어찌 그것을 합하여
제거하는 것이 아니겠는가? 무릇 庚이 乙을 만나면 자신이
극하는데 억매임을 당하므로 제거되며, 辛이 丙을 만나면
극을 받는데 억매임을 당하므로 잔류하는 것이다.

舊又有貪合忘官이요　貪合忘殺之說하니　如甲以辛爲官
에　遇丙則辛貪合丙而忘官이요　乙以辛爲殺에　遇丙則辛
貪合丙而忘殺이니　得毋忘則不留요　留則不忘乎아　蓋官
殺獨見엔　則因合而忘이요　官殺並見엔　則得合而留也라

구서에 다시 또 합을 탐하여 官을 잊고, 합을 탐하여 殺
을 잊는다는 말이 있으니, 예컨대 甲이 辛을 官의로 삼는
데 丙을 만나면 辛이 丙과의 합을 탐하여 官의 본분을 잊
으며, 乙이 辛을 殺로 삼는데 丙을 만나면 辛이 丙과의 합
을 탐하여 殺의 본분을 잊는다는 것인데, 마땅히 잊으면
남아 있지 않고 남아 있으면 잊지 않아야 하지 않겠는가?

무릇 官과 殺이 홀로 만났을 때에는 합으로 인하여 본분을 잊고, 관과 살이 함께 만났을 때에는 합을 이루어 잔류하는 것이다.

然究竟留者存留也요 非挽留也라 去其一하면 則其一自留耳니 豈必有某神挽之使住乎아 若必如舊書所云하여 陰日食神不能留官이요 日主自能留之면 則陽日傷官不能留殺이요 日主又不能留니 遂將不留乎아

그러나 마침내 잔류라는 것은 남아서 머무는 것이지 끌어당겨 남겨 놓는 것이 아니므로, 그중 하나를 제거하면 그중 하나는 저절로 남아 있을 뿐이니, 어찌 반드시 어떤 神이 그것을 끌어당겨서 그것으로 하여금 머물러 있게 함이 있겠는가? 만약 반드시 구서에서 말한 바와 같이 陰日의 식신은 官을 잔류시킬 수 없고 日主가 직접 그것을 잔류시킬 수 있다면, 陽日은 상관이 殺을 잔류시킬 수도 없고 日主도 그것을 잔류시킬 수 없으니, 마침내 잔류하지 않는 것인가?

總之컨대 官殺相混이면 去留淨盡爲上이니 雖不淨盡이나 而調劑合宜하여 勢歸於一者亦妙하니 殺不能歸一

이니 寧以官混殺이언정 勿以殺混官可也라 看運俱同此
法이라

총괄하여 말하자면 官과 殺이 서로 섞여 있으면 제거하
거나 잔류로 완전히 깨끗해지는 것을 으뜸으로 여기며, 비
록 완전히 깨끗하지는 못하더라도 조절함이 합당하여 기
세가 한군데로 돌아가는 것이 또한 묘한데, 殺을 한군데로
돌아가게 할 수는 없으니, 차라리 官을 殺과 섞을지언정
殺을 官과 섞이게 하지 않는 것이 옳다. 운을 보는 법도
모두 이와 같다.

(千里按, 官殺並見, 正不必議其留, 祇須議其去, 一者旣去, 一
者自留矣. 合者, 羈絆也. 官殺之逢合, 自應以去論. 舊書以合爲
留之說, 恐未妥耳.)

(내가(위천리) 살피건대 官과 殺이 함께 보일 때에는 진실로
반드시 그 잔류시킬 것을 논할 것이 아니라, 다만 반드시 그 제
거할 것을 논해야 하니 한 가지가 제거되면 한 가지는 저절로
잔류하게 된다. 합은 굴레를 씌우듯이 속박하는 것이니, 官과
殺이 합을 만나면 자연히 응당 제거로 논해야 하는데, 구서에서
합을 잔류로 삼는다는 말은 아마도 타당치 않은 듯할 뿐이다.)

18. 看官殺去留法 二(관살제거와 잔류를 보는 법 2)

舊書所論官殺去留는　大率言天干耳나　雖言干而支藏
之干在其中하여　干支互相去留도　亦在其中하니　然使支
有官殺이요　干無官殺엔　則支神相去留之法을　不可不講
也라　今補之하노라

구서에서 논한 官과 殺의 제거와 잔류는 대체로 천간을
말한 것일 뿐이나, 비록 천간만을 말했더라도 지지에 간직
된 干이 그 가운데 있어서, 干과 支가 번갈아 제거되거나
잔류하는 것도 역시 그 가운데 있다. 가령 지지에는 관살
이 있으나 천간에 관살이 없는 경우에는 지지의 神이 서로
제거되거나 잔류하는 법을 논하지 않으면 안 되므로 이제
그것을 보충한다.

甲乙日見申酉면　以巳去申이요　以午去酉며　丙丁日見
亥子면　以辰戌去亥요　以丑未去子며　戊己日見寅卯면
以申去寅이요　以酉去卯며　庚辛日見巳午면　以亥去巳요
以子去午며　壬癸日見辰戌丑未면　以寅去辰戌이요　以卯
去丑未는　皆用食神去殺이요　傷官去官이라

甲乙日이 申酉를 만나면 巳로써 申을 제거하고 午로써
酉를 제거하며, 丙丁日이 亥子를 만나면 辰戌로 亥를 제거
하고 丑未로써 子를 제거하며, 戊己日이 寅卯를 만나면 申
으로 寅을 제거하고 酉로 卯를 제거하며, 庚辛日이 巳午를
만나면 亥로 巳를 제거하고 子로써 午를 제거하며, 壬癸日
이 辰戌丑未를 만났을 때 寅으로 辰戌을 제거하고 卯로 丑
未를 제거하는 것은 다 식신을 써서 殺을 제거하고 상관으
로 官을 제거하는 것이다.

雖巳申子丑爲六合이요 寅戌卯未爲三合이나 然合自
合이요 剋自剋이니 猶之合自合이요 刑自刑也라 官殺
去一이면 則其一自留니 不必更求留之之神이라

비록 巳와 申·子와 丑은 六合이 되고 寅과 戌·卯와 未
는 三合이 되지만, 그러나 합할 때에는 합만 되고 극할 때
에는 극만하는 것이니 이와 같이 합할 때에는 자신이 합이
되고 刑할 때에는 자신을 刑하므로, 官이나 殺 중 하나가
제거되면 그중 하나는 저절로 남게 되니, 다시 남겨야 할
神을 구할 필요가 없다.

此外有會成他局而去之者하니 寅卯遇午戌하면 則寅

合午戌成火하고 而卯獨當權하며 巳午遇酉丑하면 則巳
會酉丑成金하고 而午獨當權하며 申酉遇子辰하면 則申
會子辰成水하고 而酉獨當權하며 亥子遇丑未[7]하면 則
亥會丑未成木[8]하고 而子獨當權하며 辰遇子申而成水[9]
하고 戌遇寅午而成火[10]하면 則丑未當權하며 卯[11]遇
巳酉而成金하고 未遇亥而成木[12]하면 則辰戌當權이라

이 외에 회합하여 다른 국을 이루어 하나를 제거하는 경
우가 있으니, 寅卯가 午戌을 만나면 寅은 午戌과 합하여 火
가 되고 卯 홀로 권세를 담당하며, 巳午가 酉丑을 만나면
巳는 酉丑과 회합하여 金이 되고 午 홀로 권세를 담당하며,
申酉가 子辰을 만나면 申은 子辰과 회합하여 水가 되고 酉
홀로 권세를 담당하며, 亥子가 卯未를 만나면 亥는 卯未와
회합하여 木이 되고 子 홀로 권세를 담당하며, 辰丑이 子申
을 만나 水가 되고 戌未가 寅午를 만나 火가 되고 나면 丑
과 未가 당권하며, 丑辰이 巳酉를 만나서 金이 되고 未戌이
亥卯를 만나 木이 되고 나면 辰과 戌이 당권한다.

---

7) 亥子遇卯未가 되어야 함.
8) 則亥會卯未成木이 되어야 함.
9) 辰丑遇子申成水가 되어야 함.
10) 戌未遇寅午而成火가 되어야 함.
11) 卯는 丑이 되고 辰丑遇巳酉而成金이 되어야 함.
12) 戌未遇亥卯而成木이 되어야 함.

又有隨合入庫而去者하니 子隨辰合入庫하면 丑亥當
權[13)하며 午隨戌合入庫하면 則巳當權하며 卯隨未合入
庫하면 則寅當權하며 酉隨丑合入庫하면 則申當權이라

또 合을 따라 庫에 들어가 제거되는 경우가 있으니, 子
가 辰을 따라 합하여 庫에 들어가면 亥가 당권하며, 午가
戌을 따라 합하여 庫에 들어가면 巳가 당권하며, 卯가 未
를 따라 합하여 庫에 들어가면 寅이 당권하며, 酉가 丑을
따라 합하여 庫에 들어가면 申이 당권한다.

總之컨대 去官去殺엔 必天干地支合力이라야 乃能去
之니 如庚申辛酉가 去一甲一乙一寅一卯엔 其去必矣요
卽如去甲寅乙卯라도 亦可去며 若一庚一申一辛一酉가
去甲寅乙卯엔 勢必不能이요 卽一庚去一甲커나 一辛去
一乙커나 一申去一寅커나 一酉去一卯엔 亦有未可知也
니 故官殺相混엔 以去爲主요 留不待議也니라

총괄하여 말하자면 官을 제거하거나 殺을 제거할 때에
는 반드시 천간과 지지가 힘을 합해야만 그것을 제거할 수
있으니, 가령 庚申辛酉가 하나하나의 甲·乙·寅·卯를 제

---

13) 則亥當權이 되어야 함.

거할 때에는 그 제거가 틀림없고, 혹 甲寅이나 乙卯를 제
거하더라도 제거할 수 있으며, 만일 하나하나의 庚·申·
辛·酉가 甲寅이나 乙卯를 제거할 때에는 형세가 반드시
불가능하며, 혹 하나의 庚으로 하나의 甲을 제거하거나 하
나의 辛으로 하나의 乙을 제거하거나 하나의 申으로 하나
의 寅을 제거하거나 하나의 酉로 하나의 卯를 제거할 때에
는 또한 알 수 없는 경우가 있으니, 그러므로 官과 殺이
서로 섞여 있을 때에는 제거를 위주로 하고 잔류를 논할
필요가 없다.

19. 看官殺去留法 三(관살제거와 잔류를 보는 법 3)

官殺有眞相混하고 有似相混하고 而非相混者하니 如
木爲日主에 庚辛並露요 申酉兩見者면 是爲相混이며
若止露庚而見酉커나 止露辛而見申이면 乃干神乘旺이
요 非混也며 抑或丙坐午커나 丁坐巳커나 壬坐子커나
癸坐亥면 尤一氣乘旺이요 非混也라

官殺은 참된 相混(상혼, 서로 혼잡된 것)과 유사한 상혼
과 상혼이 아닌 경우가 있는데, 가령 木이 日主일 때 庚과

辛이 함께 노출하고 申과 酉가 둘 다 보이면 이것은 서로 혼잡된 것이며, 가령 다만 庚이 노출하고 지지에 酉를 만나거나 辛이 노출하고 지지에 申을 만나면 이것은 곧 천간의 神이 旺氣를 타는 것이지 혼잡이 아니며, 혹 丙이 午에 앉거나 丁이 巳에 앉거나 壬이 子에 앉거나 癸가 亥에 앉으면 특히 하나의 氣가 旺氣를 타는 것이지 혼잡이 아니다.

又或庚辛甲乙俱露於干하고 申酉寅卯俱見於支면 乃各自相克이요 非混也며 又或四柱之中에 食神制殺하여 自成一勢커나 官星生印하여 自成一勢면 合之雙美요 非混也니 此等似混非混이며 不一而足이라

또 혹 庚·辛·甲·乙이 모두 천간에 노출하고 申·酉·寅·卯가 모두 지지에 보이면 이것은 곧 각각 스스로 상극하는 것이지 혼잡이 아니다. 또 혹 사주 중에 식신이 살을 제압하여 스스로 하나의 세력을 이루거나, 관성이 印을 生하여 스스로 하나의 세력을 이루면 배합하기를 둘 다 아름답게 한 것이지 혼잡이 아니니, 이러한 것들은 혼잡과 유사하나 혼잡이 아니며 한결같지 않을 뿐이다.

不去不留亦可요 去一留一亦不可며 且有似去而反留

요 似留而反去者니 如甲生申月이요 丙辛透干에 丙或
無根커나 或坐絶이면 則丙不能去當令之申이며 而反以
丙辛之合으로 去辛而用申矣니 此等亦不一而足이라 不
可誤認去留며 且陰陽之理는 至深至變하여 正惟似混非
混이라 深厚難見이니 再三尋繹하여 乃悟其妙면 斯爲
大貴라

　제거하지 않고 잔류시키지 않아도 되는 경우도 있고, 하
나를 제거하고 하나를 잔류시켜도 안 되는 경우도 있고,
또 제거한 것 같은데도 도리어 잔류시킨 것 같은데도 도리
어 제거되는 경우도 있으니, 가령 甲이 申月에 生하고 丙
과 辛이 천간에 투출했을 때 丙이 혹 무근이거나 혹 絶(절)
에 앉았다면 丙은 당령한 申을 제거할 수 없으며, 도리어
丙辛의 합으로 辛을 제거하고 申을 쓰게 되니, 이러한 것
들도 역시 한결같지 않을 뿐이므로, 제거와 잔류를 잘못
인식해서는 안 되며, 또 음양의 이치는 지극히 깊고 지극
히 변화하여 혼잡 같으면서도 혼잡이 아니므로, 깊고 두터
워서 보기 어려우니 두 번 세 번 되풀이 연구하여 마침내
妙理를 깨달으면 크게 귀하게 될 것이다.

　至於人命은 又有官殺兩停하여 或俱有尅合거나 或俱

無尅合하여 不分去留로되 而亦富貴者하니 一則日主旺
甚하고 官殺皆輕에 正賴其合力琢削이요 一則日主官殺
俱强에 喜有旺神引化니 若純官無殺이나 而發於殺年이
요 純殺無官이나 而發於官年者는 比比皆是니 總之컨
대 去留之法은 只是大槪當然이라 亦不必拘執也니라

　人命에 이르러서는 다시 또 官과 殺의 세력이 비등하게
자리 잡고 있으면서, 혹 둘 다 尅과 合이 있거나 혹 둘 다
尅과 合이 없어서 제거와 잔류를 구분하지 못하는데도 부
귀하는 경우가 있으니, 하나는 일주는 旺이 심하고 관과
살은 모두 경할 때 바로 그 힘을 합하여 일주를 깎고 다듬
는 데 의지하는 경우도 있고, 하나는 일주와 관살이 모두
강할 때 기쁘게도 旺神의 引化(이끌어 변화)가 있는 경우
인데, 혹 순수하게 官만 있고 殺이 없는데도 殺年에 부귀
가 나타나며, 순수하게 殺만 있고 官이 없는데도 官年에
부귀가 나타나는 것은 모두 다 이러한 경우이다. 총괄하여
말하자면 제거와 잔류의 법은 다만 대체적으로 그러할 뿐
이므로 또한 구애받고 집착할 필요는 없다.

　舊又謂官殺相連只論殺이요 官殺各分爲混雜이라 하
니 相連者는 謂連年月也요 各分者는 一在年月上見하

고 一在時上見也니 誠如是면 則止論連與分可矣니 何
必辨去留乎리오 又謂露官藏殺只論官이요 露殺藏官只
論殺이라 하니 是則露者必留요 藏者必去矣니 亦非通
論也니라

　구서에 다시 또 "官과 殺이 서로 이어졌으면 다만 殺만
을 논하고, 官과 殺이 각각 나누어졌으면 혼잡으로 여긴
다"고 했는데, 서로 이어졌다는 것은 年月에 서로 이어진
것을 말하고, 각각 나누어졌다는 것은 하나는 年月上에 보
이고 하나는 時上에 보이는 것이니, 진실로 이와 같다면
다만 이어진 것과 나누어진 것만을 논하면 될 뿐인데, 어
째서 꼭 제거와 잔류를 분별해야 하겠는가?

　또 "官이 노출하고 殺이 암장되었으면 官만을 논하고,
殺이 노출되고 官이 암장되었으면 殺만을 논한다"고 했는
데, 이것은 노출한 것은 반드시 잔류하고 암장된 것은 반
드시 제거된다는 것이니 역시 통론이 아니다.

20. 看正偏印法(정편인을 보는 법)

舊書取印에 喜正忌偏하니 此只論天干耳요 若地支做

此推之하여 五陽干遇寅申巳亥爲梟하고 遇子午卯酉又爲敗하며 五陰干遇子午卯酉爲梟하고 遇寅申巳亥又爲死하면 則地支竟無印可取矣니 不知五陽干遇寅申巳亥면 是生印이요 非梟也며 遇子午卯酉면 是正印이요 非敗也며 五陰干遇寅申巳亥도 亦正印이요 非死也라 惟遇子午卯酉爲偏印이나 然子爲乙貴요 午爲己祿이니 何可以梟論乎아

구서에서는 印을 취할 때에 正印을 좋아하고 편인을 꺼리는데, 이것은 다만 천간을 논한 것일 뿐인데, 만약 지지도 이와 같이 추리하여 五陽干이 寅申巳亥를 만나는 것을 효신이라 하고 子午卯酉를 만나는 것을 또 敗라 하며, 五陰干이 子午卯酉를 만나는 것을 효신이라 하고 寅申巳亥를 만나는 것을 死라 한다면, 지지에는 마침내 취할 만한 印이 없을 것이다. 五陽干이 寅申巳亥를 만나면 그것은 印을 생하는 것이지 효신이 아니며, 子午卯酉를 만나는 것을 偏印이라고 하지만, 그러나 子는 乙의 귀인이 되고 午는 己의 녹이 되니, 어찌 효신으로 논할 수 있겠는가?

大抵印不論正偏이나 但當月令而取之爲格엔 必不可

傷이요 卽不當月令而倚之爲用엔 尤不可傷이니 在局在
運皆然이언을 術家往往重財官而輕印하니 不知印被傷
이면 與官被剋財被劫과 相同이며 其有時而輕者는 局
偶不用印也라

대체로 印은 正과 偏으로 논하지 않으나, 다만 월령을
맡고 있어서 그것을 취하여 격으로 삼을 때에는 반드시 손
상해서는 안 되며, 비록 월령을 담당하지 않더라도 그것에
의지하여 용신으로 삼을 때에는 더욱 손상해서는 안 되니,
원국에서든 운에서든 모두 그러한 것인데, 술가들이 왕왕
재관을 중히 여기고 印을 가볍게 여기니, 印이 손상당하면
官이 剋을 당하고 財가 위협을 당하는 것과 서로 같음을
모르기 때문이며, 혹 때에 따라 가볍게 여김이 있는 것은
원국에서 때때로 印을 쓰지 않는 경우가 있기 때문이다.

若局用印에 而無顯印이면 則暗印亦可取하여 或木日
取申中之壬이나 辰丑中之癸하며 或火日取亥中之甲이
나 辰未中之乙하니 此須二三處有之라야 方可取用이요
行運透出爲吉하고 剋壞爲凶하며 僅止一點이면 亦不濟
事라

만약 원국에서 印을 쓰는데 들어난 印이 없으면 암장된 印도 취할 수 있어서, 혹 木日이 申중의 壬이나 辰丑중의 癸를 취하며, 혹 火日이 亥중의 甲이나 辰未중의 乙을 취하기도 하는데, 이러한 경우는 반드시 두세 곳에 암장된 것이 있어야 비로소 취하여 쓸 수 있고, 행운에서 투출하면 길하고 극괴되면 凶하며, 겨우 한 점뿐이라면 또한 일을 이루지 못한다.

總之컨대 局印太輕하면 須以官殺運生之요 局印太多하면 須以財運制之하니 若太多而强不可制면 竟爲下命이니 蓋印乃生我之神이라 旣無棄命從印之法이요 又無比劫洩印之法也며 至於梟印剋食엔 惟梟食兩透於干커나 或並見於支에 而無制無化則忌하며 苟制化得宜커나 或干支異處면 則亦不忌라

총괄하여 말하자면 局중의 印이 너무 가벼우면 반드시 관살운으로 그것을 生해야 하고, 局중에 印이 너무 많으면 반드시 財운으로 그것을 억제해야 하는데, 만약 너무 많고 강하여 억제할 수 없으면 마침내 하등의 命이 되니, 그것은 印은 곧 나를 생하는 神이므로 이미 命을 버리고 印을 따르는 법도 없고, 또 비겁으로 印을 누설하는 법도 없기

때문이며, 梟印剋食(편인이 식신을 극함)에 이르러서는 효인과 식신이 모두 천간에 투출하거나 지지에 함께 보이는 경우에 억제함도 없고 引化함도 없음을 꺼리며, 만일 제화가 알맞음을 이루거나 혹 천간과 지지에 거처를 달리하면 또한 꺼리지 않는다.

又舊忌印行死地도 亦不盡然이니 蓋所貴乎印者는 以扶其身耳이요 印之病死는 卽身之祿旺이니 何害之有며 若但取印旺이면 則印之祿旺은 卽官之病이니 何利之有乎오

또 구서에 印이 死地로 행하는 것을 꺼린다고 한 것도 다 옳지는 않으니, 무릇 印을 귀하게 여기는 까닭은 그 日主를 돕기 때문일 뿐이고, 印의 病死地는 곧 日主의 녹왕지이니, 거기에 무슨 해로움이 있겠으며, 만약 다만 印旺을 취한다면 印의 녹왕지는 곧 官의 病地이니, 거기에 무슨 이로움이 있겠는가?

(千里按, 以理衡之, 局中印綬太多, 亦可從印, 蓋七殺爲剋我之神, 尙且可從, 則印爲生我之神, 如子投母, 豈不可從? 任鐵樵所註之滴天髓闡微一書, 載有從强之說, 卽此意也, 印之病死, 則身之祿旺, 此指陰陽同生同死而言, 若以陽生陰死, 陰死陽生而論, 則又穿鑿不符矣.)

(내가(위천리) 살펴보건대, 이치로써 이것을 판단하면 局중에 인수가 지나치게 많을 때에는 또한 印을 따를 수 있으니, 무릇 칠살은 나를 극하는 神인데도 오히려 따를 수 있는데, 印은 나를 생하는 神이므로 자식이 어미에게 의지하는 것과 같으니, 어째서 따를 수 없겠는가? 임철초가 주석한 적천수천미라는 책에 기재된 것 중에 從强의 설이 있는데 바로 이러한 뜻이며, 印의 病死地는 身의 녹왕지이므로, 이것은 음양이 생사를 같이하는 것을 가리켜 말한 것이니, 만약 陽이 生할 때 陰이 死하고, 陰이 死할 때 陽이 生하는 것으로 논한다면 또한 천착하는 것이므로 부합하지 않는다.)

21. 看正偏財法(정편재를 보는 법)

看財之法은 不論正偏이요 只取得時得勢니 適當月令而有氣爲得時요 不當月令而成象爲得勢로되 然看日干强弱爲要니 日干强하면 則當扶財하고 日干弱하면 則當扶日이라

財를 보는 법은 正偏을 논할 것이 없이 다만 得時와 得勢

를 취하니, 월령에 알맞고 氣가 있으면 時를 얻는 것이고, 월령에 알맞지 않더라도 象을 이루면 勢를 얻는 것인데, 그러나 日干의 강약을 보는 것이 중요하니, 日干이 강하면 財를 도와야 하고 日干이 약하면 日干을 도와야 한다.

舊云逢財看官者는 不盡然이니 凡我剋我生이든 一件入格得氣면 皆可取貴로되 但恐止此一件이 便是滯物이라 故財與食傷이 又欲其輾轉生化요 非必以生出剋我爲貴也라 每見用財之命하니 或財輕而行生財之運하고 或財重而行制財之運하여 一生不行官殺이라도 往往富貴하니 但局中運中見官殺엔 亦其所宜耳니 苟財多身弱에 又加以官殺이면 取禍必矣라

구서에 財를 만나면 官을 보아야 한다고 말한 것은 다 옳지 않으니, 무릇 내가 극하는 것이든 어느 한 가지가 격식에 맞아서 氣를 얻으면 모두 貴를 취할 수 있으나, 다만 오직 그 한 가지가 곧 막히는 물건이 될까 염려되므로, 재와 식상이 다시 또 이쪽저쪽으로 계속 生化하기를 원하는 것이며, 반드시 나를 극하는 官을 생하여 드러내는 것을 귀하게 여기는 것은 아니다. 늘 재를 쓰는 命을 보게 되는

데 혹 財가 경할 때 재를 생하는 운으로 행하고 재가 重할
때 재를 억제하는 운으로 행하여 한평생 관살운으로 행하
지 않아도 왕왕 부귀했으니, 다만 局중이나 운 중에서 관
살을 만날 때에는 또한 그중 마땅한 것을 만나야 할 뿐이
니, 만일 財多身弱인 경우에 다시 또 관살을 더하면 禍(화)
를 취함이 틀림없다.

舊謂正財乃分內之財니 遇之非奇요 偏財乃衆人之財
니 得之爲美라 하니 夫不安己之分이요 而喜取人之物
이면 此貪夫之見耳며 特正財能傷正印이요 偏財能制梟
神이나 然不可困此而貴偏賤正也라

구서에 "正財는 곧 분수 안의 財이니 그것을 만나도 기
특한 것이 아니며, 偏財는 많은 사람의 財이니 그것을 얻
으면 아름다움이 된다"고 했는데, 무릇 자기의 분수를 편
안히 여기지 않고 남의 재물 취하는 것을 좋아한다면 그것
은 욕심 많은 사나이의 견해일 뿐이며, 특히 정재는 정인
을 손상할 수 있고 편재는 효신을 제압할 수 있지만, 이것
을 근거로 편재를 귀하게 여기고 정재를 천하게 여겨서는
안 된다.

舊又有惡露喜藏之說하니　此亦謬認財爲錢幣耳니　卽
以錢幣論之, 源遠流長, 揮霍豈憂睥睨, 力微勢弱, 扃鑰
何難劫奪乎?

구서에 다시 또 드러난 것을 싫어하고 감춰진 것을 좋아
한다는 말이 있는데, 이것도 역시 재를 잘못 인식하여 돈
으로 여긴 것일 뿐이니, 만일 돈으로 이것을 논한다면 재
의 근원이 원대하고 흐름이 긴 경우에는 돈을 마음대로 쓰
면 될 것인데 어찌 남이 흘겨보는 것을 근심하겠으며, 재
가 적고 세가 약한 경우에는 문을 걸어 잠그면 될 것인데
어찌 겁탈을 근심하겠는가?

至於財神太旺하여　而用比劫은　蓋愛其助主요　非取其
分財며　財神太衰而用食傷은　雖藉其生財라도　亦防其洩
主며　若財多而强不可制면　當棄命從之니　行助財運則吉
하고　行奪財助主運則凶이라　他如時上偏財　時上財庫
日時專財　夾財拱財等格은　皆多立名目이라　不若四柱通
融取用에　較爲簡當也니라

財神이 태왕하여 비겁을 쓰는 경우에 이르러서는, 대체
로 그것이 日主를 돕는 것을 좋아하는 것이지 재를 나누는

것을 취하는 것이 아니며, 재신이 쇠퇴할 때 식상을 쓰는 것은 비록 그것이 재를 생하는 데 의지하더라도 식상이 일주를 누설함을 막아야 하며, 만약 재가 많고 강하여 억제할 수 없으면 마땅히 身命을 버리고 재를 따라야 하니, 재를 돕는 운으로 행하면 길하고 재를 빼앗고 일주를 돕는 운으로 행하면 흉하다. 이 밖에 시상편재 시상재고 일시전재 협재공재 등과 같은 格들은 다 명목만 세운 것이 많으므로 사주에서 융통성 있게 용신을 취할 때 비교적 간략하고 합당하게 되는 것만 못하다.

22. 看食神法(식신을 보는 법)

看食神之法은 如用以制殺엔 則以食殺相較하여 殺重食輕하면 當扶食抑殺하고 食重殺輕하면 當扶殺抑食하되 如無殺可制요 只以食神取用엔 或當令有援커나 或成局有勢면 皆妙나 然須生出財神이니 或局中有財커나 或運行財地라야 方爲有用이니 此神與正官相似하여 性情和順하며 多吉少凶이라

식신을 보는 법은 가령 식신을 제살로 쓰는 경우에는 식

신과 살을 서로 비교하여 살이 중하고 식신이 경하면 마땅히 식신을 부조하고 살을 억제해야 하며, 식신이 중하고 살이 경하면 살을 부조하고 식신을 억제해야 하는데, 억제할 살이 없고 다만 식신으로만 용신을 취하는 경우에는 혹 당령하여 도움이 있거나 局을 이루어 세력이 있으면 모두 묘하나, 반드시 재신을 출산해야 하니, 혹 局중에 재가 있거나 운이 財地로 행해야만 비로소 쓸모가 있게 되는 것이니, 이 食神은 正官과 비슷하여 성정이 화순하며 길함은 많고 흉함은 적다.

舊云只要一位라 하나 此甚不然하니 假令甲日得丙하고 而又見巳커나 乙日得丁하고 而又見午면 斯爲更美니 卽甲日或遇兩丙커나 或遇兩巳요 乙日或遇兩丁커나 或遇兩午라도 亦有何礙리오 所慮者는 日主衰弱하여 不能任之耳라 故先看日主强弱爲要니 身食兩旺하면 可爲貴格이며 然謂食神有氣하면 勝於財官도 亦一偏之論也라

구서에 식신은 다만 一位(하나)만 필요하다고 했는데 이것은 매우 옳지 않으니, 가령 甲日이 丙을 만나고 다시 또

巳를 만나거나, 乙日이 丁을 만나고 다시 또 午를 만나면 더욱 이름답게 되는데, 가령 甲日이 혹 두 개의 丙을 만나거나 두 개의 巳를 만나며, 乙日이 혹 두 개의 丁을 만나거나 두 개의 午를 만나더라도 무슨 장애가 있겠는가? 염려할 것은 日主가 쇠약하여 그것을 감당할 수 없는 것일 뿐이므로, 먼저 일주의 강약을 보는 것이 중요하니, 日主와 식신이 모두 旺하면 귀격이 될 수 있으며, 식신이 有氣하면 재관보다 낫다고 말하는 것도 역시 한쪽으로 치우친 논리이다.

此神最忌梟印剋之나 得偏財則亦不畏며 若滿局食神하고 日主無氣면 亦可從之니 此乃我生之神이라 較從殺則更純하고 較從財則並美하니 勿泥舊無從例也라

이 神은 梟印이 극하는 것을 가장 꺼리지만 편재를 만나면 두려워하지 않으며, 만약 局에 식신이 가득 차고 일주가 無氣하면 또한 그것을(식신) 따를 수 있는데, 그것이 곧 내가 생하는 神이므로, 종살과 비교하면 더욱 순수하고 종재와 비교하면 대등하게 아름다우니, 구서에 從하는 예가 없다는 말에 구애되지 말아야 한다.

或日主太旺하고　局中無一可倚에　止有一二點食神이
略成氣象이면　則須行食神生旺之運爲妙며　如食傷相混
이면　用食則宜去傷이나　用傷不必去食하니　蓋食純傷駁
이니　猶之官不容殺混이나　殺不畏官混也라

혹 일주가 태왕하고 局중에 의지할 만한 것이 하나도 없
을 때 다만 한두 점의 식신이 대략 氣象을 이루었다면 반
드시 식신이 생왕한 운으로 행해야만 묘하며, 만약 식상이
서로 혼잡되어 있을 때 식신을 쓰는 경우에는 마땅히 상관
을 제거해야 하지만, 상관을 쓰는 경우에는 제거할 필요가
없는데, 이것을 식신은 순수하고 상관은 순수하지 못하기
때문이니, 마치 官은 殺의 혼잡을 용납하지 않으나 殺은
官의 혼잡을 꺼리지 않는 것과 같다.

至於用食見殺엔　雖與傷官見官不同이나　然剋傷日主
면　則任食無力하고　抗敵食神이면　則養主少氣며　惟柱
多比劫엔　最喜殺制이요　主用印綬엔　反喜殺生耳니　否
則官亦不宜多見이어늘　況殺乎아

식신을 쓸 때 殺을 만남에 이르러서는 비록 상관이 官을
만나는 것과 똑같지 않으나, 殺이 일주를 극하여 손상하면

일주가 식신을 감당하는 데 힘이 없고, 殺이 식신에게 대항하면 식신이 일주를 기르는 데 氣가 부족하게 되며, 무릇 사주에 비겁이 많은 경우에는 殺이 비겁을 억제하는 것을 가장 좋아하고, 일주가 인수를 쓰는 경우에는 도리어 殺이 인수를 생하는 것을 좋아할 뿐이니, 그렇지 않으면 官도 많이 만나서는 안 되는데 하물며 殺이랴?

23. 看傷官法(상관을 보는 법)

看傷官之法은 不當月令이요 而局成他格엔 些小傷官爲害면 則去之요 不爲害면 則置之며 雖當月令하여 而用以敵殺이라도 當從殺格推究며 惟局中無足取用이요 而傷官或當令有援커나 或黨衆有勢면 則用之며 雖不得令得勢라도 而日主旺甚無依에 止一二點傷官略成氣象면 則亦用之하니 用之者何오 以其亦我所生이니 雖不如食神之純粹나 亦我之精氣流通하여 英華發外로 亦可取也라 然必生出財神이라야 方爲有用이며 否則頑而不靈하여 徒洩我氣耳라

상관을 보는 법은 월령을 담당하지 않고 局이 다른 격을
이룬 경우에는 사소하게라도 상관이 害가 되면 그것을 제
거하고, 해가 되지 않으면 그대로 내버려 두며, 비록 월령
을 담당하여 殺을 대적하는 것으로 쓰더라도 마땅히 종살
격을 깊이 연구해야 한다. 오직 局중에 취하여 쓸 만한 것
이 없고 상관이 혹 당령하여도 도움이 있거나 무리를 이루
어 세력이 있으면 그것을 쓰며, 비록 월령을 얻거나 세력
도 얻지 않았더라도 日主가 旺이 심하여 의지할 곳이 없을
때 다만 한두 점의 상관이 대략 氣象 이루었다면 또한 그
것을 쓰는데, 그것을 쓰는 까닭은 무엇 때문인가? 상관도
역시 내가 낳은 것이니 비록 식신의 순수함만은 못하더라
도, 나의 정기가 유통하여 뛰어난 빛이 밖으로 드러나기
때문에 역시 취할 수 있는 것이다. 그러나 반드시 재신을
생산해야만 비로소 쓸모가 있게 되며, 그렇지 않으면 완고
하고 영묘하지 못하여 나의 氣를 누설할 뿐이다.

用傷大法은 日主强健則喜財요 日主衰弱則喜印이며
財印俱正俱偏이면 則恐其相爭이요 財印一正一偏이면
則不嫌並露나 然亦看全局理氣 및 及財印情勢니 有俱
正俱偏而相安者하고 有一正一偏而相戾者하여 此在舒

配之妙니 若必如舊書所云하여 用財去印이요 用印去財
면 則太拘矣라

　상관을 쓰는 대법(중요한 법)은 日主가 강건하면 財를
좋아하고, 일주가 쇠약하면 印을 좋아하며, 財와 印이 모
두 正이거나 모두 偏이면 서로 다툴까 두렵고, 財와 印이
하나는 正이고 하나는 偏이면 나란히 드러나는 것을 꺼리
지 않으나, 또한 온 局의 理와 氣 및 財와 印의 정세를 보
아야 하니, 모두 正이거나 모두 偏인데도 서로 편안한 경
우도 있고, 하나는 正이고 하나는 偏인데도 서로 어그러지
는 경우도 있어서, 이것은 펼쳐지고 배합되는 묘함에 달려
있는 것이니, 만약 반드시 구서에서 말한 바와 같이 財를
쓸 때는 印을 버리고 印을 쓸 때에는 財를 버려야 한다면
지나치게 얽매이는 것이다.

　舊又以當令爲眞傷官이요 不當令爲假傷官이라　하니
夫以不當令而謂之假인댄 則不當令之官殺을 爲假官殺
乎며 不當令之財印食神을 爲假財假印假食乎아 不知傷
官勿論眞假요 當論強弱이라 強則制之니 傷官強而復行
傷運이면 則日愈洩氣矣며 弱則扶之니 傷官弱而復行破

傷이면 則日愈無依矣니 制傷之法은 印運爲上이요 幇
身次之며 扶傷之法은 傷食運爲上이요 比劫次之라

　구서에 다시 또 당령한 것을 眞傷官이라 하고, 당령하지
않은 것을 假傷官이라 하였는데, 무릇 당령하지 않은 것을
假라고 한다면 당령하지 않은 관살을 假官殺이라 하며, 당
령하지 않은 財와 印과 食神을 假財와 假印과 假食神이라
할 것인가? 상관은 진가를 논하지 말고 강약을 논해야 함
을 모르기 때문이다. 강하면 그것을 억제해야 하니, 상관
이 강한데도 다시 상관운으로 행하면 日主는 더욱 설기되
며, 약하면 그것을 부조해야 하니 상관이 약한데도 다시
상관을 파괴하는 운으로 행하면 일주는 더욱 의지할 곳이
없는데, 상관을 억제하는 법은 印운이 최상이고 幇身(방신)
이 그다음이며, 상관을 부조하는 법은 식상운이 최상이고
비겁이 그다음이다.

　若傷官不喜見官은 正如先有比劫而見財커나 先有梟
神而見食하여 必爲患害니 舊書誓之毆傷官長而又見官
이면 官必不恕는 則鑿矣며 又謂傷官傷盡이면 反喜見
官이라 하니 將劫財劫盡이면 反喜見財하며 奪食奪盡
이면 反喜見食耶아

상관은 官을 만나는 것을 좋아하지 않는다는 것은 바로 본래 비겁이 있는데 財를 만나거나, 본래 효신이 있는데 식신을 만나는 것과 같아서 반드시 근심과 해로움이 되는 것인데, 구서에서 말한 관리의 우두머리를 구타하고 다시 또 관리를 만나면 관리가 반드시 용서하지 않는다는 것은 천착(억측)이며, 또 官을 손상하여 손상이 다 되면 도리어 官을 만나는 것을 좋아한다고 했는데, 그렇다면 財를 위협하여 다 되면 도리어 財를 만나는 것을 좋아하며, 食을 빼앗아 빼앗음이 다 되면 도리어 食을 만나는 것을 좋아해야 하는가?

然官亦有可見者하니 身弱傷强而有印綬면 可以見官이니 官生印綬면 則身能任傷也요 身强財弱而有比劫이면 可以見官이니 官制比劫이면 則財不受奪也며 否則皆不可見官이니 見之非惟取傷之害요 而日主受剋이라 亦不能任傷爲用이니 此必仍行傷運하여 剋之爲妙요 次則食運亦可라

그러나 官은 또한 만나도 되는 경우가 있는데 身이 약하고 상관이 강하며 인수가 있으면 官을 만날 수 있으니, 官이 인수를 생하면 身이 상관을 감당할 수 있기 때문이고,

身이 강하고 財가 약하며 비겁이 있으면 官을 만날 수 있으니, 官이 비겁을 억제하면 財가 빼앗김을 당하지 않기 때문이다. 그렇지 않을 경우에는 모두 官을 만나서는 안 되니, 官을 만나면 상관의 害를 취할 뿐 아니라 日主가 극을 받으므로 또한 상관을 감당할 수 있는 쓰임이 되지 못하니, 이때에는 반드시 곧 상관운으로 행하여 官을 극하는 것이 묘한 것이고, 그다음은 식신운도 괜찮다.

若傷官傷盡不見官하면　似乎入格이어늘　而乃貧賤者는　必無財之故耳며　舊分五行孰可見官이요　孰不可見官은　支離無理하니　關於傷官賦中이며　至於見殺雖非見官之比나　然無印無比而見殺은　則亦剋主而不能任傷이니　不可不去며　若陽刃甚有益於傷官은　以其助主生傷이요　又能合殺也며　至於日主無氣요　滿局皆傷은　當棄命從之라　反倚凶神爲用이니　行運忌壞傷相主요　又未可以傷多不宜爲論矣라

　상관상진하고 관을 만나지 않으면 격식에 맞는 듯한데도 마침내 빈천한 까닭은 반드시 財가 없기 때문일 뿐이며, 구서에서 오행을 구분하여 어느 것은 官을 만나도 되

고 어느 것은 官을 만나지 말아야 한다는 것은 조리가 없이 번잡하여 갈피를 잡을 수 없으니, 傷官賦(상관부)중에서 깨우쳐야 하며, 殺을 만나는 것이 비록 官을 만나는 것에 비할 바는 아니다. 印도 없고 比도 없을 때 殺을 만남에 이르러서는 또한 日主를 극하여 상관을 감당할 수 없게 되니 제거하지 않으면 안 되며, 또 양인이 상관보다 매우 유익한 까닭은 양인이 日主를 도와 상관을 生하게 하고 또 殺과 合할 수 있기 때문이며, 日主가 無氣하고 局에 가득한 것이 모두 상관인 경우에 이르러서는 마땅히 身命을 버리고 그것을 따라야 하므로 도리어 흉신에 의지하여 작용하게 되니, 행운에서는 상관을 파괴하고 日主를 돕는 것을 꺼리며, 또한 상관이 많으면 안 된다고 논해서도 안 된다.

24. 看食傷法(식상을 보는 법)

食傷格中有尤秀者하니 日木火通明과 日金白水淸과 日水木淸奇와 日土金毓秀니 今略擧取用之法인댄 木火通明格은 以春三月木日遇火爲妙니 妙在木旺能任火相하여 方進也요 四月亦取하니 蓋火當令而未燥니 但木

須得勢通根耳며　金白水淸格은　以七八月金日遇水爲合
이니　亦妙在金旺水相하며　水木淸奇格은　以二月癸日遇
乙及卯木爲上이요　土金毓秀格은　以八月己日遇辛及酉
金爲上이니　蓋卯酉氣專而淸하니　但癸與己亦須得氣通
根耳라

　식상격중에서도 더욱 빼어난 것이 있는데, 木火通明과
金白水淸과 水木淸奇와 土金毓秀 등이니, 이제 취용하는
법을 대략 들어 본다면 목화통명격은 春三月에 木日이 火
를 만나는 것을 묘함으로 삼으니, 묘함은 木이 旺하고 火
相을 감당할 수 있어서 나란히 격에 나아가고 있고, 4월에
도 취하는데 이때에는 火가 당령하지만 아직 건조하지 않
으니, 다만 木이 반드시 득세하고 통근해야 한다. 금백수
청격은 7월, 8월에 金日이 水를 만나는 것을 합당하게 여
기니 역시 묘함이 金이 旺하고 水는 相이 되는 데 있으며,
수목청기격은 2월에 癸日이 乙・卯木을 만나는 것을 으뜸
으로 여기고, 土金육수격은 8월에 己日이 辛・酉금을 만나
는 것을 으뜸으로 여기는데, 이때에는 卯와 酉의 氣가 전
일하고 청하니, 단지 癸와 己도 역시 반드시 득기하고 통
근해야 한다.

凡合此四格者는 皆淸貴上命이며 其喜忌之理는 隨格
詳審之나 然不特此也라 凡日主强旺엔 喜洩甚於喜剋하
며 局中官殺與食傷並見이요 勢均力敵엔 照常取斷하며
若官殺輕淺엔 其情恒向食傷하니 不必當時得令이요 但
透干成象이면 卽可取用이나 反以官殺爲病神矣니 術家
於此等局面에 只泥官殺爲用이라 所以往往不驗이니 是
亦所謂六神通變之端이니 不可不知也라

무릇 이 네 가지 격에 부합하는 경우에는 모두 청귀한
上命이며, 그 喜忌의 이치는 격에 따라 상세히 살펴야 하
는데, 이뿐만 아니라 대체로 日主가 강왕할 때엔 설기를
좋아함이 극을 좋아함보다 더 심하며, 局중에 관살과 식상
이 함께 보이고 세력이 대등할 때엔 常理에 비추어 판단해
야 하며, 만약 관살이 가볍고 약할 때엔 그 정이 항상 식
상을 향하게 되니 때를 만나 득령할 필요는 없으며, 다만
천간에 투출하고 취용할 수는 있으나, 도리어 관살을 病神
으로 여기는 것인데, 술가들이 이러한 국면에 대하여 단지
官殺을 用으로 삼는 것에 얽매이기 때문에 왕왕 징험하지
못한 것이니, 이것을 또한 이른바 六神변통의 단서라는 것
이니 알지 않으면 안 된다.

25. 看比劫祿刃法(비겁록인을 보는 법)

天干各有比劫이요 地支惟戊己遇辰戌丑未爲比劫이며
甲乙遇寅卯와 丙丁遇巳午와 庚辛遇申酉와 壬癸遇亥子
는 皆祿刃也니 蓋本氣純粹爲祿이요 本氣剛暴爲刃이라
(本字原本作異, 疑有誤, 卽如甲乙寅卯, 並非異氣也.)

천간은 각각 비겁이 있고, 지지는 오직 戊己가 辰戌丑未
를 만나야만 비겁이 되며, 甲乙이 寅卯를 만나고 丙丁이
巳午를 만나고 庚辛이 申酉를 만나고 壬癸가 亥子를 만나
는 것 등은 다 祿刃(녹인)인데, 무릇 本氣가 순수하면 祿이
되고, 本氣가 강포하면 刃이 되는 것이다.

(本字는 원본에 異로 되어 있는데 잘못이 있는 듯하니, 곧 甲
乙寅卯 등은 다 異氣가 아니다.)

凡陰陽之祿刃은 交互取之하니 乙丁己辛癸之刃은 確
在寅申巳亥니 向來但知祿前一位爲刃하고 而不知陽以
前爲前이요 陰以後爲前하여 妄爲辰戌丑未爲陰刃이니
試以陰陽同生同死之法推之면 四者皆衰地어늘 何得有
刃이며 卽以陽生陰死之法推之라도 四者皆冠帶어늘 何

以成刃이리오 又有謂陽有刃이요 陰無刃者는 旣非通理
며 甚有訛陽爲羊하여 謂如以刃刲羊者하니 尤屬謬談이
라 至於支有刃이요 而干見刃하여는 謂之刃透하며 往
往以支無劫14)이면 以干劫當之라 하니 然則支無祿에
可以干比當之耶아

　무릇 음양의 祿刃은 서로 번갈아 상대를 취하니, 乙丁己
辛癸의 刃은 확실히 寅申巳亥에 있는데, 이제까지는 다만
祿前의 一位가 刃이 되는 것만 알고, 陽은 前을 前으로 삼
고 陰은 後를 前으로 삼음을 알지 못하여, 함부로 辰戌丑
未가 陰干의 刃이 된 것이니, 우선 陰陽同生同死의 법으로
이것을 추리해 보면 네 가지(진술축미)가 모두 衰地(쇠지)
인데 어찌 刃이 있을 수 있겠으며, 가령 陽生陰死의 법으
로 이것을 추리하더라도 네 가지가 모두 冠帶(관대)인데
어떻게 刃이 되겠는가? 또 陽에는 刃이 있으나 陰에는 刃
이 없다고 말하는 자가 있는데 이미 두루 통하는 이치가
아니며, 심하게는 그릇되게 陽을 羊으로 여겨 칼로 羊을
찌르는 것과 같다고 말하는 자도 있는데, 더욱 잘못된 말
에 속한다. 지지에 刃이 있으면서 천간에 비겁을 만남에
이르러서 그것을 刃이 투출했다고 말하며, 왕왕 지지에 刃

---

14) 無劫은 無刃의 잘못인 듯함.

이 없으면 천간의 비겁으로 그것을 담당케 한다고 여기니, 그렇다면 지지에 녹이 없을 때 천간의 비겁으로 그것을 담당케 할 수 있겠는가?

總之컨대 比劫祿刃은 異情而同類하여 皆助身之神이니 特比純而劫駁하여 祿和而刃暴耳라 比與劫은 主衰殺旺則用之하고 身弱財多則用之하며 刃則取以助干하고 尤妙於合殺하니 蓋刃殺皆剛暴之物이라 相合則如猛將悍卒이 處置得宜하여 爲我宣威奮武하니 人命値之면 貴而有權하며 祿則能扶日主요 亦能助諸貴神이라 舊謂建祿離祖하고 專祿傷妻라 하니 間亦有驗니아 然印財得時得勢면 此一端未便爲害也라

총괄하여 말하자면 비겁과 녹인은 그 성정은 다르나 부류는 같아서 모두 身을 돕는 神인데, 다만 比는 순수하고 劫은 뒤섞여서 순수하지 않으며, 祿은 온화하고 刃은 사나울 뿐이다. 比와 劫은 일주가 쇠하고 殺이 왕할 때 그것을 쓰고 身이 약하고 財가 많을 때 그것을 쓰며, 刃은 그것을 취하여 日干을 돕고 殺과 합하는 데에 더욱 묘하니, 그것을 刃과 殺이 모두 강포한 물건이므로 서로 합하면 용맹한

장수나 사나운 병졸이 처치(일처리)가 알맞음을 이루어 나를 위하여 위엄과 무력을 떨치는 것과 같은데, 人命에서 그것을 만나면 귀하고 권세가 있으며, 녹은 日主를 도울 수 있고 또 여러 貴神을 도울 수 있다. 구서에 건록은 조상을 떠나고 전록은 처를 떠난다고 했는데, 간혹 또한 증명됨도 있으나, 印과 財가 때를 만나고 세력을 얻으면 이 한 가지 단서가 곧바로 害가 되지는 않는다.

26. 看拱夾法(공협을 보는 법)

舊書取日時二干相同에　日時二支中間虛一位하여　或祿或貴면 以二支拱夾之라 하니 祿者는 日祿也요 貴者는 正官也라 二支拱夾이면則不走失하고 二干相同이면則無乖異나 然舍四柱干支요 止取虛位一字爲格이면 其理豈得爲確哉리오 或局中需祿而無祿이오 需官而無官에 適値有此虛神이면 則用之亦爲巧合이며 然拱夾雖有二十餘日이나 而合宜者不多하여 除拱殺傷劫刃이니 雖藏有財官印이라도 而虛神原屬殺傷劫者는 俱不用外라

구서에서 日과 時의 두 천간이 서로 같을 때, 日과 時 두

지지 중간에 비어 있는 한 자리를 취하여 혹 녹이나 貴일
경우에는 두 지지가 공협을 한 것이라 했는데, 祿은 일록
이고 貴는 정관이다. 두 지지가 공협하고 있으면 잃어버리
지 않고 두 천간이 서로 같으면 서로 어그러짐이 없지만,
사주의 간지를 버리고 다만 빈자리의 한 글자를 취하여 格
을 삼는다면 그 이치가 어찌 확실하다 할 수 있겠는가? 혹
局중에 녹을 필요로 하는데 녹이 없거나 官을 필요로 하는
데 官이 없을 때 우연히 이러한 허신이 있음을 만나면 그
것을 쓰지만 또한 공교로운 배합일 뿐이며, 공협이 비록
20여 일이 있지만 합당한 것이 많지 않아서 殺·傷·劫·
刃을 공협한 것을 제외해야 하니 비록 소장된 것에 財官印
이 있더라도 허신이 원래 殺·傷·劫에 속하는 경우에는
모두 쓰지 않고 제외한다.

　如甲寅日甲子時는 拱夾貴丑字요 癸亥日癸丑時는 拱
夾祿子字요 癸酉日癸亥時는 拱夾貴戌字니 俱日干之旬
空이며 甲子日甲戌時와 乙亥日乙酉時와 壬子日壬寅時
는 酉戌寅先落旬空亡하니 俱爲無用이며 又如甲戌日甲
子時는 僅拱亥字長生하니 亦無足取요 甲申日甲戌時는
拱夾酉字하고 乙未日乙酉時는 拱夾申字하니 豈有舍顯

露之日殺時殺하여 不行處置요 而反用虛拱之官者리오

가령 甲寅日 甲子時의 경우에는 貴인 丑자를 공협하고, 癸亥日癸丑時의 경우에는 녹인 子字를 공협하고, 癸酉日癸亥時의 경우에는 貴인 戌字를 공협하는데 모두 일간의 旬空亡이며, 甲子日甲戌時와 乙亥日乙酉時와 壬子日 壬寅時 등은 酉戌寅이 먼저 순공망에 떨어지니 모두 쓸모없게 되며, 가령 甲戌日甲子時는 겨우 亥字長生을 공협하니 또한 취할 만한 것이 없고, 甲申日甲戌時는 酉字를 공협하고 乙未日乙酉時는 申字를 공협하니, 어찌 분명하게 드러난 日의 殺과 時의 殺을 버려두고 알맞은 처치를 행하지 않으면서 도리어 實在하지 않는 官을 쓰는 일을 하겠는가?

故拱夾止有八日可用이어늘 戊辰日戊午時에 拱巳祿하고 癸丑日癸亥時에 拱子祿하고 丁巳日丁未時와 己未日己巳時에 俱拱午祿하고 庚寅日庚辰時에 拱卯財하고 丁酉日丁未時에 拱申財하고 兼壬官하며 辛丑日辛卯時에 拱寅財兼丙官하며 辛巳日辛卯時에 拱辰印하고 兼乙財하여 無正拱官者라

그러므로 공협은 다만 8일의 쓸 만한 것이 있을 뿐인데,

戊辰日戊午時에 巳祿을 공협하고, 癸丑日癸亥時에 子祿을 공협하고, 丁巳日丁未時와 己未日己巳時에 함께 午祿을 공협하고, 庚寅日庚辰時에 卯財를 공협하고, 丁酉日丁未時에 申財를 공협하고 壬官을 겸하며, 辛丑日辛卯時에 寅財를 공협하고 丙官을 겸하며, 辛巳日辛卯時에 辰印을 공협하고 乙財를 겸하여, 官을 바로 공협하는 경우가 없다.

凡虛神忌塡實하고 忌沖破하며 拱夾虛神之二支도 亦 忌沖하고 行運亦然하니 其他舊說諸忌는 俱不必論이요 又嘗推廣其義하여 取日時拱夾하고 再加年月拱夾하면 如戊辰戊午와 戊辰戊午는 四支中間에 俱供巳字하고 癸丑癸亥와 癸丑癸亥는 四支中間에 俱拱子字하니 可 名之曰四拱이요 餘日倣此라

무릇 허신은 전실을 꺼리고 충파를 꺼리며, 허신을 공협하는 두 지지도 역시 충을 꺼리고 행운에서도 그러한데, 기타 구서에서 말한 여러 가지 꺼리는 것들은 모두 논할 필요가 없으며, 또 그 공협의 뜻을 미루어 넓혀서 日時의 공협을 취하고 다시 年月의 공협을 더하면, 가령 戊辰日戊 午時와 戊辰年戊午月의 경우에는 네 지지의 중간에 모두 巳字를 공협하고, 癸丑日癸亥時와 癸丑年癸亥月의 경우에

는 네 지지의 중간에 모두 子字를 공협하니, 이름하기를 四拱이라 할 수 있으며, 나머지도 이와 같다.

然凡遇拱夾엔 終須辨論財官諸神이요 勿因拱夾合法하여 而遂取爲格局하여 斷其榮貴也라 又舊書有夾邱拱財格하여 取癸酉日癸亥時에 拱夾戌中丁火爲財하니 夫戌乃癸酉旬中之空亡이니 何取空財며 亥亦癸酉旬之空亡이니 何能拱夾? 故附論於此而削之니라

그러나 무릇 공협을 만나는 경우에는 항상 반드시 財官 등 여러 神을 분별하여 논해야 하고, 공협이 법식에 맞음을 근거로 마침내 그것을 취하여 격국으로 삼아 그 번영과 존귀를 단정하지 말아야 한다. 또 구서에 협구공재격이 있어서 癸酉日癸亥時의 경우에 戌중 丁火를 공협하는 것을 財로 삼는 법을 취하는데, 그 戌은 바로 癸酉旬중의 공망이니 어찌 공망인 財를 취할 것이며, 亥도 역시 癸酉旬의 공망이니 어떻게 공협할 수 있겠는가? 그러므로 여기에 덧붙여 논하고 그것을 삭제하였다.

27. 看雜氣墓庫法(잡기묘고를 보는 법)

舊書生辰戌丑未月爲雜氣格이라 하니 其說以天地不
正之氣가 蓄於四季墓庫之中이라 故謂之雜이니 夫十干
之氣가 分布於十二支는 皆正氣也어늘 何以布於辰戌丑
未者를 獨爲不正이 若謂所蓄者雜이면 則寅巳亦各藏三
支어늘 何獨不雜이 況正氣必益於人이요 雜而不正之氣
는 必損於人이어늘 何取此損人之氣爲格耶오

구서에서 辰戌丑未월에 태어난 것을 雜氣格(잡기격)이라
했는데, 그 말은 天地의 바르지 않은 氣가 四季墓庫중에
간직하고 있어, 그것을 雜이라고 말한 것이다. 무릇 十干
의 氣가 12支에 분포된 것은 모두 正氣인데, 무엇 때문에
진술축미에 분포된 것만을 유독 不正하다고 여기는가? 만
약 간직된 것을 잡이라고 한다면 寅과 巳도 각각 세 지지
를 간직하고 있는데, 어째서 이것만을 잡이라 하지 않는
가? 더구나 正氣는 반드시 사람에게 유익하고, 섞여서 부
정한 氣는 반드시 사람에게 해로운 것인데, 어째서 이러한
사람에게 해로운 氣를 취하여 격으로 삼을 수 있겠는가?

且動稱墓庫하여 取必刑沖하니 夫戊之在辰戌과 己之

在丑未는 乃本氣用事니 非墓也요 乙辛之在辰戌과 癸丁之在丑未는 乃本方分正이니 亦非墓也며 特辰中之癸와 戌中之丁과 丑中之辛과 未中之乙이 乃誠墓耳니 故生於四月하여 如用辰戌中之戊와 丑未中之己면 猶之用餘八支中之本氣며, 如用辰戌中之乙辛과 丑未中之癸丁이면 猶之用餘八支中之所藏하여 皆不待刑沖而得力也라

또 곧잘 묘고를 일컬어 취할 때 형충이 필요하다고 하는데, 무릇 戊가 辰戌중에 있고 己가 丑未중에 있을 때에는 곧 本氣가 用事하니 墓가 아니고, 乙과 辛이 辰戌중에 있고 癸와 丁이 丑未중에 있을 때에는 곧 本方에서 바람을 분담하니 역시 墓가 아니며, 다만 辰중의 癸와 戌중의 丁과 丑중의 辛과 未중의 乙만이 참된 묘일뿐이다. 그러므로 4월에 태어나서 만일 辰戌중의 戊나 丑未중의 己를 쓴다면 나머지 여덟 지지 중의 本氣를 쓰는 것과 같으며, 만일 辰戌중의 乙辛이나 丑未중의 癸丁을 쓴다면 나머지 여덟 지지 중에 저장된 것을 쓰는 것과 같아서, 모두 형충을 기다린 뒤에 힘을 얻는 것이 아니다.

惟用辰戌中之癸丁과 丑未中之辛乙은 慮其閉藏이라

當求其透出이니 天干苟得透出이면 亦不待刑沖而後得
力也며 不能透出이면 乃講刑沖이나 然墓神强旺엔 遇
刑則動하고 遇沖則發하니 是爲開庫요 墓神衰弱엔 遇
刑則敗하고 遇沖則拔하니 是爲剋倒라

다만 辰戌중의 癸丁과 丑未중의 辛乙을 쓸 때에는 그 닫
혀서 숨겨지는 것을 염려하므로, 마땅히 그 투출함을 구하
는 것이니, 천간에 만일 투출함을 만났다면 또한 형충을
기다린 뒤에 힘을 얻는 것이 아니며, 투출하지 못하면 마
침내 형충을 강구하게 되는데, 墓神이 강왕한 경우에는 刑
을 만나면 움직이고 沖을 만나면 열리니 이것을 開庫(개
고)라 하고, 묘신이 쇠약한 경우에는 형을 만나면 무너지
고 충을 만나면 뽑히니 이것을 剋倒(극도)라 한다.

又或日主나 或六神이 屬水火하여 而生辰戌之月커나
屬金木하고 而生丑未之月하여 恐其入墓엔 亦宜刑沖이
나 然須看本神强弱하니 强則欲脫墓而出이라 固利疏通
하고 弱則須依墓以存이라 深嫌破壞니 是亦有開庫剋倒
之別歟리니 要皆未可槪取刑沖也라

다시 혹 日主나 六神이 水나 火에 속하면서 辰戌월에 生

하거나, 金이나 木에 속하면서 丑未월에 生하여 墓에 들어
감을 염려할 때에는 또한 형충을 해야 하지만, 반드시 本
神의 강약을 보아야 하니, 강하면 墓에서 벗어나기를 바라
므로 진실로 소통을 이롭게 여기고, 약하면 墓에 의지하여
보존되기를 바라므로 파괴됨을 매우 싫어하게 되니, 여기
에는 고를 열거나(開庫) 극하여 넘어뜨리는(剋倒) 구별이
있을 것이니, 반드시 모두 형충을 대충 취해서는 안 된다.

若土則本無墓庫니　愈不待言矣며　至於命理多變更하
여　有日主六神이　過於發揚震動하여　而用此季庫以欲之
者하여는　則翕闢亦隨其宜耳니라

　土는 본래 묘고가 없으니 말할 필요가 없으며, 命理에 변
경이 많아서 어떤 일주나 六神이 發陽震動(발양진동)에 지
나쳐서 이 季(辰戌丑未)의 묘고를 써서 그것을 수렴함에 이
르러서는 닫고 여는 데에 또한 그 마땅함을 따를 뿐이다.

　或曰向傳季支所藏은　皆爲庫中物이어늘　今者之論은
無乃强爲分別否아　余曰信如舊說인댄　是乙不特墓於未
요　而又墓於辰이며　辛不特墓於丑이요　而又墓於戌이며
癸不特墓於辰이요　而又墓於丑이며　丁不特墓於戌이요

而又墓於未어늘 戌則墓於辰이요 而又墓於戌이며 己則
墓於丑이요 又墓於未니 是則木火金水는 各增一墓로되
而土竟有四墓矣니 豈不大可怪乎아 是故로 生月遇辰戌
丑未면 只照寅申巳亥等支하고 一例取用하되 先以土論
이요 後及所藏하여 其或用所藏之墓神커나 或爲日主六
神之墓地엔 則斟酌宜否刑沖可也니라

혹자가 "예전부터 전해 오기를 四季의 지지에 저장된 것
은 모두 庫中物이라 하는데, 지금의 의론은 아무래도 억지
로 분별하는 것이 아닌가?" 하기에 내가 말했다. 진실로
구서의 말과 같다면 乙은 未에 묘가 될 뿐만 아니라 다시
또 辰에도 묘가 되며, 辛은 丑에 묘가 될 뿐만 아니라 또
戌에도 묘가 되며, 癸는 辰에 묘가 될 뿐만 아니라 또 丑
에도 묘가 되며, 丁은 戌에 묘가 될 뿐만 아니라 未에도
묘가 되는데, 戊는 辰에도 묘가 되고 또 戌에도 묘가 되며,
己는 丑에도 묘가 되고 또 未에도 묘가 되니, 그것은 木火
金水는 각각 하나의 묘를 더하는데, 土는 의외로 네 개의
묘가 있으니, 어찌 너무 괴이하다 할 만하지 않겠는가?

그러므로 生月에 辰戌丑未를 만나면 다만 寅申巳亥 등
의 지지를 대조해 보고 일정한 법식으로 용신을 취하되,
먼저 土를 논하고 뒤에 소장된 것에 이르러서 혹 소장된

墓神을 쓰거나 혹 日主 六神의 묘지가 되는 경우에는 합당한지 여부와 형충 등을 참고하여 결정하는 것이 옳다.

28. 看從局法(종국을 보는 법)

凡看日主無根에 滿柱皆官이면 則當從官이요 滿柱皆殺이면 則當從殺이요 滿柱皆財면 則當從財요 滿柱皆食이면 則當從食이요 滿柱皆傷이면 則當從傷이로되 若滿柱皆印綬엔 則無從理니 蓋皆生助日主하여 旺甚無依決矣라

무릇 일주를 살펴보아 無根인 경우에는 사주에 가득 찬 것이 모두 官이면 마땅히 官을 從해야 하고, 사주에 가득 찬 것이 모두 殺이면 殺을 從해야 하며, 사주에 가득 찬 것이 모두 財라면 財를 從해야 하고, 사주에 가득 찬 것이 모두 食이면 食을 從해야 하고, 사주에 가득 찬 것이 모두 傷이면 傷을 從해야 하는데, 만약 사주에 가득 찬 것이 모두 印綬인 경우에는 從하는 이치가 없으니, 그것은 인수가 모두 일주를 생조하여 旺이 심하므로 의지할 필요가 없기 때문이다.

凡從何神엔 只要此神生旺則吉하고 若從神受剋거나 日主逢根하면 則凶하니 其不同者는 從官從殺엔 只喜 生官生殺과 及官殺運하고 從財從食傷엔 固喜生財食傷 과 及財食傷運하며 即財再生官殺거나 食傷復生財도 皆可니 此其定理也로되 然又須看日主情勢何如와 所從 之神의 意向安在하여 而變通推測之면 無不驗矣라

대체로 어느 神을 따를 때에는 다만 그 從하는 神이 생 왕해야만 길하고, 만약 從하는 神이 극을 당하거나 일주가 뿌리를 만나면 흉한 것인데, 그중 똑같지 않은 것은 종관 과 종살의 경우에는 다만 官을 생하고 殺을 생하는 운과 관살운을 좋아하고, 종재와 종식상의 경우에는 본래 재와 식상을 생하는 운과 재와 식상운을 좋아하며, 혹 재가 다 시 관살운을 생하거나 식상이 다시 재를 생하는 것도 모두 괜찮으니, 이것이 그 일정한 이치인데, 또한 반드시 일주 의 정세가 어떠한지와 從하는 神의 의향이 어디에 있는지 를 보고 이것을 변통하여 추측하면 증명되지 않음이 없을 것이다.

或曰舊但取從殺從財어늘 今復取從官從食從傷하니 其

理何出고라 하니 蓋不知命理惟取生剋이니 剋我之殺可
從이면 則剋我之官何不可從이며 我剋之財可從이면 則
我生之食傷何不可從고 古今命如是者甚多로되 術家未
之遍考耳라

혹 말하기를 구서에서는 다만 종살과 종재만을 취했는
데, 지금은 從官과 從食과 從傷을 취하니 그 이치가 어디
서 나왔는가? 하는데, 내가 극하는 財를 종할 수 있다면
내가 생하는 食傷은 왜 종할 수 없겠는가? 고금의 命에 이
와 같은 것이 매우 많은데도 술가들이 그것을 두루 살피지
못했을 뿐이다.

至於從局動云棄命하여는 豈有命而可棄者乎아 蓋從
神強甚이면 譬之馬馳峻阪이요 舟飽疾風하여 非人力所
及制니 若強欲收頓이면 必有顚墜覆溺之憂니 不若縱其
所如하여 而駕馭得宜라 則馬與舟仍爲我用耳니 此棄乃
不棄也라 或曰不可強制信矣15)니 行運生扶日主면 何
以不可리오 不知身在峻阪之上과 疾風之中하여 棄馬與
舟而自求全이니 豈不速敗乎리오

---

15) 不可強制信矣는 不可強制不信矣가 되어야 함.

從局을 곧잘 棄命(기명)이라고 말함에 이르러서는 어찌 命에 버릴 수 있는 것이 있겠는가? 무릇 從하는 神의 강함이 심하면 말이 험한 산비탈을 달리고 배가 질풍을 실컷 받는 것에 비유되므로, 人力으로 제어할 수 있는 바가 아니니, 만약 억지로 멈추게 하려고 한다면 반드시 굴러 떨어지고 뒤집혀 물에 빠지는 근심이 있으니, 그 가는 바대로 맡겨 두어 다스리고 부리는 것이 알맞음을 이루게 하는 것만 못하므로, 말과 배가 여전히 나를 위하여 작용할 뿐이니, 이것은 버리더라도 곧 버리지 않는 것이다.

혹자는 말하기를 억지로 제어할 수 없다는 것은 진실하지 못하니, 행운에서 日主를 생부하면 어째서 제어할 수 없겠는가라고 하지만, 몸이 험한 비탈 위나 질풍 가운데 있으면서 말이나 배를 버리고 스스로 온전함을 찾는 것과 같음을 모르기 때문이니, 어찌 속히 실패하지 않겠는가?

29. 看化局法(화국을 보는 법)

凡看命先看有無合化니 若日干或與月干相合거나 或與時干相合하여 化作他神이면 則生剋俱變矣라 化木以

木論生尅이요 化火以火論生尅이요 雖己合甲仍是土요 庚合乙仍是金이라 然單己之土가 丁壬兩見이면 自以印財論이요 合甲之土16)가 丁壬兩見이면 卽以木論矣며 獨庚之金이 戊癸兩見이면 自以印傷論이요 合乙之庚이 戊癸兩見이면 卽以火論矣라

무릇 命을 볼 때에는 먼저 合化의 有無를 보아야 하니, 만약 日干이 혹 月干과 상합하거나 時干과 상합하여 변화하여 다른 신이 된다면 生과 尅도 모두 변하게 되므로, 木으로 化(변화)하면 木으로 생극을 논하고, 火로 化하면 火로 생극을 논하는데, 己는 甲과 여전히 합하더라도 여전히 土이고, 庚은 乙과 합하더라도 여전히 金이다. 그러나 단독인 己土가 丁과 壬을 둘 다 만나면 여전히 印과 財로 논하고, 甲과 합한 己가 丁과 壬을 둘 다 만나면 곧 木으로 논하며, 단독인 庚金이 戊와 癸를 둘 다 만나면 여전히 印과 傷으로 논하고, 乙과 합한 庚이 戊와 癸를 둘 다 만나면 곧 火로써 논하는 것이다.

凡化局之成否와 化神之喜忌가 皆詳合化賦中하니 若

---

16) 合甲之土는 合甲之己가 되어야 함.

舊書所載의 某局生某月則化요 不生某月則不化는 亦不
盡然이니 如云甲乙生辰月不化니 中有木氣也라 見戊字
有損이니 亦爲姤合也라 하고 乃又云하되 甲己得戊辰
時면 化土方眞이라 하니 旣取辰又取戊면 不自相矛盾
乎아 若柱中辰戊丑未全見이면 此反不能化니 蓋四支雖
皆土氣나 然互相沖擊하여 不成化局矣라

　무릇 化局의 성립 여부와 化神의 희기가 모두 化局賦(화
국부) 가운데 자세히 말했는데, 구서에 등재된 某局이 某
月에 생하면 化하고, 某月에 생하지 않으면 化하지 않는다
는 것은 또한 다 그와 같지는 않다. 예컨대 甲己가 辰月에
생하면 化하지 않으니 辰중에 木氣가 있으므로, 戊字를 만
나면 손상이 있으니 또한 투합이 된다 하였고, 아울러 또
말하기를 甲己가 戊辰을 時를 만나면 化(변화)한 土가 참
되다고 했는데, 이미 辰을 취하고 나서 다시 또 戊를 취한
다면 자연히 서로 모순이 되지 않겠는가? 만약 柱중에 辰
戊丑未가 전부 보이면 도리어 化할 수 없으니, 그것은 네
地支가 비록 모두 土氣일지라도 서로 충격하여 化局을 이
루지 못하기 때문이다.

　要之컨대 化局看天干易이나 看地支難이니 不特化神

貴生旺이요 忌死絶이라 更須字字理會니 孰能助化요 孰能破化머 孰助化而反伏破損이요 孰損化而仍可調停이며 至於行運도 又須細看日主情勢와 化神意向하여 而變通推測之요 總不可粗心率略也라 更有柱中化局不眞이라도 而行運一路助化면 亦能榮達하되 但此運過後엔 依然不利耳라

총괄하여 말하자면 化局은 天干을 보기는 쉬우나 지지를 보기는 어려우니, 化神은 생왕을 귀하게 여기고 사절을 꺼릴 뿐 아니라, 반드시 글자마다 시비를 가려야 하니, 어떤 것은 化를 도울 수 있고, 어떤 것은 化를 파손할 수 있으며, 어떤 것은 化를 도우면서도 도리어 파손을 숨기고, 어떤 것은 化를 파손하지만 그로 인하여 조정할 수도 있기 때문이다. 행운에 이르러서도 반드시 日主와 정세와 化神의 의향을 자세히 보아 변통하여 그것을 추측해야 하고, 모두 거친 마음으로 경솔하고 간략하게 해서는 안 된다. 또 柱중 化局의 참되지 않음이 있어도 행운이 한 길로 化를 도우면 또한 영달할 수 있는데, 다만 운이 지나간 뒤에는 본래대로 이롭지 않을 뿐이다.

若世術於日干之外에 餘干見甲己二字면 輒云化土니

可作土用이라 하고 見丁壬二字면 輒云化木이니 可作
木用이라 하니 夫化局以日爲主하여 合月時乃化요 卽合
年亦不在化例니 若餘干自相合도 亦以化氣取用인댄 則
四柱五行이 俱無一定하여 不甚紛紜矣乎아 此雖通根得
時라도 必無化理니 勿因柱缺某神으로 勉强借湊也니라

　또 세상의 술사들은 日干 외에 나머지 干에서 甲己 두
글자를 만나면 언제나 化土이니 土로 간주하여 쓸 수 있다
고 하고, 丁壬 두 글자를 만나면 언제나 化木이니 木으로
간주하여 쓸 수 있다고 했는데, 무릇 化局은 日干을 위주
로 하여 月이나 時와 합해야만 化하고, 비록 年과 합하더
라도 化하는 예는 있지 않으니, 만약 나머지 干끼리 스스
로 서로 합하는 것도 化氣로 취용한다면 사주오행이 모두
일정함이 없어서 매우 어지럽지 않겠는가? 이러한 것이 비
록 통근하고 時를 만났더라도 반드시 化하는 이치가 없으
니, 사주에 어떤 神이 부족함을 계기로 억지로 끌어다 붙
이지 말아야 한다.

30. 看一行得氣法(일행득기를 보는 법)

命理率取五行이나 然一行得氣하여 自成局面도 亦可取用이니 有占一方秀氣者하니 木日全寅卯辰이면 爲曲直格이요 火日全巳午未면 爲炎上格이요 金日全申酉戌이면 爲從革格이요 水日全亥子丑이면 爲潤下格이요 土日全辰戌丑未면 爲稼穡格이니 土合四方爲方也라

命理는 오행을 모두 취하지만, 그러나 一行으로 氣를 이루어 스스로 局面을 이루어도 취용할 수 있는데, 한 방면에 빼어난 氣를 차지할 경우가 있으니, 木日이 寅卯辰을 갖추면 곡직격이 되고, 火日이 巳午未를 갖추면 염상격이 되고, 金日이 申酉戌을 갖추면 종혁격이 되고, 水日이 亥子丑을 갖추면 윤하격이 되고, 土日이 辰戌丑未를 갖추면 가색격이 되는데, 土는 四方을 다 합하여도 方을 이룬다.

有占一局秀氣者하니 木日全亥卯未도 亦爲曲直格이요 火日全寅午戌도 亦爲炎上格이요 金日全巳酉丑도 亦爲從革格이요 水日全申子辰도 亦爲潤下格이요 土日同前하니 木火金水는 或方或局에 必三方俱全方取며

土則得二三亦可用이라

한 국면의 빼어난 氣를 차지한 경우가 있으니, 木日이 亥卯未를 갖추어도 곡직격이 되고, 火日이 寅午戌을 갖추어도 염상격이 되고, 金日이 巳酉丑을 갖추어도 종혁격이 되고, 水日이 申子辰을 갖추어도 윤하격이 되고, 土日은 앞의 경우와 같으니, 木火金水는 방을 이루거나 局을 이룰 때 반드시 세 가지가 다 갖추어져야만 비로소 취할 수 있으며, 土는 두세 가지만 만나도 쓸 수 있다.

凡入此格이면 一則須通月氣하여 得時令하고 二則須時上引至生旺이요 勿引至死絶하며 三則須柱中無剋無破하니 但蠢然頑木과 燥火와 剛金과 蕩水와 濁土도 亦不足取니 須帶食帶財帶印하여 有生動之機爲妙요 惟不喜見官殺耳라

무릇 이 格에 들어맞으면 첫째는 반드시 月氣에 통하여 시령을 얻어야 하고, 둘째는 반드시 時上에 생왕으로 이어지고 사절로 이어지지 말아야 하며, 셋째는 반드시 사주 중에 극과 파가 없어야 하는데, 오로지 조잡한 頑木(완목)이거나 바싹 마른 火와 강한 金과 방탕한 水와 혼탁한 土일 경우에도 취할 수 없으니, 반드시 食神이나 財와 印을

대동하여 생동하는 기틀이 있어야만 묘하며, 다만 官이나 殺을 만나는 것을 좋아하지 않을 뿐이다.

行運亦如之나 然細推逆行順行하면 未有不遇剋運者하니 則看原格에 所帶何神하여 如有理會요 有情致면 剋亦不畏니 若分某格畏剋이요 某格不畏剋이면 亦不盡驗也라

행운도 역시 그와 같으나, 역행이나 순행을 자세히 헤아리면 剋運을 만나지 않을 경우가 있지 않으니, 원래의 격에 대동하는 것이 어떤 神인가 보아서 만일 理會의 알맞음이 있고 情이 일치함이 있으면 극하더라도 두렵지 않을 것이니, 만일 어떤 격은 剋을 두려워하고 어떤 격은 극을 두려워하지 않는다고 구분한다면 또한 징험을 다하지 못한다.

至於方局較論하여는 得方爲優니 蓋方專一氣라 格易成而難破나 局兼他神이라 格難成而易破耳니라

方과 局을 비교하여 논하자면 方을 만나는 것이 더욱 우수하니, 대체로 方은 하나의 氣를 독점하므로 격이 이루어지기는 쉽고 파괴되기는 어려우나, 局은 다른 神을 겸하고 있으므로 격이 이루어지기는 어렵고 파괴되기는 쉽기 때

문일 것이다.

31. 看兩神成象法(양신성상을 보는 법)

兩神成象格은 與雙飛蝴蝶이나 兩干不雜과 俱不同하니 雙飛二格等은 所得五行이 或三或四하여 無一定之理라 故不足憑이요 兩神成象者는 八字五行之二하고 而又均停하니 如相生은 則金水各半이면 不遇火土混之요 木火各半이면 不遇金水混之며 相剋은 則金木各半이면 不遇火混之요 火金各半이면 不遇水混之니 只是兩神淸徹이라야 所以可取니 若一字不均停하여 卽偏於一이면 而不入格이라 此等四柱不少하니 須詳審無偏無混方取며 又須有情理요 無刑冲하며 行運一路淸徹爲妙니 勿見柱止兩神하고 遽稱上格也니라

兩神成象格(양신성상격)은 雙飛蝴蝶格(쌍비호접격)이나 兩干不雜格(양간부잡격)과 모두 같지 않다. 쌍비 등 두 격은 만나는 오행이 셋도 되고 넷도 되어 일정한 이치가 없으므로, 근거로 삼을 것이 못 되고, 양신성상격은 팔자오

행이 두 가지로 이루어지고 다시 또 균형을 이루고 머무니, 예컨대 相生하는 경우에는 金과 水가 각각 반씩이면 火土가 거기에 섞임을 만나지 않고, 木과 火가 각각 반씩이면 金水가 섞임을 만나지 않는 것이다. 相剋하는 경우에는 金과 木이 각각 반씩이면 火가 섞임을 만나지 않고, 火와 金이 각각 반씩이면 水가 섞임을 만나지 않은 것인데, 다만 이 격은 두 神이 맑고 밝아야 취할 수 있는 것이니, 만약 한 글자가 균형을 이루어 머물지 않아서 곧 한쪽에 치우치면 격에 들지 못한다. 이러한 사주가 적지 않으니, 마땅히 자세하게 살펴서 치우침이 없고 혼잡이 없어야만 취할 수 있으며, 반드시 정황의 이치가 있고 형충이 없으며, 행운이 한길로 맑고 밝아야만 묘한 것이니, 사주에 兩神이 머무는 것을 급하게 上格이라고 말하지 말아야 한다.

32. 看暗沖法 一(암충을 보는 법 1)

凡局中原無官星이요 又無他秀氣可取에 始以日支相同多者로 暗沖對宮之官은 其力與本局官星無異하니 倘止二支相同이면 則力薄而不能沖이요 必須三支或四支

方妙니 法取丙午日에 午多沖子爲官이요 丁巳日에 巳多沖亥爲官하니 生於夏月이면 其力尤大며 又取庚子壬子二日에 子多沖午中丁己爲官하고 辛亥癸亥二日에 亥多沖巳中丙戊爲官하니 生於冬月이면 其勢更雄이니 若沖子午而局有子午요 或干透癸丁己커나 沖巳亥而局有巳亥요 或干透丙戊壬이면 皆爲破格이며 行運亦然하여 更須生助其官이요 勿値七殺相混커나 傷官相破니 此爲緊要라

　무릇 局중에 원래 관성이 없고 또 취할 만한 다른 빼어난 氣도 없는 경우에, 이제 日支와 서로 동일하고 많은 것으로 암충하는 상대방 宮(궁)의 官은 그 힘이 본국의 관성과 다름이 없는데, 만일 두 지지만이 서로 같을 뿐이면 힘이 적어서 충할 수 없고, 반드시 세 지지나 네 지지라야 비로소 묘한 것이니, 방법은 丙午日에 午가 많으면 子를 충하여 官으로 삼고, 丁巳日에 巳가 많으면 亥를 충하여 官으로 삼는 법식을 취하는데, 夏月에 生하면 그 힘이 더욱 크며, 또 庚子와 壬子 二日에 子가 많으면 암충하여 午중 丁己를 官으로 삼고, 辛亥와 癸亥 二日에 亥가 많으면 암충하여 巳중 丙戊를 官으로 삼는 법식을 취하니, 冬月에

生하면 그 세력이 더욱 뛰어난 것인데, 그러나 子나 午를 충할 때 원국에 子나 午가 있고 혹 천간에 癸丁己가 투출했거나, 巳나 亥를 충할 때 원국에 巳나 亥가 있고 혹 천간에 丙戊壬이 투출해 있으면 모두 파격이 되며, 행운에서도 그러하여 다만 반드시 그 관을 생조해야 하고, 칠살과 서로 혼잡되거나 상관의 파괴함을 만나지 말아야 하는 것이니, 이것을 긴요하게 여긴다.

其舊說諸喜忌는 不必太拘니 若飛天倒冲之名은 旣無其義요 且費解說이니 故不用之라 或曰하되 凡支神同類者多면 俱可沖官요 何獨取此六日고 하니 不知六日所沖官星的確하여 內有兼沖財印者요 絶無兼沖殺傷梟劫者라 故足貴耳며 且先以日支爲主라 故甲日卯多도 亦可沖酉요 乙日寅多도 亦可沖申이나 緣不是日支라 皆不取用也니라

그 구설의 여러 희기에 대하여는 너무 구애될 필요가 없으니, 飛天(비천)이나 倒沖(도충) 등의 이름은 이미 그 의미가 없어졌고, 또 불필요한 해석만 있으므로 그것을 쓰지 않는다. 혹 말하기를 무릇 지지의 神이 같은 부류가 많으

면 모두 충하여 官으로 취할 수 있는 것이지, 어찌 유독
이 6일만 취하는가? 6일의 충하는 관성만이 확실하여 그
안에 財와 印을 겸하여 충함이 있고, 殺·傷·梟·劫을 兼
沖함이 전혀 없으므로, 귀하게 여길 만함을 알지 못하기
때문이며, 또 우선 日支를 위주로 하는 것이므로 甲日에
卯가 많아도 酉를 충할 수 있고, 乙日에 寅이 많아도 申을
충할 수 있다 하겠으나, 日支가 아니기 때문에 모두 취용
하지 않는다.

33. 看暗沖法 二(암충을 보는 법 2)

舊有井欄叉格하니 蓋取庚日逢申子辰全하고 柱中原
無官星에 用申子辰하여 暗冲寅午戌하면 則財官印俱備
며 得三庚尤妙니 此與暗冲格相似하여 不爲無理나 但
命名不經하여 遂開鄙謬之論이니 孰爲井田[17]이며 孰
爲欄이며 孰爲叉오 種種取駁이라 故去其舊名하고 而
附之暗冲하며 舊說生子月是傷官이요 生申時是歸祿이
니 皆不取라 하니 然則生申月爲建祿도 亦不應取라

---

17) 井田에서 田은 衍字인 듯함.

구서에 井欄叉(정란차)격이 있는데, 그것은 庚日이 申子辰을 전부 만나고 사주 중에 원래 관성이 없을 때 申子辰을 써서 寅午戌을 암충하면 財官印이 구비되는 방법을 취하는 것이며, 三庚(천간에 庚이 세 개)을 이루면 더욱 묘하다 했는데, 이것은 암충격과 서로 비슷하여 이치가 없지는 않으나, 다만 命名한 것이 도리에 맞지 않아서 마침내 속되고 어그러진 논리를 편 것이니, 무엇을 井이라 하며 무엇을 欄이라 하며 무엇을 叉라 하는지 여러 가지 박잡(뒤섞여 순수하지 못함)한 것을 취하고 있으므로, 그 이름을 버리고 그것을 암충에 부속시켜야 하며, 구서에 子月에 生한 것은 상관이고 申時에 生한 것은 귀록이 되니 모두 취하지 않는다고 했으니, 그렇다면 申月에 생하여 건록이 되는 것도 취하지 말아야 한다.

夫以水沖火는 利在寒肅之令이라 其冲有力이나 若水神無氣之月이면 何足貴乎리오 故此格生秋冬爲美요 不必拘定時月이니 但柱中無丙丁己와 及寅午戌字라야 卽爲入格이요 有之卽爲破格이라 若干透戊己면 則能損水局이요 透壬癸면 則引作傷官이라 格亦不眞이니 故舊取三庚은 蓋以其純而不雜耳며 行運亦不可拘其方이요

只以原局斟酌之면 喜忌自見矣니라

　무릇 水로서 火를 충하는 것은 이로움이 춥고 쌀쌀한 계절에 있으므로 그 충이 유력하지만, 만약 水神이 無氣한 월령이라면 어찌 귀하게 여길 만하겠는가? 그러므로 이 格은 冬令에 생하는 것을 아름답게 여기며, 일정한 時나 月에 구애될 필요가 없는데, 다만 柱중에 丙丁己와 寅午戌이 없어야만 입격이 되고, 있으면 파격이 된다. 만약 천간에 戊己가 투출하면 水局을 손상할 수 있고, 壬癸가 투출하면 이끌어서 상관으로 작용하므로, 격도 역시 참되지 않은 것이다. 그러므로 구서에서 "세 庚을 갖추면 묘하다" 한 것은 대체로 그 순수하여 혼잡되지 않은 것 때문일 뿐이며, 행운에서도 그 方位에 구애받지 말고, 다만 원국을 근거로 헤아리면 희기가 저절로 보일 것이다.

34. 看暗合法(암합을 보는 법)

　支神六合은 其氣相關하니 局無官星에 則以日支相同多者[18]로 暗邀合宮之官은 其力稍遜於暗沖이나 然合

---

18) 출판사가 다른 여러 책의 원문에 "則以冂支相同多者"로 되어 있는데, 여기에 冂은 日의 誤字로 판단되어 원문을 日로 수정하였다.

之精當者는 亦可取用이니 法取甲辰日에 辰多暗合酉中
辛金爲官하고 戊戌日에 戌多暗合卯中乙木爲官하여 癸
卯日에 卯多暗合戌中戊土爲官하고 癸酉日에 酉多暗合
辰中戊土爲官하며 必須三四支相同이라야 其合方眞이
니 甲辰癸卯日은 喜生春令이요 戊戌癸酉日은 喜生秋
冬하여 其合有力하며 亦忌塡實沖破요 餘日或入他格거
나 或不合法이면 俱不取라

支神의 六合은 그 氣가 서로 관련이 있으니, 局에 관성
이 없는 경우에는 日支와 서로 동일하고 많은 것으로 암암
리에 맞이하여 合하는 宮의 관은 그 힘이 암충보다 조금
뒤떨어지지만, 그러나 合이 참되고 합당한 경우에는 또한
취용할 수 있으니, 방법은 甲辰日에 辰이 많으면 암합하여
酉중 辛金을 관으로 삼고, 戊戌日에 戌이 많으면 암합하여
卯중 乙木을 관으로 삼으며, 癸卯日에 卯가 많으면 암합하
여 戌중 戊土를 관으로 삼고, 癸酉日에 酉가 많으면 암합
하여 辰중 戊土를 관으로 삼는 법을 취하며, 반드시 서너
개의 지지가 서로 같아야 그 합이 비로소 참된 것인데, 甲
辰日과 癸卯日은 春에 생하는 것이 좋고, 戊戌日과 癸酉日
은 秋冬에 생하는 것이 좋아서 그 합이 유력하며, 또 전실

이나 충파를 꺼리며, 나머지 日은 혹 다른 격에 해당하거
나 법에 부합하지 않으면 모두 취하지 않는다.

或曰하되 凡舊格遙合이나 合祿刑合은 皆不用이어늘
何以復立暗合之格고라 하나 不知遙合諸格은 皆迂迴附
會하여 理不自然이나 暗合則以此支合彼支라 直接的當
이니 豈可同論乎아

　혹 말하기를 무릇 舊格(구격)의 요합이나 합록 형합 등
은 모두 쓰지 않으면서 무엇 때문에 암합격을 다시 세우는
가? 요합 등 여러 격은 모두 우회적으로 이치를 끌어다 붙
여서 자연스럽지 않으나, 암합은 이 地支가 저 地支와 합
하기 때문에 직접적이고 확실하게 들어맞음을 모르는 논
리이니, 어찌 똑같이 논할 수 있겠는가?

35. 看六親法 一(육친을 보는 법 1)

舊取正印生我爲母요 偏財剋正印爲父며 我所剋之財
爲妻요 財所生之官殺爲子라 하니 命家奉爲定法이나
實則悖戾多端하니 請一一論之라 人由父母共生커늘 止

以正印屬母하니 豈母獨能生耶리오 其悖戾一也며 偏財
固正印之配로되 然財乃我之所剋이니 安能生我리오 其
悖戾二也라

구서에서 취하기를 정인은 나를 생하니 母가 되고, 편재
는 정인을 극하니 父가 되며, 내가 극하는 財는 처가 되고
財가 생하는 관살은 자식이 된다고 하였다. 命家에서 그것
을 이어받아 일정한 법으로 삼고 있으나 실제로는 사리에
어긋남이 많으니 그것을 하나하나 논술하겠다.

사람은 부모로부터 한곳에서 태어났는데, 다만 正印만을
어머니로 분류하니 어찌 어머니 홀로 낳을 수 있겠는가?
이것이 어긋남의 하나이며, 편재는 본래 정인의 짝이라 하
지만 財는 곧 내가 극하는 것이니 어떻게 나를 생할 수 있
겠는가? 이것이 어긋남의 두 번째이다.

夫有制妻之道요 子無制父之理어늘 偏財係我所剋이
라 是爲以子制父니 其悖戾三也며 財爲妻妾이요 又可
爲父면 是翁與婦共矣니 其悖戾四也며 子亦夫妻共有어
늘 至取財生官殺하니 將妻能獨生耶리오 其悖戾五也며
官殺剋我之神이니 豈肯爲我之子리오 其悖戾六也라

남편이 처를 제재하는 도리는 있어도 자식이 아비를 제재하는 도리는 없는데, 편재는 나에게 극을 당하므로 그것은 곧 자식으로서 아비를 제재하는 것이니 이것이 그 어긋남의 세 번째이며, 財가 처첩도 되고 다시 또 父도 될 수 있다면 이것은 시아버지와 며느리를 한 가지로 하는 것이니 이것이 어긋남의 네 번째이며, 자식은 또한 부부가 함께 두는 것인데 財가 생하는 관살을 자식으로 취하기에 이르니, 어떻게 처가 홀로 낳을 수 있겠는가? 이것이 어긋남의 다섯 번째이며, 관살은 나를 극하는 神이니 어찌 나의 자식이 되려 하겠는가? 이것이 그 어긋남의 여섯 번째이다.

爲人子則制父요 爲人父又受制於子면 可謂聚逆矣니 其悖戾七也며 父之於母를 旣以剋取면 兒之於婦도 亦應以剋推니 官殺所剋者卽日主라 是又婦與翁共矣니 其悖戾八也며 爲日之父者는 則爲日生者之祖요 爲日之子者는 則爲生日者之孫이어늘 偏財實生官殺하니 是孫從祖生이라 其悖戾九也니 考其憑據면 不過曰有夫婦然後有父子耳니 若依夫婦父子之例하여 輾轉推之면 三黨男女가 錯綜無極이니 其悖戾十也라

자식 된 자가 아비를 제재하고 아비 된 자가 또 자식에게 제재를 받는다면 天理를 거스르는 무리라고 말할 수 있으니, 이것이 그 어긋남의 일곱 번째이며, 父의 母에 대한 것을 이미 극으로써 취했다면 자식의 며느리에 대한 것도 응당 극으로써 추리해야 하니, 관살이 극하는 것은 곧 일주이므로 이것은 다시 또 며느리와 시아버지를 한 가지로 하는 것이니, 그 어긋남의 여덟 번째이며, 일주의 父가 되는 자가 일주가 낳은 자의 조부가 되며, 일주의 자식이 되는 자는 일주를 낳은 자의 손자가 되는데, 편재는 실제로 관살을 생하니 그것은 손자가 조부로부터 출생하는 것이므로, 그 어긋남의 아홉 번째인데, 그 근거를 살펴보면 부부가 있은 뒤에 부자가 있다는 말에 불과할 뿐이니, 만약 부부와 父子의 예에 의하여 이리저리 엎치락뒤치락 미루어 三黨(부족 모족 처족)의 남녀가 뒤섞여서 끝이 없게 될 것이니, 이것이 그 어긋남의 열 번째이다.

　今定男以印爲父母요　食神傷官爲子요　我剋之財爲妻며　女以印爲父母翁姑요　食神傷官爲子요　剋我之官殺爲夫니　印不論偏正이요　但不遭沖剋이면　則父母俱全이요　扶抑合宜면　則父母雙壽요　更帶貴氣면　則父母榮顯이며

食神傷官不遭沖剋이면 則有子요 扶抑合宜면 則多子요
更帶貴氣면 則有貴子며 財不遭劫奪이요 官殺不遭沖剋
이면 則夫妻偕老요 扶抑合宜면 則夫妻賢淑이요 更帶
貴氣면 則夫顯妻榮이니 反是則父母或不全커나 或不貴
며 子或無或少커나 或有而不肖며 夫妻或剋하거나 或
不賢不顯하니 此亦得其大略耳19) 라

　이제 바로잡아서 남자는 印을 부모로 간주하고, 식신과
상관을 자식으로 간주하고, 내가 극하는 財를 처로 간주하
며, 여자는 인을 부모와 시부모로 간주하고, 식신과 상관
을 자식으로 간주하고, 나를 극하는 관살을 남편으로 간주
하니, 印은 偏과 正을 논하지 않고 다만 충극을 만나지 않
으면 父母가 모두 온전하며, 부조와 억제가 합당하면 부모
가 함께 장수하고 다시 貴氣를 대동하면 부모가 영화롭고
이름이 드러나며, 식신과 상관이 충극을 만나지 않으면 자
식이 있으며, 부조와 억제가 합당하면 자식이 많고 다시 貴
氣를 대동하면 貴子를 두게 되며, 財가 비겁의 약탈을 만나
지 않고 관살이 충극을 만나지 않으면 부부가 해로하며, 억
부가 합당하면 부부가 현숙하고 다시 貴氣를 대동하면 남
편은 현달하고 아내는 영화로운 것인데, 이와 반대되면 부

---

19) "此亦得其大略耳"에서 得은 衍字이거나 誤字인 듯함.

모가 혹 온전치 못하거나 귀하지 않으며 자식이 없거나 적고, 혹 있더라도 불초하며 부부가 혹 극하거나 혹 현숙하지 않고 현달하지 못하니, 이것은 다만 그 대략일 뿐이다.

人命은 常有無印而父母貴壽者矣며 無食神傷官이나 而子息繁昌者矣며 無財官殺而夫妻安榮者矣어늘 但就 日主及全局觀之니 知其有無根氣면 則知其父母며 知其 有無生氣면 則知其子息이며 知其有無和氣면 則知其夫 妻니 則顯露財印官殺食傷이라도 亦須以此意消息之니 總之中和完好者는 家門必多福慶이요 偏枯缺陷者는 骨 肉不免刑傷이니 此自然之理也라

人命에는 항상 印이 없는데도 부모가 귀현하고 장수하는 경우가 있으며, 식신이나 상관이 없는데도 자식이 번창하는 경우가 있으며, 재와 관살이 없는데도 부부가 편안하고 영화로운 경우가 있는데, 다만 日主와 全局에 나아가 관찰해야 하니 그 根氣의 유무를 알면 그 부모를 알게 되며, 그 生氣의 유무를 알면 그 자식을 알게 되며, 그 和氣의 유무를 알면 그 부부를 알게 되는 것이니, 財 印 官殺食傷이 드러났더라도 또한 반드시 이러한 뜻으로 그것을

참작하여 판단해야 한다. 총괄하자면 사주가 중화를 완전히 갖추어져 좋은 경우에는 가문에 반드시 행복과 경사가 많고, 편고되고 결함이 있는 경우에는 골육이 형상을 면치 못하는 것이니, 이것이 자연의 이치이다.

若兄弟但看同類干支氣勢何如니 粹美者或多或貴요 虧損者或寡或賤이며 相洽者得力이요 偏駁者相乖이며 如無同類干支면 卽看日主氣勢何如니 或生扶有情커나 或孤干無輔면 可以知其兄弟矣니라

형제는 다만 同類干支의 기세가 어떠한가를 보아야 하니 순수하고 아름다운 경우에는 형제가 많거나 귀하고, 휴손된 경우에는 적거나 천하며, 서로 화합하는 경우에는 힘을 얻고, 치우치거나 순수하지 못한 경우에는 서로 어그러지며, 만약 동류의 干支가 없으면 日主의 기세가 어떠한가를 보아야 하니 혹 생부하고 유정하거나 혹 외로운 日干에 보좌가 없으면 그러한 것으로 그 형제를 알 수 있는 것이다.

36. 看六親法 二(육친을 보는 법 2)

看六親之法은 舊又以年爲祖上이요 月爲父母요 日支爲妻요 時爲子息이요 同類爲兄弟하니 此立法之有理者니 如吉神居年이면 則祖上顯榮하고 亦主受祖上之蔭하되 凶神居年이면 則祖上寒薄하고 亦主不受祖上之蔭하되 如吉神居月이면 則父母貴盛하고 主受父母之蔭하되 凶神居月이면 則父母衰殘하고 亦主不受父母之蔭하며 如吉神居日支면 則妻室偕老하고 主受妻室之力하되 凶神居日支면 則妻室喪亡하고 主不得妻室之力하며 如吉神居時면 則子息繁衍하고 主得子息之力하되 凶神居時면 則子息凋零하고 主不得子息之力이라

六親을 보는 법은 구서에서 또 年을 조상으로 간주하고 月을 부모로 日支를 처로 時를 자식으로 同類를 형제로 간주했는데, 이것은 법을 정하는데 이치가 있는 것이니, 가령 吉神이 年에 있으면 조상이 현달번영하고 또 조상의 음덕을 받는 것을 주장하지만, 凶神이 年에 있으면 조상이 가난하고 지체가 낮아 천박하고 또 조상의 음덕을 받지 못함을 주장하며, 吉神이 月에 있으면 부모가 귀현흥성하고

부모의 음덕을 받을 수 있음을 주장하지만, 凶神이 月에 있으면 부모가 쇠퇴 영락(零落)하고 또 부모의 음덕을 받지 못함을 주관하며, 吉神이 日支에 있으면 처와 해로하고 처의 조력을 받는 것을 주장하지만 凶神이 日支에 있으면 처를 잃게 되고 처의 조력을 얻지 못함을 주장하며, 吉神이 時에 있으면 자식이 번성하여 불어나고 자식의 조력을 얻는 것을 주장하지만 凶神이 時에 있으면 자식이 쇠잔영락하고 자식의 조력을 얻지 못함을 주장한다.

若兄弟則無定位하여 但看同類爲吉神이면 則兄弟繁昌하고 主得兄弟之力하되 同類爲凶神이면 則兄弟衰寡하며 亦主不得兄弟之力하니 此法雖難盡拘나 然大槪不遠하니 與前法參看可也라 若舊書更有以月爲兄弟者하니 夫月尊於日커늘 兄弟安能當之며 柱無兄弟位는 猶之干無妻位커늘 豈可强乎리오

형제는 정해진 자리가 없어서 다만 同類를 보아 吉神이면 형제가 번창하고 형제의 조력을 얻는 것을 주장하지만 동류가 凶神이면 형제가 쇠약하고 적으며 또 형제의 조력을 얻지 못함을 주장하니, 이 법을 비록 다 포함하기는 어려우나 대체적인 줄거리는 멀리 벗어나지 않으니, 앞의 법

과 참고하여 보는 것이 옳다. 구서에 또 月을 형제로 간주한다는 말이 있으니 月은 日보다 높은데 형제가 어찌 거기에 해당할 수 있으며, 사주 중에 형제의 자리가 없는 것은 천간에 처의 자리가 없는 것과 같은데 어찌 억지로 정할 수 있겠는가?

37. 看貴賤法(귀천을 보는 법)

陰陽有淸氣하고 有貴氣하니 人命兼得之면 方享功名爵祿이라 凡日主高朗秀異하여 有拔俗出塵之象하고 所用格局이 純粹淸徹하며 條理井然하면 此淸氣也요 日主尊嚴端重하여 有居高臨衆之象하고 所用格局이 整肅宏遠하며 規模煥然하면 此貴氣也라

음양에는 淸氣가 있고 貴氣가 있는데, 人命이 이것을 겸하여 얻으면 功名을 모두 누리게 된다. 무릇 日主가 높고 밝고 빼어나고 특이하여 凡俗을 초월하는 象이 있고 所用되는 격국이 순수하고 맑으며 조리가 정연하면 이것이 淸氣이며, 日主가 존귀하고 엄숙하고 단정하고 정중하여 높은 곳에 머물러 대중에 임하는 象이 있고 소용되는 격국이

가지런하고 엄숙하고 넓고 원대하며 규모가 빛나고 밝으면 이것이 貴氣이다.

得七八分清貴之氣면 上則公侯요 次則宰相卿貳며 得
五六分清貴之氣면 內則京堂이요 外則方面이며 得三四
分清貴之氣면 內則郎官이요 外則都邑이며 得一二分清
貴之氣면 亦一命之榮과 儋石之祿이니 清氣勝者는 多
居翰苑이요 貴氣勝者는 屢據要津이며 清而不貴면 歷
任只在閒曹요 貴而不清이면 出身或非科目이며 清貴之
氣가 無混無破者면 終身榮顯이요 清貴之氣가 有傷有
雜者면 幾度升沈이니 此文命之大略也라

7~8分의 清貴의 氣를 얻으면 높게는 공후가 되고 다음은 재상과 경이(경의 副官, 侍郞)가 되며, 5~6分의 清貴한 氣를 얻으면 안으로는 경당(서울의 중앙관서의 장)이 되고 밖으로는 방면(지방장관)이 되며, 3~4分의 清貴한 氣를 얻으면 안으로는 낭관(六部의 長)이 되고 밖으로는 군읍의 장이 되며, 1~2分의 清貴한 氣를 얻어도 一命(가장 낮은 품계)의 영화와 담석의 녹(적은 봉급)이 있다. 清氣가 뛰어나면 한원에 거처함이 많고 貴氣가 뛰어나면 요진(실권을

가진 지위)에 오르며, 淸하기는 하나 貴하지 않으면 역임하는 지위가 다만 한조(한직)에 있을 뿐이고, 貴하기는 하나 淸하지 않으면 출신(관직에 나아감)이 혹 과거가 아닌 경우가 있으며, 淸貴한 氣가 혼잡되거나 파괴됨이 없으면 종신토록 영화가 드러나고 淸貴한 氣가 손상되거나 혼잡됨이 있으면 승강퇴진이 반복하게 되니, 이것이 文命의 대략이다.

武命亦兼淸貴二氣니 但淸而强하고 貴而威하여 爲少異耳며 爵位高下도 亦以分數斷之라 若武命中有一段秀雅處면 必能橫槊賦詩요 文命中有一段英武處면 定主擁旄開閫이니 或疑武不取淸이나 人命安有濁而貴者乎리오

武命도 역시 淸氣와 貴氣를 겸해야 하는데, 다만 淸氣만 있으면 굳세고 貴氣만 있으면 위엄이 있어서 조금 다를 뿐이며, 작위의 고하도 역시(文官의 경우와 같이) 분수로써 판단한다. 武命중에 한 부분의 빼어나고 아름다운 곳이 있으면 반드시 창을 겨드랑이에 낀 채 시를 지을 수 있으며(文武를 겸비), 文命중에 한 부분의 영걸하고 용맹한 곳이 있으면 반드시 천자의 깃대(지휘봉)를 안고 궁궐 문을 열게 되는 것이니, 혹 武命은 淸氣를 취하지 않을 것으로 의

심하나 人命에 어찌 탁하면 귀한 경우가 있겠는가?

　至舊書論貴는　每云任某官이요　司某事라　하니　夫任官者或文武換職하거나　或中外改官커나　或一歲之內에　周歷錢穀兵刑커나　或數十年之間에　廻翔臺閣卿寺하니　安得以一官一事定之리오

　구서의 貴를 논함에 이르러서는 늘 어떤 관직에 임명되고 어떤 일을 맡는다고 하는데, 무릇 관직에 임명된 자들도 혹 文武로 관직을 바꾸거나 혹은 조정의 안팎에서 관직을 고치거나 혹 일 년 안에 전곡(재정)과 兵刑 담당을 두루 거치거나 혹은 수십 년간 대각(상서성)이나 경사(중앙관서) 자리를 빙빙 돌기도 하는데, 어떻게 하나의 관직이나 한 가지 일로 그것을 단정할 수 있겠는가?

　至於卑賤之命하여는　必稟濁氣賤氣하여　滿柱混亂單寒하여　入眼易見이나　其有似淸而實濁하고　似貴而實賤者하여　亦猶堪輿家假地에　初視則美나　細看則種種僞形畢露矣니　其貴賤諸格은　另詳於後니라

　비천한 命에 이르러서는 반드시 濁氣와 賤氣를 받아 사

주에 혼란하고 외롭고 쓸쓸함이 가득하여 눈에 들어오는 것은 보기 쉬우나, 淸한 것 같으나 실제로는 탁하고 貴한 것 같으나 실제로는 천한 경우가 있어서, 또한 감여가들이 땅에 이르렀을 때 처음 보기에는 아름다우나 자세히 보면 여러 가지 거짓된 형상들이 모두 드러나는 것과 같은 것이 니, 그 귀천의 여러 격은 별도로 뒤에 상세히 논하겠다.

38. 看貧富法(빈부를 보는 법)

陰陽之氣는 有厚薄하고 有聚散하니 人命稟之라 凡 日主及所用格局에 氣體充足爲厚요 精神翕藏爲聚며 氣 體單寒爲薄이요 精神虛脫爲散이니 得氣之厚而聚者는 上富之命也요 厚而不甚聚커나 聚而不甚厚者는 中富之 命也며 厚中有薄커나 聚中有散者는 下富之命也라

　음양의 氣에는 후한(厚) 것과 박한(薄) 것이 있고 모이는 (聚) 것과 흩어진(散) 것이 있는데, 사람의 운명이 그것을 받아 타고나는 것이다. 대체로 日主및 소용되는 격국에 氣 의 본체가 충족되면 후한 것이고, 精과 神이 한데 모여 간 직되면 모이는 것이며, 氣의 본체가 허약하면 박한 것이고,

정과 신이 허탈하면 흩어진 것이니, 氣의 후하면서 모인 것을 얻은 것은 上富의 命이고, 氣가 두텁더라도 많이 모여 있지 않거나 모여 있더라도 많이 두텁지 않은 것은 中富의 命이며, 두터운 가운데 얇음이 있거나 모인 가운데 흩어짐이 있는 것은 下富의 命이다.

薄中微厚커나 散中微聚者도 亦云衣食足給하여 囊篋不空이나 若薄而無以培之커나 散而無以歛之에 有一必貧이요 兼之必極貧이라

얇은 가운데 조금 두텁거나 흩어진 가운데 조금 모인 것도 또한 의식이 넉넉하여 주머니와 상자가 비지는 않겠다고 말하겠으나, 만약 氣가 박한데도 그것을 배양함이 없거나 흩어지는데도 그것을 수렴함이 없는 경우에 그중 한 가지라도 있으면 반드시 가난하고 두 가지를 겸하면 반드시 지극히 가난하다.

又須看行運何如니 或始終厚而聚하고 或始終薄而散하며 或始厚終薄하고 始聚終散하며 或始薄終厚하며 始散終聚하여 貧富固萬有不齊耳니 總之饒乏之理多端이라 勿專泥財神取斷하니 自無不驗矣리라 其貧富諸格

은 詳列於後라

 또 반드시 행운이 어떠한가를 보아야 하니, 혹은 처음부
터 끝까지 두텁고 모여 있기도 하고 혹은 처음부터 끝까지
얇고 흩어지기도 하며 혹은 처음에는 두터우나 끝에는 얇
고 처음에는 모이나 끝에는 흩어지기도 하며 혹은 처음에
는 얇으나 종말에는 두터우며 처음에는 흩어지나 종말에
는 모이기도 하여, 빈부는 본래 만 가지로 똑같지 않음이
있을 뿐이니, 총괄하여 말하자면 풍요와 궁핍의 이치는 매
우 많으므로 오로지 財神에 얽매어 판단하지 말아야만, 저
절로 증명되지 않음이 없을 것이다. 그 빈부의 여러 격은
뒤에 상세히 열거하겠다.

39. 看吉凶法(길흉을 보는 법)

 陰陽之氣는 有善惡하고 有順逆하니 人命稟之라 凡
日主及所用格局에 神理和平爲善이요 情勢安靜爲順이
며 神理强暴爲惡이요 情勢戰剋爲逆이니 得氣之善而順
者는 一生無患이요 五福咸臻하여 吉無不利하며 善之
中未盡善커나 順之中未盡順者는 獲福則厚하고 遇咎則

輕하여 吉多凶少며 善惡互見커나 順逆不一者는 吉凶參半이며 惡勝於善커나 逆勝於順者는 凶多吉少요 苟惡而且逆이면 大則取禍不測하고 小則作事多乖라

음양의 氣는 선한 氣와 악한 氣가 있고, 順하는 氣와 逆하는 氣가 있는데, 사람의 운명이 그것을 받아 타고나는 것이다. 대체로 日主 및 소용되는 격국에 神의 條理가 화평하면 선한 것이고, 정세(사정과 형세)가 안정되면 순한 것이며, 神의 조리가 강폭하면 악한 것이고, 정세가 서로 싸우고 승부를 겨루면 역한 것이니, 氣가 선하고 순함을 얻으면 한평생 환난이 없고 五福을 다 이뤄서 길하여 불리함이 없으며, 선한 가운데 아직 선함이 극진하지 못하거나 순한 가운데 아직 순함이 극진하지 못한 경우에는 복을 얻음은 두텁고 허물을 만남은 가벼워서 길함은 많고 흉함은 적으며, 선한 것과 악한 것이 서로 함께 보이거나 순과 역이 서로 한결같지 않은 경우에는 길과 흉이 반반씩이며, 악한 것이 선한 것보다 우세하거나 역이 순보다 우세한 경우에는 흉함은 많고 길함이 적으며, 만일 악하면서 다시 또 역이면 크게는 禍(화)를 취함을 헤아릴 수 없고 작게는 일을 하는 데 어그러짐이 많다.

然又看行運何如니 局善而運惡거나 局順而運逆이면 則化吉爲凶이요 局惡而運善커나 局逆而運順이면 則轉凶爲吉이며 或善或順有一端이면 則凶中微吉이요 或惡或逆有一端이면 則吉中微凶이며 至於應吉而凶커나 應凶而吉하여는 則存乎其人이요 不在命與運矣니라

그러나 또 행운이 어떠한가를 보아야 하니 局이 선한 가운데 운이 악하거나 局은 순한데 운이 거스르면 길이 변하여 흉이 되고, 局이 악한데도 운이 선하거나 局이 역인데 운이 순이면 흉이 변하여 길이 되며, 어쩌다가 선하고 순한 것이 한 부분이 있으면 흉한 가운데 길함이 적고, 어쩌다가 악하고 역한 것이 한 부분이 있으면 길한 가운데 흉함이 적으며, 길해야 하는데 흉하거나 흉해야 하는데 길함에 이르는 것은 그 사람에게 달려 있는 것이지, 命과 運에 달려 있는 것이 아니다.

或曰善與順惡與逆에 有何分別하여 而兼論之라 하나 不知人命有大勢和平이로되 而忌神相擾하여 不得安靜者요 有大勢安靜이로되 而主氣失中하여 不得和平者며 有大勢剛暴로되 而局無沖激하여 不至戰剋者요 有大勢

戰剋이로되 而主頗恒常하여 不至剛暴者며 倘不兼論이
면 理安得而全乎리오 其吉凶諸格은 另詳於後라

혹 말하기를 선과 순, 악과 역에 어떠한 분별이 있어서
이것을 겸하여 논하는가라고 하나, 人命에는 대세가 화평
한데도 忌神이 서로 어지럽혀서 안정을 이루지 못하는 경
우도 있고, 대세가 안정되었는데도 主氣가 中和를 잃어서
화평을 이루지 못하는 경우도 있으며, 대세가 강폭한데도
局에 충격이 없어서 싸우고 승부를 겨루는 데 이르지 않는
경우도 있고, 대세는 싸우고 승부를 겨루는데도 主氣가 제
법 변치 않고 일정하여 강폭함에 이르지 않는 경우도 있음
을 알지 못하기 때문이며, 만일 겸하여 논하지 않는다면
條理가 어찌 온전할 수 있겠는가? 그 길흉의 여러 격은 뒤
에 상세히 설명하겠다.

40. 看壽夭法(수요를 보는 법)

陰陽之氣는 有生死하고 有永促하니 人命稟之라 凡
日主及所用格局에 神理暢茂爲生이요 意象悠長爲永이
며 神理枯悴爲死요 意象短嗇爲促이니 得氣之生與永者

는 必壽하니 而生與永之分數不齊하여 或至上壽요 或
至中壽요 或至下壽며 得氣之死與促者는 必夭하니 而
死與促之分數亦不齊하여 或弱而夭하고 或壯而夭하고
或强而夭하니라

　음양의 氣에는 生氣와 死氣가 있고 永(영원한 것)과 促
(촉박한 것)이 있는데, 사람의 운명이 그것을 받아 태어나
는 것이다. 대체로 日主 및 소용되는 격국에 神理가 창달하
여 무성하면 生氣이고 뜻과 형상이 느긋하고 길면 永한 것
이며, 神理가 마르고 초췌하면 死氣이고, 뜻과 형상이 짧고
인색하면 촉박한 것이니, 氣중에 生氣와 永氣를 얻으면 반
드시 장수하는데, 생기와 영기의 분수가 가지런하지 않아
서 혹 上壽에 이르고 혹 中壽에 이르며 혹 下壽에 이르게
된다. 氣중에 死氣와 促氣를 얻으면 반드시 요절하는데, 사
기와 촉기의 분수 역시 가지런하지 않아서 혹은 스무 살에
죽고 혹은 서른 살에 죽고 혹은 마흔 살에 죽기도 한다.

　然又看行運何如하니　格本應壽로되　而運逢窮凶之地
면　則生者死하고　永者促하며　局本應夭로되　而運逢力
救之神이면　則死者生하고　促者永하며　又或雖壽而一生

蹭蹬하고 或遇天而多病纏綿하니 皆運爲之也라

그러나 또한 행운이 어떠한가를 보아야 하니, 격은 본래 마땅히 장수해야 할 것이나 운에서 窮(궁)하고 흉한 곳을 만나면 生한 것은 死하고 永한 것은 促하게 되며, 局은 본래 마땅히 요절해야 할 것이나 운에서 힘껏 구제하는 神을 만나면 死한 것은 生하고 촉박한 것은 영원해지며, 또 비록 장수하더라도 한평생 되는 일이 없이 방황하기도 하고 혹은 요절할 운을 만나 많은 병에 얽매이기도 하니, 모두 운이 그렇게 하는 것이다.

嘗考人命富貴貧賤컨대 驗者頗多로되 惟壽夭驗者較少하니 蓋一念之善이 可以延年이요 一事之惡이 足以奪算이라

일찍이 人命의 부귀빈천을 살펴보니 징험하는 경우가 제법 많았으나 오직 장수와 요절은 징험하는 경우가 비교적 적었으니, 그것은 생각의 선함이 수명을 연장할 수도 있고 한 가지 일의 악함이 수명을 빼앗을 수도 있기 때문이다.

苟恃命之生與永하고 而多行惡事커나 知命之死與促

하여 而廣積陰功하면 此則愛之不能使生하고 惡之不能使死니 區區八字干支를 何足道乎리오 其壽夭諸格은 另詳於後라

만일 命의 생기와 영원함을 믿고 악한 일을 많이 행하거나, 命의 死氣와 촉박함을 알아서 널리 음공을 쌓는다면, 이것은 善해도 살게 할 수 없고 惡해도 죽게 할 수 없는 것이니, 八字干支의 문제로만 구애되어 어찌 근본을 말할 수 있겠는가?

41. 看富貴吉壽貧賤凶夭總法
(부귀길수빈천흉요를 보는 총법)

術家看命에 心取何局爲貴요 何局爲富요 何局爲吉이요 何局爲壽하여 以及何局爲貧賤凶夭하니 此未嘗悖理也로되 然往往有驗하고 有不驗하니 是有故也라

술가들이 간명할 때 반드시 어떤 局이 貴하고 어떤 局이 富하고 어떤 局이 吉하고 어떤 局이 장수하는가를 취하고, 어떤 局이 貧賤凶夭하는가에까지 이르는데, 이것은 사리에 어긋나지 않았는데도 왕왕 징험함도 있고 징험하지 않음

도 있으니 이것은 까닭이 있는 것이다.

局當貴而得富커나　局當富而得貴는　富貴之美一也라
足以相準矣요　局當賤而得貧커나　局當貧而得賤은　貧賤
之不美一也라　足以相準矣니　不寧惟是면　吉壽富貴를
可相準也요　凶夭貧賤을　可相準也면　富貴而凶夭커나
貧賤而吉壽도　可相準也라

　局은 貴에 해당되는데도 富를 얻거나 局은 富에 해당되
는데도 貴를 얻는 것은 富와 貴는 아름다움이 한 가지이므
로 서로 준칙으로 삼을 수 있으며, 局은 賤에 해당되는데
도 貧을 얻거나 局은 貧에 해당되는데 賤을 얻는 것은 貧
과 賤은 아름답지 않음이 한 가지이므로 서로 준칙으로 삼
을 수 있으니, 이것을 생각하면 吉壽富貴를 서로 준칙으로
삼을 수 있고 凶夭貧賤을 서로 준칙으로 삼을 수 있다면,
富貴에 해당하는데도 凶夭하거나 貧賤에 해당하는데 吉壽
하는 것도 서로 준칙으로 삼을 수 있지 않겠는가?

　故今統富貴吉壽하여　列上局六十하고　統貧賤凶夭하
여　列下局六十하니　人命合上局多者備美요　少者次之며

合下局多者窮凶이요 少者次之라

그러므로 이제 부귀길수를 한데 묶어 上局 60가지를 나열하고 下局 60가지를 나열했으니, 人命이 上局에 부합함이 많으면 아름다움을 갖춘 것이고 적으면 그다음이며, 下局에 부합함이 많으면 곤궁하고 흉한 것이며 적으면 그다음이다.

雖然汎而無定如此면 何取推命乎리오 法當取上下諸局하고 融會貫通於胸中하여 而證以古人之命하고 學以今人之命하면 則相準之故徹하고 而有定之理出矣리니 卽分孰富貴요 孰吉壽요 孰貧賤이요 孰凶夭도 亦無不可耳니라

그러나 두루 이러한 것을 정함이 없으면 무엇을 취하여 命을 추산하겠는가? 법대로 마땅히 上下의 여러 국을 취하고 가슴속에 자세히 꿰뚫어 이해하여, 古人의 命으로 증명하고 今人의 命을 배우면 서로 근거로 삼는 까닭이 투철해지고 정해진 이치가 나올 것이니, 곧 어느 것이 부귀이고 어느 것이 길수이고 어느 것이 빈천이고 어느 것이 凶夭인지를 분별하는 것도 불가능함이 없을 것이다.

※ 富貴吉壽諸局

日主朗健, 弱日逢生, 正官佩印, 正官得祿, 正官馭刃,
財官兩旺.

일주가 밝고 건강하며, 약한 일주가 生을 만나며, 正官이
녹을 얻거나, 正官이 羊刃을 거느리며, 財와 官이 모두 旺
하다.

純殺有制, 獨殺乘權, 殺印相生, 殺刃相輔, 身殺兩停,
食殺兩停.

순수한 殺에 제재함이 있거나, 하나의 殺이 권세를 타며,
殺과 印이 상생하거나, 殺과 羊刃이 서로 보좌하며, 身과
殺이 서로 비등하게 머물거나, 食과 殺의 세력이 비등하게
머문다.

財資權殺, 去官留殺, 去殺留官, 財印相濟, 令印無傷,
旺財成局.

財가 권세 있는 殺을 도우며, 官을 제거하고 殺을 남기거
나, 殺을 제거하고 官을 남기며, 財와 印이 서로 구제하며,
印으로 하여금 손상이 없게 하며, 왕한 財가 局을 이룬다.

旺食生財, 傷官用財, 傷官用印, 刃傷相輔, 從官官旺,

從殺殺旺.

왕한 食이 財를 생하며, 傷官이 財를 쓰거나, 傷官이 印을 쓰며, 羊刃과 傷官이 서로 보좌하며, 官을 從하는데 官이 왕하거나, 殺을 종할 때 殺이 왕하다.

從財財旺, 從食有財, 從傷有財, 合化無破, 一行得氣, 兩神無雜.

財를 종하는데 財가 왕하거나, 食을 종하는데 財가 있거나, 傷官을 종하는데 財가 있거나, 合化하는데 破가 없으며, 하나의 오행으로 氣를 이루거나, 兩神으로 이루어져 혼잡이 없다.

暗沖得用, 暗合得用, 五行遞生, 二德扶身, 二德扶官, 二德化殺.

암충으로 쓰임을 이루거나, 암합으로 쓰임을 이루며, 오행이 번갈아 생하며, 天月二德이 身을 돕거나, 二德이 官을 돕거나, 二德이 殺을 변화시킨다.

二德扶印, 二德扶財, 二德扶食, 二德化傷, 日主坐貴, 官星遇貴.

天月二德이 印을 돕거나, 二德이 財를 돕거나, 二德이 食을 돕거나, 二德이 傷을 변화시키며, 일주가 귀인에 앉거나, 官星이 귀인을 만난다.

殺星遇貴, 印綬遇貴, 財星遇貴, 食神遇貴, 月將扶身, 月將扶官.

殺星이 귀인을 만나거나, 印綬가 귀인을 만나거나, 財星이 귀인을 만나거나, 食神이 귀인을 만나며, 月將이 身을 돕거나, 월장이 관을 돕는다.

月將化殺, 月將扶印, 月將扶財, 月將扶食, 月將化傷, 吉神遇馬.

月將이 殺을 변화시키거나, 월장이 印을 돕거나, 월장이 財를 돕거나, 월장이 食을 돕거나, 월장이 傷을 변화시키며, 吉神이 역마를 만난다.

凶刃逢空, 水木相涵, 木火相輝, 金水雙淸, 金木相成, 水火旣濟.

흉한 양인이 공망을 만나며, 水와 木이 서로 함양하며, 木과 火가 서로 빛나며, 金과 水가 함께 맑으며, 金과 木이 서로 이루어주며, 水와 火가 기제를 이룬다.

※ **貧賤凶夭諸局**

日主扶凶, 主旺無依, 正官破損, 官多無印, 官弱無財,

官輕印重.

일주가 흉한 것을 돕거나, 일주가 왕한데 의지할 데가 없으며, 正官이 파손되거나, 官이 많은데 印이 없거나, 官이 약한데 財가 없거나, 官이 경한데 印이 중하다.

殺重身輕, 殺多無制, 殺輕制重, 官殺混雜, 印綬被傷, 滿局印綬.

殺이 중하고 身이 경하거나, 殺이 많은데 억제함이 없거나, 殺이 경한데 억제함이 중하거나, 官과 殺이 혼잡되며, 印綬가 손상되거나, 인수가 局에 가득하다.

滿局比劫, 貪財壞印, 梟神奪食, 財多身弱, 財扶惡殺, 財遭沖劫.

비겁이 局에 가득하며, 財를 탐하여 印을 파괴하며, 효신이 食을 빼앗으며, 財가 많고 身이 약하거나, 財가 惡殺을 돕거나, 財가 충이나 겁을 만난다.

食多無財, 傷多無財, 傷多無印, 傷官見官, 刃星重疊, 刃星逢沖.

식신이 많고 재가 없거나, 상관이 많고 재가 없거나, 상관이 많고 印이 없거나, 상관이 官을 만나며(극하며), 양인이 중첩되거나, 양인이 충을 만난다.

祿神沖破, 從官不眞, 從殺不眞, 從財不眞, 從食不眞,
從傷不眞.

녹신이 충파되며, 종관이 참되지 않거나, 종살이 참되지
않거나, 종재가 참되지 않거나, 종식이 참되지 않거나, 종
상이 참되지 않다.

化局被破, 一行被剋, 兩神被混, 暗局破損, 暗貴塡實,
滿局刑沖.

化局이 파괴되거나, 한 가지 오행으로 이루어진 사주가
극을 당하거나, 양신으로 이루어진 局이 혼잡당하거나, 暗
局이 파손되거나, 暗貴가 전실되며, 형충이 局에 가득하다.

多合羈絆, 三刑破吉, 三刑助凶, 滿局驛馬, 滿局空亡,
滿局劫殺.

합이 많아 구속당하거나, 三刑이 길신을 파괴하거나, 三
刑이 흉신을 도우며, 역마가 局에 가득하거나, 공망이 온
국에 가득하거나, 겁살이 국에 가득하다.

劫殺破吉, 劫殺助凶, 官落空亡, 印落空亡, 財落空亡,
食落空亡.

겁살이 길신을 파괴하거나, 겁살이 흉신을 도우며, 관이
공망에 떨어지거나, 印이 공망에 떨어지거나, 재가 공망에

떨어지거나, 식신이 공망에 떨어진다.

貴落空亡, 年月對沖, 月日對沖, 日時對沖, 五行乖戾, 五行偏枯.

귀인이 공망에 떨어지며, 연과 월이 서로 충하거나, 월과 일이 서로 충하거나, 일과 시가 충하며, 오행이 서로 어그러지거나, 오행이 편고하다.

木火燥烈, 水土混濁, 水木浮沈, 金水寒凝, 水火交戰, 金水相戰.[20]

木과 火가 조열하거나, 水와 土가 혼탁하거나, 水와 木이 뜨거나 가라앉으며, 金과 水가 차고 얼거나, 水와 火가 서로 싸우거나, 金과 火가 서로 싸운다.

42. 看富貴吉壽貧賤凶夭要法
(부귀길수빈천흉요를 보는 요법)

富貴吉壽貧賤凶夭要諸局에 相準之故旣徹하고 有定之理旣得矣라도 然以推人命不盡驗이니 是有己身之善惡焉이요 有家世之善惡焉이라

---

20) 金水相戰은 金火相戰의 잘못인 듯함.

부귀길수와 빈천흉요 등의 여러 국에 대하여 서로 근거로 삼는 까닭이 이미 투철해지고 정해진 이치를 이미 터득했더라도 그러나 그것으로 人命을 다 증명하지는 못하는 것이니, 그 이유는 거기에 그 자신의 선악이 있고 家世(대대로의 조상)의 선악이 있기 때문이다.

福善禍淫[21]은 必然之理니 如爲惡之人이면 命應一品之貴라도 而減至四五品하고 命應百萬之富라도 而減至六七十萬하며 命應百歲之壽라도 而減至六七十歲하고 命應五福全備라도 而減其一二라

선한 사람에게 복을 주고 악한 사람에게 재앙을 주는 것은 필연의 이치이다. 가령 악을 행하는 사람이라면 命이 일품의 귀에 해당되더라도 감손하여 4, 5품에 이르고, 命이 백만금의 부에 해당하더라도 감손하여 60, 70만 금에 이르며, 命이 백세의 수에 해당되더라도 감손하여 60, 70세에 이르고, 命이 五福의 온전함에 해당되더라도 그중 한두 가지가 감손한다.

又如爲善之人이면 命應極賤이라도 而得一命之榮하

---

21) 『書經』湯誥편 "天道 福善 禍淫."

고 命應極貧이라도 而得中人之産하며 命應早逝라도
而得數十歲之壽하고 命應諸凶畢集이라도 而免其什三
이라

또 가령 선을 행하는 사람이라면 命이 極賤(극천)에 해
당되더라도 한번 벼슬의 命을 받아 영화를 얻고, 命이 極
貧(극빈)에 해당하더라도 中人 정도의 산업을 얻으며, 命은
일찍 죽을 命에 해당하더라도 수십 세의 수를 얻고, 命이
모든 흉함을 다 모인 命에 해당하더라도 그 열 가지 중에
세 가지를 면할 것이다.

世俗之見은 將謂爲惡者라도 何嘗不福이며 爲善者라
도 何嘗不禍리오 豈知福之已損이요 禍之已滅乎리오
知禍福者는 非知命也라 知善惡之爲禍福者라야 則誠知
命耳라 雖然이나 徒知之何益이리오 是有轉移之道焉이
니라

세속의 소견으로는 "악을 행하는 자라도 어찌 복을 누리
지 못한 적이 있겠으며, 선을 행하는 자라도 어찌 재앙을
받지 않은 적이 있겠는가?"라고 말하려 하겠으나, 복이 이
미 감손하고 재앙이 이미 감손된 것을 어찌 알겠는가? 화

와 복을 아는 것이 命을 아는 것이 아니라, 선과 악이 화
와 복이 됨을 알아야만 곧 진실로 命을 아는 것이다. 그러
나 다만 아는 것만으로 무슨 보탬이 되겠는가? 화와 복은
옮겨 가는 도리가 있는 것이다.

昔袁了凡先生이 遇術士推命에 止於貢士而無子라 하
고 因詳列將來履歷하니 始則一一神驗이나 後遇高僧하
여 導以造命之學하여 積若干善求科第하니 積若干善求
子息이라 하여 善數旣積한대 果登兩榜而擧子하니 術
士所推라 毫不驗矣라

　옛날 원료범 선생이 술사를 만나 추명할 적에 "貢士에
그치고 자식이 없다"고 하면서 이어서 장래의 이력을 상세
히 열거하였는데, 처음에는 하나하나 귀신처럼 증명됐으나
뒤에 고승을 만나 造命의 학술로 인도하면서 "약간의 선을
쌓으면 과거급제를 구할 수 있고, 약간의 선을 쌓으면 자
식을 구할 수 있다" 하여 선행의 수가 쌓이고 나자 정말로
과거양방에 합격하고 자식을 두었으니, 술사가 추명한 것
이 털끝만치도 맞지 않은 것이다.

故凡欲求富貴吉壽요 而免貧賤凶夭者면 當以積善爲

要하고 每日自記功過하여 必期念念皆仁하고 事事皆善하면 久必如其所願이나 若恃命之善하고 而敢於爲惡거나 咎命之薄하고 而不思挽回면 此爲天下至愚之人이요 無志之士矣리니 諸命法皆末耳라 是乃要法也니라

그러므로 무릇 부귀길수를 구하고 빈천흉요를 면하려 한다면 마땅히 적선을 중요한 비결로 여기고, 매일 스스로 功과 過를 기억하여 반드시 생각마다 모두 仁하고 일마다 모두 선행하기를 기약하여 오래되면 반드시 원하는 바와 같이 될 것이나, 만약 命이 좋은 것을 믿고 악을 행하는 데 용감하거나, 命이 박함을 허물로 여기고 바로잡아 회복할 것을 생각하지 않는다면 이것은 천하에 지극히 어리석은 사람이며 뜻하는 바가 없는 사람이 될 것이니, 모든 命法은 다 枝葉末端(지엽말단)이 될 뿐이다. 이것이 부귀길수와 빈천흉요의 중요한 법이다.

43. 看科第法(과거급제를 보는 법)

看科第之法은 不外淸貴나 但於淸貴中尋其秀氣니 是爲科目이니 惑秀之極거나 惑秀而奇면 則廷對及第요

闈試掄元이라

과거급제를 보는 법은 淸貴를 벗어나지 않으나, 다만 청귀중에서 그 秀氣를 찾아야 하니 이것이 과거의 종목인데, 혹 빼어남이 지극하거나 빼어나고 기이하다면 廷對(조정에서 天子를 대하여 보는 과거시험)에서 으뜸으로 뽑힌다.

舊取木秀火輝 및 金白水淸等格하니 往往有驗이나 然五行生剋合法하면 皆可以掇巍科요 舊又取最吉之運이라야 方發科第하니 不知大貴之人은 卽及第掄元이나 不必遇最吉運始貴요 次吉之運도 可以得之니 最吉之運은 乃其乘大權躋極品時也라

구서에서는 木秀光輝(목수광휘)나 金白水淸(금백수청) 등의 격을 취했는데 가끔 증명됨이 있으나, 오행의 생극이 법에 부합되면 다 높은 과거시험에 뽑힐 수 있는 것이며, 구서에 다시 또 最吉의 운이라야 비로소 과거에 급제한다는 뜻을 취하였는데, 大貴한 사람은 곧 과거시험에 으뜸으로 뽑히지만 반드시 최길 운을 만나야 비로소 귀하게 되는 것은 아니며, 次吉의 운에서도 그러함을 얻을 수 있으니, 최길의 운은 바로 대권을 타거나 극품에 오르는 때임을 알지 못한 것이다.

若科第必登於最吉之運이면 則其成就有限矣며 至於
人之博學能文하여는 亦從淸氣秀氣推之나 然未嘗有確
然之理라 舊又取木火金水等은 不足盡憑이며 若學堂逢
驛馬等은 則又誕妄矣니라

만약 과거급제가 반드시 최고의 길한 운에서 이루어진
다면 그 성취에 한계가 있는 것이며, 사람이 널리 배우고
글을 잘함에 이르러서는 또한 淸氣와 秀氣에 따라 그것을
추리하는데, 구서에는 확실한 이치가 있지 않다. 구서에서
또 木火와 金水 등을 취한 것도 다 근거로 삼을 것이 못
되며, 학당이 역마를 만나는 것과 같은 말들은 또한 허망
한 거짓말이다.

44. 看性情法(성정을 보는 법)

舊分五行論人性情이나 此不可拘니 如木主仁壽慈나
然有成局入格之木而不仁者矣며 金主肅殺이나 然又有
得時乘勢之金而不殺者矣니 須先看柱中神情氣勢하여
或正大커나 或光顯커나 或純厚커나 或英發하면 皆賢
人也요 或偏駁커나 或晦昧커나 或剛戾커나 或卑瑣하

면 皆不賢人也라

　구서에 오행을 구분하여 사람의 성정을 논했는데 여기에 구애받아서는 안 되니, 가령 木은 仁과 壽와 慈를 주장하지만 局을 이루고 격에 들어맞는 木인데 不仁한 경우가 있으며, 金은 숙살을 주장하지만 또한 때를 만나고 세력을 탄 金인데도 숙살하지 않은 경우도 있으니, 반드시 먼저 柱중에 神情氣勢(신정기세)를 봐서 혹 正大하거나 光顯하거나 純厚하거나 英發(才氣가 드러남)하면 모두 현인이며, 혹 偏駁(편되고 치우침)하거나 晦昧(어리석음)하거나 剛戾(고집 세고 흉포함)하거나, 卑瑣(수준이 낮고 자질구레함)하면 다 어질지 못한 사람이다.

　又看取格取用하여　或中正顯白하면　無所貪戀包藏하며　或奇巧隱曲하면　多所牽合攘取라　則性情大端可睹矣니　然後以五行推之면　深則見其肺腑요　淺則得其梗槪니　其有始正而終邪커나　始駁而終粹者는　則行運使然耳라

　또 격을 취하고 用을 취해 보아서 혹 올바르며 분명하고 명백하면 이로움을 탐련하여 속에 품고 있는 바가 없으며, 혹 기이하고 교묘하며 깊숙이 숨고 바르지 않으면 억지로 끌어 붙이거나 이로운 것만 가려서 취하는 바가 많으므로,

곧 性情의 대강을 알 수 있다. 그런 뒤에 오행으로 성정을 추리하면 깊게는 그 폐부(중요한 점)를 보고 얕게는 그 경개(대강의 줄거리)를 알 수 있는데, 그 性情이 처음에는 올바르다가 나중에 사악하게 되거나 처음에는 치우치고 어그러지다가 끝에는 순수하게 됨이 있는 것은 행운이 그렇게 한 것일 뿐이다.

至於二德多善이요 貴人多賢이요 空亡多虛요 劫殺多
暴하여는 理之所有나 然執一端取斷이면 亦不驗也니라

天月二德이 있으면 선함이 많고, 귀인이 많으면 어짊이 많고, 공망이 많으면 허함이 있고, 겁살이 많으면 포악함이 있다는 이론에 이르러서는 이치가 있는 바이나, 한 가지 단서에 집착하여 판단을 취하면 또한 증명되지 않을 것이다.

45. 看疾病法(질병을 보는 법)

舊分五行하여 論人疾病하니 未嘗不合於理로되 但人
身臟腑經絡五行俱全이나 人命柱中運中엔 五行未必俱
全이라 必以某行斷其病이라도 亦不盡驗하니 須看日主

及所用格局하여 或朗健커나 或中和커나 或平順하면
皆無疾之命也요 或晦弱커나 或駁雜커나 或乖戾하면
皆有疾之命也라

　구서에 오행을 구분하여 사람의 질병을 논했는데 이치
에 부합되지 않은 것은 아니지만, 다만 인신의 장부와 경
락에는 오행이 모두 갖추어졌으나, 人命의 柱중이나 運중
에는 오행이 반드시 갖추어지지는 않았으므로 반드시 어
떤 오행으로 그 어떤 병을 판단하더라도 다 증명되지는 않
으니, 반드시 日主의 소용되는 격국을 봐서 밝고 튼튼하거
나 중화를 이루었거나 화평하고 순하면 모두 질병이 없는
命이며, 어둡고 약하거나 뒤섞여 순수하지 못하거나 서로
어그러지면 모두 질병이 있는 命이다.

　又看其神理氣勢하여 或太過或不及하면 兼取柱中運
中五行參合論之하니 即無木而就生木커나 剋木커나 木
生커나 木剋之神하면 亦可推木之受病與否니 至於干支
配頭目手足等類에도 皆當以意消息之라 若必盡取諸病
而擬議之컨댄 則名醫所論이 孰非五行이리오 恐須摘取
醫書數十百種하여 列於命書矣니라

또 그 神理의 기세를 봐서 혹 태과하거나 불급하면 柱중이나 運중의 오행을 함께 취하여 서로 참고하고 합하여 질병을 논해야 하는데, 가령 木이 없더라도 木을 생하거나 木을 극하더라도 木이 생하거나 木이 극하는 神을 취하면 또한 木의 受病 여부를 추리할 수 있으니, 干支가 頭目手足 등과 배합되는 부류에 이르러서도 모두 마땅히 이러한 뜻으로 그것을 소식(참작하여 증감함)해야 한다. 만약 반드시 여러 가지 병을 모두 취하여 그것을 헤아려 의논해야 한다면 名醫(명의)가 논한 것이 무엇인들 오행이 아니겠는가? 아마도 반드시 醫書 수십백 종에 대한 요점을 취하여 命書에 열거해야 할 것이다.

46. 看女命法 一(여명을 보는 법 1)

凡看女命이 喜柔不喜剛하고 喜靜不喜動하며 夫子는 喜旺不喜衰하고 喜生不喜絶하며 財印은 喜和不喜戾하며 貴合은 喜少不喜多하며 傷刃比劫 및 沖戰刑害는 喜無不喜有하나니 此大法也라

무릇 女命을 볼 때에는 부드러운 것을 좋아하고 굳센 것

을 좋아하지 않으며, 고요한 것을 좋아하고 움직이는 것을 좋아하지 않으며, 夫와 子는 왕한 것을 좋아하고 쇠한 것을 좋아하지 않으며, 생하는 것을 좋아하고 絶하는 것을 좋아하지 않으며, 財와 印은 조화하는 것을 좋아하고 어그러지는 것을 좋아하지 않으며, 貴와 合은 적은 것을 좋아하고 많은 것을 좋아하지 않으며, 傷 刃 比劫 및 沖 戰 刑 害 등은 없는 것을 좋아하고 있는 것을 좋아하지 않는 것이니, 이것이 기본적인 법이다.

然日主過弱하면 亦宜生之助之요 夫子太旺하면 亦宜損之洩之니 有時用財制印거나 用梟制食거나 用傷制官거나 用殺制劫거나 用劫制財거나 用合邀吉神거나 用刑沖去忌神하나니 用之切當이면 凶反用吉이라

그러나 日主가 지나치게 약하면 또한 마땅히 그것을 生助해야 하고, 夫와 子가 너무 왕하면 또한 그것을 損洩(손설)해야 하니, 때로는 財를 써서 印을 제압하거나 효신을 써서 식신을 제압하거나 상관을 써서 관을 제압하거나 살을 써서 비겁을 제압하거나 비겁을 써서 재를 제압하거나 합을 써서 길신을 맞이하거나 형충을 써서 기신을 제거하기도 하는 것이니, 쓰기를 적절히 하면 흉한 것이 도리어

길하게 작용한다.

又有局無夫星而夫貴者하고 局無子星而子多者하니 此
必暗生暗會며 有夫星透露而夫賤者하고 有子星顯明而
子少者하니 此必暗損暗破며 若夫多無夫커나 子多無子
면 則不剋不化之故也라

또 사주원국에 夫星이 없는데도 夫가 귀하게 되는 경우
도 있고, 원국에 子星이 없는데도 자식이 많은 경우도 있
으니, 이것이 반드시 暗生이나 暗會 때문이며, 夫星이 드
러났는데도 夫가 천한 경우도 있고, 子星이 밝게 드러났는
데도 자식이 적은 경우도 있으니, 이것은 반드시 暗損이나
暗破 때문이며, 만약 원국에 夫가 많은데도 남편이 없거나,
子가 많은데도 자식이 없으면 극하지 않고 化하지 않은 까
닭 때문이다.

至於富貴貧賤吉凶壽夭하여는 亦於諸格推之하니 但
中有剛健威武之局 및 及暗沖暗合 및 用刃用馬之類는
女命不宜耳며 若分別或貞或邪요 或順或戾면 須看日主
및 及所用格局이니 純靜者爲貞하고 剛强者爲戾하나니

亦只就五行取斷이요 勿泥舊書의 妄造神煞可也니라

부귀빈천 길흉 수요에 이르러서는 또한 여러 가지 격에
서 그것을 추리하는데, 다만 그중에 강건 威武(위무)한 局
및 암충 암합이나 用刃 用馬가 있는 것들은 女命에 마땅치
않을 뿐이며, 만약 마음이 곧은가, 간사한가, 온순한가, 사
나운가를 분별하려면 반드시 日主 및 소용되는 격국을 보
아야 하니, 격국이 순수하고 안정되면 마음이 곧고, 굳세
고, 강하면 사나운 것이니, 다만 오행에 따라 판단을 취해
야 하며, 구서의 함부로 신살을 만들어 놓은 것에 구애받
지 않는 것이 옳다.

至舊論女命하여는 止許一官하고 不宜重見하니 此殆
兩干兩支에 重見非宜耳며 若甲官帶寅而得祿이요 乙殺
帶卯而有制라 此乃吉而有力이며 卽官殺兩遇라도 去留
合法이면 亦自無害니 凡印財食傷皆然하니라

구서의 女命을 논함에 이르러서는 단지 하나의 官만을
허락하고 거듭 보이는 것을 마땅치 않게 여겼는데, 이것은
대체로 兩干과 兩地에 거듭 보이는 것이 좋지 않을 뿐이
며, 가령 甲官이 寅을 대동하면 녹을 얻고 乙殺이 卯를 대
동하면 제지함이 있으므로, 이것은 곧 길하고 有力한 것이

며, 가령 관과 살을 둘 다 만나더라도 제거와 잔류가 법에 맞으면 또한 자연히 해로움이 없는 것이니, 무릇 印 財 食 傷이 모두 그러하다.

47. 看女命法 二(여명을 보는 법 2)

舊書女命이 子辰巳年生은 四月爲大敗요 八月爲八敗며 丑申酉年生은 七月爲大敗요 五月爲八敗며 寅卯午年生은 十月爲大敗요 十二月爲八敗며 未戌亥年生은 正月爲大敗요 三月爲八敗며 又巳午未年生三月하고 申酉戌年生六月하며 亥子丑年生九月하고 寅卯辰年生十二月하면 俱爲寡宿라 하여 皆每年取一月이라

구서에서 女命이 子辰巳년생은 四月에 태어나면 대패가 되고 8월에 태어나면 八敗가 되며, 丑申酉년생은 7월에 태어나면 大敗가 되고 5월에 태어나면 八敗가 되며, 寅卯午년생은 10월이 大敗가 되고 12월이 八敗가 되며, 未戌亥년생은 3월이 八敗가 되며, 巳午未년이 3월에 태어나고, 申酉戌년생이 6월에 태어나며, 亥子丑년생이 9월에 태어나고, 寅卯辰년생이 12월에 태어나면 모두 寡宿(과수)가 된

다고 하여 모두 해마다 한 달씩 취하였다.

夫一月之中에 生女幾千萬億이니 安有皆敗皆寡者리
오 況不論四柱하고 而獨論一字하니 有是理乎리오 嘗
考富貴偕老女命하니 犯敗與寡者甚多니 其爲謬說決矣
라 若不亟闢之면 或婚姻將諧而被破하고 或夫婦已配而
相怨하며 或翁姑因此而憎棄리오 其誤人豈少哉아

　무릇 한 달 가운데 태어난 여자가 천만 억일 것이니, 어
찌 모두 패하고 모두 과부되는 일이 있겠는가? 더구나 사
주를 논하지 않고 오직 한 글자만 논하니, 이러한 이치가
있겠는가? 전에 부귀 해로하는 女命을 살펴본 적이 있는데
패와 과수를 범한 경우가 매우 많았으니, 그 잘못된 논설
임이 틀림없으므로 만약 그러한 것을 속히 물리치지 않는
다면 혹 혼인하여 장차 화목하게 살 것인데 파혼당하기도
하고 혹 부부가 이미 짝을 이루었는데 서로 원망하기도 하
며, 시아버지와 시어머니가 이것을 근거로 미워하여 버리
기도 할 것이니, 그 사람을 잘못되게 함이 어찌 적겠는가?

世俗父母가 往往託星家合婚에 遂造種種謬說하니 如
三元男女幾宮으로 雖載於歷이나 然理亦不確하여 乃以

男幾宮女幾宮配成生氣福德天醫爲上하고 配成遊魂歸
魂絶體爲中하며 配成五鬼絶命爲下라

　세속의 부모들이 왕왕 星家(점술가)에게 의탁하여 혼인
을 맺는데, 마침내 갖가지 잘못된 논설을 지어내니, 예컨
대 三元이 남녀의 어떠한 宮인가와 같은 것 등으로 비록
曆書에 등재되어 있으나, 이치가 또한 확실치 않아서, 마
침내 남자의 어느 궁과 여자의 어느 궁이 생기 복덕 천의
와 배합이 이루어지는 것을 上으로 여기고, 유혼 귀혼 절
체와 배합이 이루어지는 것을 中으로 여기며, 오귀 절명과
배합이 이루어지는 것을 下로 여긴다.

　又有胞胎沖과 骨髓破와 鐵掃帚와 及益財와 退財와
守鰥과 守寡와 相厄과 相妨等凶은 皆以生年月取之니
尤爲誕妄이며 卽女命亦有値敗寡及諸凶而驗者는 嘗取
而推之면 其四柱本自不美니 安可借之以實謬說乎[22]리
오 總之컨대 男家擇女커나 女家擇夫에 只照四柱常理하
여 取其中和平順者而已요 婚後吉凶은 廳之於天可也니라

　또 포태충 골수파 철소추 및 익재 퇴재 수환 과수 상액

상방 등의 흉함이 있다는 것은 다 生年月로써 그것을 취한 것이니, 더욱더 허망한 것들이며, 혹 女命에 또한 패과 및 여러 흉을 만나서 증명됨이 있는 것들은 곧 그것들을 취하여 추산해 본다면 그 사주가 본래 스스로 아름답지 못한 것인데, 어찌 그러한 것을 빌려서 잘못된 논설을 진실로 여길 수 있겠는가? 총괄하여 논하건대 男家에서 여자를 선택하거나 女家에서 남자를 선택할 때에는 다만 사주의 일정한 이치를 비추어 보아 그 중화를 이루고 평순한 것을 취할 뿐이며, 혼인 후의 길흉은 하늘에 맡기는 것이 옳다.

48. 看小兒命法(소아명을 보는 법)

人命自一歲至百歲에 遇吉則吉하고 遇凶則凶하고 少之所喜所畏를 老亦喜之畏之요 老之所喜所畏를 少亦喜之畏之라

人命은 1세부터 100세까지 길함을 만나면 길하고 흉함을 만나면 흉하며, 어릴 때 기뻐하던 것과 두려워하던 것을 늙어서도 기뻐하거나 두려워하며, 늙었을 때 기뻐하는 바와 두려워하는 바를 어려서도 기뻐하거나 두려워하는 것이다.

術家有少怕死絕하고 老怕長生之說하니 不知長生收藏은 時序則然이며 少壯老耄한 것은 年齡則然이라

술가들에게 어릴 때에는 死絕을 두려워하고 늙어서는 長生을 두려워한다는 설이 있는데, 장생하고 수장되는 것은 시절의 차례에 따라 그러한 것이며, 젊어서 튼튼하다가 늙음에 이르는 것은 연령에 따라 그러한 것임을 모르기 때문이다.

自量年齒而取法時序는 爲人之道則然하나 之論命則不然하니 太旺而復遇長生이면 穉年可夭요 太衰而復行死絕이면 晩歲亦亡이라

스스로 나이를 헤아리고 시절의 차례에 따라 법을 취하는 것은 남을 위하여 행하는 도리는 그러하나 그것으로 命을 논하는 데는 그렇지 않으니, 태왕한데도 다시 장생을 만나면 어린 나이에 요절할 수 있고 태쇠한데도 다시 사절지로 행한다면 만년에도 역시 죽게 되는 것이다.

命之當抑者는 孩提亦喜琢削하고 命之當扶者는 黃耉亦喜慈生하니 故古來談命名家는 小兒老人을 未嘗別立法則이나 不知何人이 妄造小兒關煞하여 傳世旣久요

狡獪之徒가 借以恐人父母하며 增造日多한대 名目不啻
數十이니 考其起例大率生於某年某月하여 遇某字爲關
이로되 其理毫無所出이라

억제해야 할 命은 어린아이라도 역시 쪼아 내고 깎아 냄
을 좋아하고, 부조해야 할 命은 늙은이라도 역시 자양하고
생조함을 좋아하는 것이니, 그러므로 예로부터 談命의 名
家들이 어린아이와 노인을 별도로 법칙을 세운 적이 없으
나, 어떤 사람인지 모르나 함부로 소아관살이란 것을 만들
어서 세상에 전한 지 이미 오래되었고, 교활한 무리들이
이러한 것을 빌려서 남의 부모 된 자들을 두렵게 하며, 만
들기를 더하고 날짜가 많아지자 명목이 수십 개뿐만 아니
니, 그 비롯된 예를 살펴보면 대체로 모년 모월에 태어나
서 모글자를 만나면 關이 된다고 했으나, 그 이치는 털끝
만치도 나올 수 있는 바가 없다.

夫合觀四柱도 尙多難決이어늘 安有據一字而可斷生
死者리오 乃偶合則曰果然某關某煞爲害라 하고 不合則
曰好命非關煞所能傷이라 하니 又或以有關無煞거나 有
煞無關爲解라

무릇 사주를 종합하여 관찰해도 오히려 결정하기 어려움이 많은 것인데, 어찌 한 글자를 근거로 하여 生死를 결정할 수 있겠는가? 마침내 우연히 맞으면 과연 모關 모煞이 해가 된다 하고, 맞지 않으면 好名은 關이나 煞이 손상할 수 있는 바가 아니라고 말하며, 또 혹은 關은 있는데 煞이 없다거나 煞이 있는데 關이 없는 것을 해명으로 삼는다.

嘗考小兒命하면 有犯種種關煞而成立者요 有不犯關煞而夭歿者하니 總之只照生剋定理取斷可也니라 或疑小兒之與成人은 畢竟有不同處하니 此法殆不可廢하니 然則老人之與少壯도 亦畢竟有不同處어늘 何不更立一老人命法耶아

이에 소아의 命을 살펴보면 여러 가지 關煞을 범해도 성립된 경우도 있고, 관살을 범하지 않아도 어려서 죽는 경우도 있으니, 총괄하여 말하자면 다만 생극의 일정한 이치에 비추어 보고 판단을 취하는 것이 옳은 것이다. 혹 소아와 성인은 필경 똑같지 않은 곳이 있을 것이니 이 법을 반드시 폐지해서는 안 된다고 의혹하나, 그렇다면 노인과 젊은이도 필경 똑같지 않은 곳이 있을 것인데 어째서 다시 노인의 命法만을 다시 세우지 않는가?

命理約言 卷二

賦(二十篇)

1. 總綱賦(총강부)

年月日時가 列爲四柱니 天干地支는 辨其五行하고 以月令爲提綱 하니 得時者榮하고 而失時者悴하며 取日干爲主宰하니 益我者喜하고 而損我者憎이라 (我字指日干.)

태어난 年·月·日·時가 순서대로 나열하여 사주가 되는데, 천간과 지지는 그 오행을 분별하고 월령을 제강으로 삼으니, 때를 만나는 경우에는 영화롭고 때를 잃는 경우에는 초췌하며, 日干을 취하여 주재(주재하여 거느리는 것)로 삼으니, 나를 돕는 것을 좋아하고 나를 손상하는 것을 미워한다. (我자는 日干을 가리킴.)

爰察諸神之區別하면 皆因命主之剋生하니 剋我者는

陽剋陰커나 陰剋陽이면 爲正官이요 反是則有七殺之號
라 (七殺亦爲偏官反是, 指陰陽, 非指生剋, 下倣此.)

이에 여러 神의 구별을 살펴보면 모든 命主와의 剋과 生
에 기인하니, 나를 극하는 것은 양이 음을 극하거나 음이
양을 극하면 正官이 되고, 이와 반대되면 七殺이란 호칭을
갖는다. (칠살은 또한 편관이 되며 이와 반대된다는 것은 음양
을 가리키는 것이니, 생극을 가리키는 것이 아니다. 아래도 이
와 같다.)

我剋者는 陽剋陰커나 陰剋陽이면 爲正財요 反是則
有偏財之名이라

내가 극하는 것은 양이 음을 극하거나 음이 양을 극하면
正財가 되고, 이와 반대되면 偏財라는 이름을 갖는다.

生我者는 陽生陰커나 陰生陽이면 爲正印이요 反是
則有梟神之目이라 (梟神亦稱偏印.)

나를 생하는 것은 양이 음을 생하거나 음이 양을 생하면
正印이 되고, 이와 반대되면 梟神(효신)이라는 이름을 갖는
다. (효신은 편인을 지칭함.)

我生者는 陽生陽커나 陰生陰이면 爲食神이요 反是
則有傷官之稱이라

내가 생하는 것은 양이 양을 생하거나 음이 음을 생하면
食神이 되고 이와 반대되면 傷官이라는 호칭을 갖는다.

同我者는 陽見陽커나 陰見陰이니 是爲比肩而可用이
요 異我者는 陽見陰커나 陰見陽이니 是爲劫財而起爭
이라

나와 같은 것은 양이 양을 만나거나 음이 음을 만나는
것이니 이것은 比肩이 되어 쓸 수 있고, 나와 다른 것은
양이 음을 만나거나 음이 양을 만나는 것이니 이것은 劫財
가 되어 다툼을 일으킨다.

古分六格하여 六을 未足以盡干之理요 (官殺財印食傷,
乃是六格.) 舊取一用하여 一로 豈能盡喜忌之情이리오
(舊以用神專一爲貴, 然用神之力不逮, 亦當再取相神助之.)

예로부터 六格으로 나누었으나, 육격으로 干의 이치를
다 구현할 수 없으며(官·殺·財·印·食·傷이 곧 육격이 된
다.) 예로부터 하나의 用을 취했으나 하나의 用으로 어찌

희기의 情을 다 할 수 있겠는가? (예로부터 용신이 한결같은 것을 귀하게 여겼으나, 용신의 힘이 미치지 못하면 또한 마땅히 相神을 취하여 용신을 도와야 한다.)

爲印爲官이요 爲食爲財는 雖正而有時不貴며 曰梟曰殺이요 曰傷曰劫은 雖凶而間亦有禎이니 有病方是奇나 然究竟議抑議扶면 仍歸純粹라 (八字有偏倚者, 得補救之神, 仍爲英奇. 補救者何, 旣强者抑之, 弱者扶之, 是也.)

印・官・食・財라고 하는 것들이 비록 바른 것일지라도 귀하지 않을 때도 있으며, 梟・殺・傷・劫이라고 하는 것들이 비록 흉한 것일지라도 간혹 또한 상서로움도 있으니, 病이 바야흐로 기특한 경우도 있는 것인데, 그러나 결국 억부를 의논해 보면 마침내 순수함에 귀착된다. (팔자에 치우침이 있는 경우에 보충하고 구제하는 神을 만나면 마침내 뛰어나고 기특해지는 것인데, 補救(보구)란 무엇인가? 이미 강한 것을 억제하고 약한 것을 보조하는 것이 그것이다.)

無格可取用이라도 若大端有禮有用23)이면 亦主光亭하며 格局紛紜엔 是者宜從이나 而妄者必闢하며 神殺

---

23) 有禮有用은 有體有用의 잘못인 듯함.

雜亂엔 多則無主요 而簡則可從이라

취하여 쓸 만한 격이 없어도 만약 큰 실마리(줄거리)에 體가 있고 用이 있으면 또한 빛나고 빼어남을 주장하며, 격국이 (많아서) 어지러운 경우에는 옳은 것을 따라야 하나 허망한 것은 반드시 제거해야 하며, 신살이 혼잡하여 어지러운 경우에는 많으면 주장이 없고 간략하면 따라야 한다.

總之컨대 命貴中和요 偏枯終於有損이니 理求平正하고 高遠不足爲精이니라

총괄하여 논하기를 命은 中和를 귀하게 여기고 편고되면 손상이 있는 데서 끝나는 것이니, 이치는 공평하고 바른 것을 구해야 하고 고상하고 원대한 것은 정밀하게 할 것이 못 된다.

2. 格局賦(격국부)

總綱旣定이면 格局宜詳이니 月令所得何支오 依之取斷하며 柱神所有何類오 參以酌量이라

총괄하는 기강이 이미 정해졌다면 격국을 상세히 살펴야 하니, 月令이 차지하고 있는 것이 어떠한 지지인가? 그것에 의하여 판단을 취하여 柱神이 지니고 있는 것이 어떠한 부류인가? 그것을 참고하여 짐작하여 헤아린다.

偏正不必甚分者는 曰財星과 曰印綬오 陰陽必應各取者는 曰官殺과 曰食傷이라

偏과 正을 심하게 구분할 필요가 없는 것은 재성과 인수이며, 음과 양을 반드시 각각 따로 취해야 하는 것은 官과 殺, 食과 傷이다.

月遇祿神이면 未可推爲領袖오 月逢刃曜면 又何取此凶狂이리오 格從司令而來니 (司令卽月令) 此實依經順理며 格由他神而取엔 蓋爲捨弱用強이라 (詳參卷一看命總法.)

월에서 녹신을 만나면 그것을 받들어 가장 중요한 것으로 삼아서는 안 되며, 月에서 刃曜(인요)[24]를 만나면 또한 凶狂함을 어떻게 취하겠는가? 격은 司令에 따라 오는 것이니(사령은 곧 월령임) 이것이 실제로 변치 않는 법에 의거하

---

24) 刃曜(인요)는 양인을 뜻함.

고 이치에 순응하는 것이며, 격을 다른 신으로부터 취할 때에는 대체로 약한 것은 버리고 강한 것을 쓴다. (제一권의 간명총법을 자세히 참고할 것.)

逢官看殺이요 逢殺看印爲要며 (用官最忌殺混, 故必須看七殺何如, 用殺最忌身衰, 故必須看印綬何如.) **用財畏劫이요 用食畏梟其常이라** (劫能奪財, 梟能奪食, 故畏.)

官을 만나고 殺을 보고 殺을 만나면 印을 보는 것이 중요하며, (官을 쓸 때에는 殺이 섞이는 것을 가장 꺼리므로 반드시 七殺이 어떠한가를 보아야 하며, 殺을 쓸 때에는 身이 쇠약한 것을 가장 꺼리므로 반드시 인수가 어떠한가를 보아야 한다.) 財를 쓸 때에는 劫을 두려워하고, 食을 쓸 때에는 효신을 두려워하는 것이 그 일정한 법칙이다. (劫은 財를 빼앗을 수 있고, 梟는 食을 빼앗을 수 있으므로 두려운 것이다.)

若全局無官星可言이면 則暗格亦取니 或日主配他干而變이면 卽化局可商이요 其餘外格多端이나 半皆誕妄이며 更有納音諸法이나 益以洸洋이라

만약 온 局에 말할 만한 관성이 없으면 암격을 취하는데, 혹 日主가 다른 干과 짝을 이루어 변하면 化局으로 헤아릴 만하며, 그 밖에 외격이 많으나 거의 모두 허망한 것들이며, 다시 또 납음 등 여러 가지 법이 있으나, 심원하여 헤아릴 수 없음을 더할 뿐이다.

總之컨대 先定何格以推면 則喜忌自見이요 隨取何神爲用이면 則休咎彌章이니 或止恃一神하고 始終相託거나 或兼求他用하면 變化無方하여 至於氣象茫茫하며 論格旣無可取면 神情汎汎하며 言用亦無足當이니 此則深求反鑿이라 淺論爲長이니라

총괄하건대 먼저 어떠한 格을 정하여 추리하면 희기가 저절로 드러나며, 이어서 어떠한 神을 취하여 用으로 삼으면 휴구(길흉)가 더욱 밝게 드러날 것인데, 혹 다만 하나의 神만을 믿고 처음부터 끝까지 서로 의탁하거나, 혹은 다른 用을 겸하여 구한다면 변화가 한량없어서 기상(겉으로 드러난 상태)이 아득하기에 이르며, 격을 논할 때 이미 취할 만한 것이 없으면 신정(내면의 심정)이 들떠서 참작하지 못하며, 用을 말해도 마땅함을 충족할 수 없을 것이니, 이것은 곧 깊이 구하면 도리어 천착이 되므로 얕게 논의하는 것이 장점이 된다.

3. 行運賦(행운부)

格局旣分이면 榮枯之槪已具요 運途參考면 否泰之理
斯完이니 從生月而推하여 遞行前月後之建하되 以男女
爲別하여 乃分順行逆行之端이라

격국이 분별되고 나면 영고(성함과 쇠함)의 대강이 이미
갖추어지며, 운도를 참고하면 불운과 행운의 이치가 완비될
것이니, 生月로부터 추산하여 전후 月建으로 번갈아 행하되
남녀로 구별하여 곧 순행과 역행의 실마리를 구분한다.

男生陽年하고 女生陰年이면 則以未來取用하고 男生
陰歲하고 女生陽歲면 則從已往詳觀하여 計生辰之離節
이 凡有幾日하면 知人命之交運이 應在何年이라 一日
則爲四月이니 雖片時而必扣요 三日則爲一歲니 苟缺月
而勿寬이라

남자가 양년에 태어나고 여자가 음년에 태어나면 미래
에서 쓰임을 취하고, 남자가 음년에 태어나고 여자가 양년
에 태어나면 과거에서 상세히 관찰하여, 생일이 절기와 떨
어진 것이 모두 며칠인가를 계산하면 人命의 바뀌는 운이
어떤 해에 해당하는가를 아는 것이다. 1일은 4개월이 되는

데, 비록 편시(짧은 시각)라도 반드시 들어서 계산해야 하며, 3일은 1년이 되는데 혹 일정한 달수가 모자라더라도 늦추지 말아야 한다.

一運管十年하여 榮枯有準하니 五行配四柱하여 休戚相連하니 宜與不宜는 全憑格局이요 利與不利는 但問日干이니 破格者를 値之爲戚이요 助格者를 遇之爲歡이요 日弱者를 扶之而氣盛이요 日强者를 抑之而美全이요 旺日復到旺鄕이면 必罹悔吝이요 衰日再行衰地면 定主摧殘이라

1운이 10년을 관장하여 영고성쇠에 법도가 있으니, 오행이 사주에 배치되어 기쁨과 슬픔이 서로 이어지는 데 적합하고 적합하지 않음은 완전히 격국에 의거하고, 이로움과 불리함은 다만 日干과의 관계를 따져 보아야 하니, 격을 파괴하는 것을 만나면 슬픔이 되고 격을 돕는 것을 만나면 기쁨이 되며, 日干이 약한 것을 부조하면 氣가 성해지고 日干이 강한 것을 억제하면 아름다움이 온전해지며, 왕성한 日干이 다시 왕한 향에 이르면 반드시 뉘우치고 한탄할 일을 당하고 쇠약한 日干이 다시 쇠약한 곳으로 행하면 반드시 꺾이어 손상당한다.

吉若財官印食이면　喜於相見이요〔行運中固喜見財官印食, 然亦須看日主之氣勢何如, 能否應付.〕凶若刑沖梟劫이면　多主不安이나〔行運中固忌刑沖梟劫, 然果日主氣勢有餘, 亦有凶反爲吉者, 所謂刑沖梟劫, 應分四項而論, 非梟與劫, 逢刑沖也.〕但吉而無情이면　亦難吉論이며　苟凶而有用이면　不作凶言이라

길한 것이 만약 재·관·인·식이면 서로 만나는 것을 좋아하고(행운 가운데 본래 재·관·인·식을 만나는 것을 좋아하는데, 그러나 또한 반드시 日主의 기세가 어떠한지? 알맞게 대처할 수 있는지 없는지를 보아야 한다.) 흉한 것이 만약 형·충·효·겁이라면 대부분 불안을 주장하는데, (행운 가운데 본래 형·충·효·겁을 꺼리더라도 그러나 정말로 日主의 기세가 유여하다면 또한 凶이 도리어 吉이 되는 경우도 있으니, 이른바 형·충·효·겁은 응당 네 가지 항으로 나누어 논해야 하며, 효신과 비겁이 형과 충을 만나는 것이 아니다.) 다만 길신일지라도 無情하면 또한 吉로 논하기 어려우며, 만일 흉신일지라도 有用하면 凶으로 말하지 않는다.

運固重支나　須合干神兼論이요　運雖計歲나　亦難上下截看이니　火若在天이요　下有水流而減曜며　金如處地요

上逢火灼而失堅이며 木火同來면 十年並暖이며 水金相濟면 一運皆寒이라 (所謂一運者, 一干一支是也. 雖不能截斷分論, 然果干害支, 支害干, 其吉凶之力, 未嘗不減輕, 干助支, 支助干, 其吉凶之力, 亦未嘗不加重耳.)

운은 진실로 지지를 중히 여기지만 반드시 천간의 신과 합하여 함께 논해야 하며, 운이 비록 歲를 헤아리더라도 上下를 끊어서 보기는 어려우니, 火가 만약 천간에 있고 아래에 水의 흐름이 있다면 빛을 감하며, 金이 만약 지지에 있고 위에 火의 작렬함을 만나면 견고함을 잃지 않으며, 木火가 함께 오면 10년이 모두 따뜻하며, 水와 金이 서로 구제하면 1운이 모두 추운 것이다. (이른바 1운이란 一干一支가 그것이다. 비록 끊어서 구분하여 논할 수 없지만 과연 干이 支를 해치고 支가 干을 해친다면 그 길흉의 힘은 더 경감되지 않을 수 없으며, 干이 支를 돕고 支가 干을 도우면 그 길흉의 힘은 또한 더 가중되지 않을 수 없을 뿐이다.)

取神殺以評에 視實在干支而較緩이오 交接必咎니 豈行運福利而亦然이리오 (俗謂交運脫運之際, 必主不利, 豈其然乎?)

신살을 취하여 평할 때에는 實在의 干支를 보면서 비교

적 천천히 해야 하며, 서로 접촉하면 반드시 재앙이 있다
는데, 어찌 행운이 복되고 이로운데도 역시 그러하겠는가?
(세속에서 말하기를 교대하는 운이나 벗어나는 운의 즈음에 반
드시 불리함을 주장한다고 하는데 어찌 그러하겠는가?)

言凶運旣去爲殃은 是離任之官이라도 猶能行令이요
言吉運未來作福이니 將候選之職이 遂可操權이라 (凶
運旣去, 自無禍害, 吉運未來, 安有瑞祥?)

흉운이 이미 지나갔는데도 재앙이 되는 것은 직무를 떠
나는 관리라도 오히려 명령을 내릴 수 있는 것과 같고, 길
운은 미래에 복이 되니 장수나 제후로 뽑힌 관리가 마침내
권세를 잡을 수 있는 것과 같다. (흉운이 이미 지나갔으니 자
연히 재난과 해가 없으며, 길운이 아직 오지 않았으니 어찌 상
서로움이 있겠는가?)

命吉運凶이면 若良馬堅車라도 阻險道而難進이요 命
凶運吉이면 若破帆敝檣이라도 乘順風而亦前이라 行運
此其大略이며 通變難以言宣이니라

命이 길하고 운이 흉하면 좋은 말과 견고한 수레라도 험
한 길을 만나면 나아가기 어려운 것과 같고, 命이 흉하고

운이 길하면 마치 돛이 파괴되고 노가 부러졌어도 순풍을 타고 역시 앞으로 나가는 것과 같다. 행운은 이것이 그 대략이며 통변25)을 말로써 하기가 어려운 것이다.

4. 流年賦(유년부)

大運司十載之休咎하고 流年管一歲之窮通하니 歲干如君하여 固應從重하며 歲支爲輔하나 實則同功이니 先觀歲與日干하여 或爲利커나 或爲害요 次詳歲與大運하여 或相順커나 或相攻이요 問其有無會合하고 考其宜否刑沖이라

대운은 10년의 길흉을 맡고, 유년은 1년의 궁통을 주관하는데, 歲干을 君과 같다 하여 늘 응당 따르고 존중해야 할 것으로 여기고 歲支를 보좌로 여기지만 실제는 功이 서로 같은 것이니, 먼저 세와 일간을 관찰하여 서로 이로움이 되는가, 해로움이 되는가를 보고, 다음에 세와 대운을 살펴 자세히 보아 서로 순종하는가, 공격하는가를 헤아리며, 그 會合의 유무를 따져 보고 그 형충의 적합 여부를

---

25) 변화의 이치를 통달하는 것.

살펴보아야 한다.

大抵命之所喜者는 自非運所忌見이요 命之所惡者는
亦非運所樂逢이니 歲與運戰爭엔 須憑原局之中에 有神
救解요 歲與運和睦엔 若係主干之吉하여 加倍興隆이라

　대체로 命에서 좋아하는 것은 진실로 운에서도 꺼리는
것이 아니며, 명에서 싫어하는 것은 역시 운에서도 만나기
를 좋아하는 것이 아니니, 세와 운이 다툴 때에는 반드시
원국 중에 구제하고 화해하는 神에 의지해야 하고, 세와
운이 화목할 때에는 곧 주된 干의 길함에 관계되어 흥륭함
이 배가 되는 것이다.

或謂犯歲而致災必重하고 或謂合歲而引悔成凶하니 夫
犯必日之財年이라 非正卽偏이니 有何不利며 合必日之
正配라 非官卽財니 正喜相逢이라 惟衰干不任財官이니
反罹其禍나 非太歲每逢剋合이라도 必害厥躬이라 (凡
日干犯太歲者, 如甲見戊, 乙見己之類, 皆爲偏財, 太勢合日干者,
如甲見己, 乙見庚之類, 非正財, 卽正官, 非惟不可槪作凶言, 倘
日主氣勢有餘, 得此反主奮發.)

　혹 日干이 태세를 범하면 재앙을 이룸이 반드시 무겁다

하기도 하고 세와 합하면 과오를 불러들여 흉함을 이룬다
고도 하는데, 무릇 범한다는 것은 반드시 日干의 財에 해
당되는 해이므로 정재 아니면 편재이니, 무슨 불리함이 있
겠으며, 합한다는 것은 반드시 일간의 바른 배필이므로 官
이 아니면 財이니, 틀림없이 서로 만나는 것을 기뻐할 것
이다. 다만 쇠약한 干은 재관을 감당하지 못하니 도리어
그 禍를 만나게 되나, 태세는 늘 극이나 합을 하더라도 반
드시 그 몸에 해로움이 되는 것은 아니다. (무릇 日干이 태
세를 범한다는 것은 甲이 戊를 만나고 乙이 己를 만나는 것과
같은 종류이니 모두 편재가 되며, 태세가 일간과 합한다는 것은
甲이 己를 만나고 乙이 庚을 만나는 것과 같은 종류이니 정재가
아니면 정관이므로, 개괄하여 凶으로 말해서도 안 될 뿐 아니라,
만일 日主의 기세가 유여하면 이러함을 만나더라도 도리어 분
발을 주장한다.)

先遇是物而安이요　後遇是物而危는　由運途亨蹇之異
며　初見斯神而喜요　復見斯神而畏는　因歲建上下不同이
니　上來降祥하여　而爲支所生이면　則彌增福力이요　下
欲逞虐이나　而受干之制면　則半減凶鋒이라　（流年干支,
固不能截斷分論, 而以上半年屬干, 下半年屬支, 然果歲干爲喜神,

而又得歲支生之, 未嘗不可彌增福力, 歲支爲忌神, 得歲干制之, 未嘗不可半減凶鋒.)

먼저 이러한 것을 만났을 때에는 편안했는데, 뒤에 이러한 것을 만났을 때에는 위태로운 것은 운도의 형통과 막힘이 다르기 때문이며, 처음에는 이러한 神을 만났을 때 기뻤는데 다시 이러한 神을 만났을 때 두려운 것은 歲建의 강하가 다르기 때문이니, 위에서 상서로움을 내려 보내서 지지에게 生을 받게 하면 복력을 더욱 증진시키며, 아래에서 멋대로 사나움을 펴려고 해도 天干의 제재를 받으면 흉하고 날카로운 기세가 반감할 것이다. (유년의 간지는 진실로 끊어서 나누어 논하여 상반년은 천간에 속하고 하반년은 지지에 속한다고 할 수 없으나, 만일 세간을 희신으로 여기는 경우에 다시 세지가 그것을 생함을 만나면 복력을 더욱 증진할 수 없는 것이 아니며, 세지를 기신으로 여기는 경우에 세간이 그것을 제지함을 만나면 흉하고 날카로운 기세를 반감할 수 없는 것이 아니다.)

木若司年에 至金月而陰淺하고 水如秉歲에 涉冬而波洪하니 歲運並臨하면 災祥更大요 干支同類에 勢力尤雄하니 殺年而局食先强이면 豈能相難리오 (日主雖衰, 而原

柱食神得勢, 卽歲逢七殺, 亦不爲害. 蓋食先殺後, 食可制殺也.)

木이 만약 연을 맡고 金월에 이르면 그늘이 엷고(도움이 적다), 水가 만약 세를 맡고 있을 때 겨울에 이르면 파도가 큰 것인데, 세와 운이 함께 임하면 길흉의 조짐이 더욱 크게 작용하고, 干과 支가 같은 종류인 경우에는 세력이 더욱 강대하니 殺年인 경우에도 원국의 식신이 우선 강하다면 어찌 상대를 어렵게 여길 수 있겠는가? (일주가 비록 쇠약하더라도 原柱의 식신이 득세했다면 가령 세운이 칠살을 만났더라도 해가 되지 않는다. 대체로 식신이 우선이고 칠살이 뒤이니, 식신이 칠살을 제압할 수 있는 것이다.)

劫歲而運財方盛이라도 亦止得中이라 (運行財地, 其財方盛, 雖遇劫財流年, 亦不致損失.)

비겁의 세에 대운의 財가 한창 성하더라도 단지 알맞음을 이루는 데 그친다. (운이 財地를 행하면 그 재가 한창 성할 것이니, 비록 겁재유년을 만나더라도 손실에 이르지 않는다.)

擧此爲例라 其類可充이니 至本年每月之吉凶도 倣此推究요 若逐歲小運之謬妄은 不必硏窮이니라

이러한 것을 들어서 예로 삼았으므로 같은 부류들을 채

울 수 있을 것이니, 본년(그 해) 매월의 길흉도 이와 같이 미루어 연구해야 하며, 歲운와 小운의 잘못되고 허망한 논리를 따르는 것은 깊이 연구할 필요가 없다.

5. 正官賦(정관부)

陽剋陰日이요 陰剋陽神은 類官民之受治하여 固理順而勢馴하니 甲見干辛支酉하고 乙遇天庚地申엔 或辛藏丑戌하니 取爲甲配하고 或庚生巳地니 扶作乙君이라 (假如甲木日干, 以辛金爲正官, 酉丑戌三支, 所藏辛金, 亦正官也. 乙木日干, 以庚金爲正官, 申巳二支, 所藏庚金, 亦正官也.)

양이 음일 간을 극하고 음이 양신을 극하는 것은 관청과 백성 간에 다스림을 받는 것과 유사하여 진실로 이치가 옳고 형세가 바르니, 甲이 천간의 辛이나 지지의 酉를 만나고 乙이 천간에 庚이나 지지의 申을 만나는 경우인데, 혹 辛이 축술에 저장됐으니 그것을 취하여 甲의 배필로 삼기도 하고 혹 庚이 巳에 生地가 되니 그것을 도와서 乙의 남편으로 삼기도 한다. (가령 甲木일간은 辛金을 정관으로 삼는데, 酉丑戌 세 지지는 辛金을 소장했으니 역시 정관이다.)

旺相而榮華分定이요 淸純而富貴無倫이며 佩印爲榮이나 印過多亦虞洩氣요 得財取貴나 財遇劫先恐傾根이라 (如甲木以辛金爲官, 癸水爲印, 若癸水重逢, 盜洩辛金元氣, 其官豈能爲我用乎? 若得己土之財, 以制癸水, 仍可取貴, 假使己土又爲乙木劫去, 則根本傾危矣.)

왕상하면 榮華(영화)에 본분이 정해지고 청순하면 富貴가 비할 데 없으며, 인수를 차면 영화로우나 인수가 너무 많으면 또한 설기가 염려되고, 財를 얻으면 貴를 취하게 되지만 財가 비겁을 만나면 먼저 뿌리를 상할까 염려된다. (예컨대 甲木은 辛金을 관으로 삼고 癸水를 印으로 삼는데, 만약 癸水를 거듭 만나면 辛金의 元氣를 도설하니, 그 관을 어찌 나를 위하여 쓰일 수 있겠는가? 혹 己土財를 만나서 癸水를 제지하면 마침내 貴를 취할 수 있는데, 가령 己土가 다시 또 乙木에게 위협을 받아 제거되면 그 근본이 기울어 위태로워지는 것이다.)

深惡傷官爲累하고 更嫌失令不尊하니 陽日食神은 貪合而忘官可慮요 (陽日正官, 怕食神來合, 合則官力微矣.) 陰日食神은 成黨亦損貴不眞이라 (食神雖不能剋官, 然與官究屬不利.)

상관에게 얽매이는 것을 깊이 미워하고 다시 또 失令하여 존귀하지 못함을 꺼리니, 陽日의 식신은 合을 탐하여 官의 염려할 만함을 망각하며, (兩日의 정관은 식신을 두려워하니, 합하면 관의 힘이 미약해진다.) 陰日의 식신이 무리를 이루어도 역시 貴를 손상하므로 참되지 않다. (식신이 비록 관을 극할 수 없더라도 관에게는 결국 불리함에 속한다.)

 逢沖破令면 貴元必壞하고 値刑害令면 秀氣不純하여 若七殺之相混엔 尤四柱之最嗔이나 唯剋合之有方이면 斯能去病하며 (殺來混官, 如有合殺剋殺之神, 其殺亦不能害官.) 苟氣勢之相抗엔 無不傷身이라 (官殺之勢均力敵, 則去留兩難, 其身能不受傷乎?)

충파를 만나면 貴의 근원이 반드시 무너지고 형해를 만나면 수기가 순수하지 못하며, 만약 칠살이 관과 서로 혼잡된 경우에는 특히 사주에서 가장 진노할 일이나 오직 극이나 합에 방도가 있다면 病을 제거할 수 있으며, (살이 와서 관과 섞인 경우에 만약 합살이나 극살하는 神이 있다면 그 살이 또한 관을 해칠 수 없다.) 만일 관과 살의 기세가 서로 겨루는 경우에는 身을 상하게 하지 않음이 없다. (관과 살이 기세가 균등하고 힘이 대등하다면 제거와 잔류가 둘 다 어려운 것이니, 그 身이 손상당하지 않을 수 있겠는가?)

　　至於行運之愛憎하여는　仍同取格之喜忌니　臨財向旺하면　起白屋以凌霄하며　遇殺逢傷하면　自靑雲而墜地하며　行死絶分면　重則職奪하고　而輕則秩卑하며　見刑沖分면　大則災來하고　而小則病至하니　食印得力하면　雖殺運不至奇殃이라 (食能制殺, 印能護身, 雖行殺運無妨.)

　행운의 좋아하고 미워함에 이르러서는 곧 격을 취할 때의 좋아하고 꺼리는 것과 같으니, 재운에 임하고 旺을 향하면 초가집에서 몸을 일으켜 하늘을 타고 오르며(입신출세), 살을 만나고 傷을 만나면 청운으로부터 땅에 떨어지며, 死絶地로 행하면 중한 경우에는 박탈당하고 가벼운 경우에는 관직과 녹봉이 낮아지며, 형충을 만나면 크게는 재앙이 오고 작게는 질병에 이르는데, 食과 印이 힘을 얻으면 비록 살운이 오더라도 기이한 재앙에 이르지 않는다. (식신은 살을 제압할 수 있고, 인수는 身을 보호할 수 있으므로 비록 살운으로 행하더라도 해롭지 않다.)

　　官貴輕微하면　卽印鄕亦爲未濟요 (官輕再逢印洩, 其力更輕, 安有濟乎?)　官根太弱하면　食神運亦有剝官之嫌이

요 官勢太强하면 財旺運豈無欺主之弊리오 (官旺再行財
運, 則日主更弱矣.)

官貴가 경미한데 다시 印향이면 또한 구제되지 못하고,
(관이 경미한데 다시 印의 누설을 만나면 그 힘이 더욱 경미해
지니 어찌 구제됨이 있겠는가?) 관의 뿌리가 너무 약하면 식
신운에 또한 관직을 떠나는 나쁜 일이 있고, 관의 세력이
너무 강하면 財가 旺한 운에 어찌 日主를 기만하는 데 폐
단이 없겠는가? (관이 왕할 때 다시 재운으로 행하면 일주가
더욱 약해질 것이다.)

要皆因時令爲屈伸이라 先當辨日干之隆替니 若乃滿
柱皆官에 衰干無氣하면 當委命以從官이요 勿抗衡以强
制니 財官旺地를 遇之면 而一路皆宜요 食印兩神을 逢
之면 而多端不利며 傷官之運은 立見傾危요 身旺之鄕
은 必多災異라 (此指從官格言.)

요컨대 모두 시령을 근거로 굽히거나 펴게 되므로, 먼저
마땅히 일간의 융성함과 쇠퇴함을 분별해야 하니, 만약 마
침내 사주에 가득한 것이 모두 관인데 쇠약한 일간이 無氣
하다면 마땅히 命을 굽혀서 관을 따라야 하고, 서로 지지

않으려고 맞서서 억지로 제압하지 말아야 하는데, 財官이
旺한 곳을 만나면 가는 길이 모두 적합하고, 食과 印 양신
을 만나면 일이 많고 불리하며, 상관운은 곧바로 기울고
위태로움을 만나며, 身旺의 향은 반드시 災變(재변)이 많
다. (이것은 종관격을 가리켜 말한 것이다.)

  總之官只是官이라 縱重疊不應作殺이며 官又見官에
乃枝節無容多議니 眞官正印이 實命格之上流요 貴殺賤
官은 特後生之妄意니라

  총괄하여 말하자면 官은 다만 官일 뿐이므로, 비록 중첩
됐더라도 殺로 간주해서는 안 되며, 관이 다시 또 관을 만
나는 경우에는 마침내 곡절이 많으므로 많은 의론을 용납
하지 말아야 하니 眞官과 正印이 실제로 命格의 상류라든
가, 살을 귀하게 여기고 관을 천하게 여긴다는 것 등은 다
만 後生들의 망령된 뜻이다.

6. 偏官賦(편관부)

陽爲陽剋하고 陰與陰爭하니 從日干而數去하여 蓋居

七位하며 處同類而相賊하니 故號殺星이라 壬與亥而剋
丙하고 癸及子而傷丁하니 申內有壬하여 丙逢必害하고
丑辰伏癸하여 丁遇無情이라 (假如丙火日干, 以壬水爲偏官,
亥申二支, 所藏壬水, 亦偏官也. 丁火日干, 以癸水爲偏官, 子丑
辰三支, 所藏癸水, 亦偏官也.)

양이 양과 서로 극하고 음이 음과 서로 다투는 것인데,
일간으로부터 몇 자리씩 떨어져서 모두 일곱 번째 자리에
머물며, 같은 종류끼리 거처하면서 서로 대적하므로 殺星
이라고 부른다. 壬과 亥는 丙을 극하고, 癸와 子는 丁을 손
상하는데, 申안에서도 壬이 있어서 丙이 그것을 만나면 반
드시 해롭고, 丑과 辰에도 癸가 잠복해 있어서 丁이 그것
을 만나면 무정하게 된다. (가령 丙火일간은 壬水를 편관으로
삼으니, 亥와 申 두 지지에 소장된 壬水도 역시 편관이며, 丁火
일간은 癸水를 편관으로 삼으니, 子丑辰 세 지지에 소장된 癸水
도 역시 편관이다.)

斯神先須處置요 他物方可推評이니 或食神制之하여
而馴其强暴하고 或印綬化之하여 而變作和平하며 或傷
官敵之하여 而兩凶俱解하고 或刃星合之하여 而一將成
功하여 駕馭得宜라 取作偏官之用에 威權不冗이라야

爲大貴之徵이니 正印食神은 化與制何妨並見이리오마는 偏財梟印은 生與化未免相攖이니라 (偏財能生殺, 梟印能化殺, 互相抵觸, 並見非宜.)

이 神을 먼저 처치해야 하고 다른 神을 두루 미루어 평론해야 하니, 혹 식신으로 그것을 억제하여 그 강포함을 길들이기도 하고, 혹은 인수로 그것을 引化하여 화평하게 변화시키기도 하며, 혹은 상관으로 그것을 대적하여 두 가지 흉함이 모두 해소되기도 하고, 혹은 刃星으로 그것과 합하여 한 장수가 공을 이루어 다스리고 부림이 알맞음을 이루듯 하기도 한다. 편관의 작용을 취하는 경우에 위엄과 권세에 대항하지 않아야만 大貴의 조짐이 되는데, 정인과 식신은 살을 引化하고 억제하는 것이니 나란히 보이는 것이 무슨 방해가 되겠는가마는, 편재와 효인은 살을 생하고 인화하므로 서로 어지럽힘을 면치 못한다. (편재는 살을 生할 수 있고, 효인은 살을 인화할 수 있어서 서로 저촉되니 나란히 보이는 것은 적합하지 않다.)

日主甚强이면 卽無制不爲殺困이니 正官相雜에 但無根亦從殺行이라 (如正官無力, 雖與七殺混, 仍從殺行.)

일주가 매우 강하면 억제함이 없더라도 살에게 괴로움

을 당하지 않으나, 정관과 서로 혼잡된 경우에 다만 정관
이 무근이면 또한 종살로 가야 한다. (만약 정관이 무력하다
면 비록 칠살과 혼잡됐더라도 곧 종살로 가야 한다.)

去官不過兩端이니 用食用傷皆可며 (去官留殺, 必須食
神傷官.) 合殺總爲美事니 合來合去宜淸이며 獨殺成權
하면 職居淸要하고 衆殺有制면 身掌權衡이라 (衆殺有
制, 要日主强旺則吉 主弱不顯達.)

관을 제거하는 방법은 두 가지에 불과하니, 식신을 쓰거
나 상관을 쓰는 것이 모두 옳으며, (관을 제거하고 살을 남기
는 때에는 반드시 식신과 상관을 써야 한다.) 살과 합하는 것
은 합하여 불러오거나 합하여 제거하면 당연히 사주가 청
해지며, 하나의 살이 권세를 이루면 관직이 청고한 요직에
머물고, 살이 많아도 억제함이 있으면 身이 권력을 잡는다.
(많은 살을 억제함이 있을 때에는 반드시 일주가 강왕해야만 길
하고, 일주가 약하면 현달하지 못한다.)

殺生印而印扶身하면 龍墀高步하고 身任財而財滋殺
하면 雁塔題名하며 若殺重而身輕하면 非貧卽夭며 (殺
重身輕而無制, 卽貧夭矣.) 苟殺微而制過면 雖學無成이라

살이 印을 生하고 印이 身을 도우면 용의 뜰에서 크게
걷고,[26] 身이 財를 감당할 만하고 財가 殺을 자양하면 안
탑에 이름을 적으며, 만약 살이 중하고 身이 경하면 가난
하지 않으면 요절하고, (살이 중하고 身이 경할 때 억제함이
없으면 가난하거나 요절한다.) 만약 살이 미약한데도 억제함
이 지나치면 비록 배우더라도 이루는 것이 없다.

在四柱總宜伏降이어늘 誰謂年逢勿制아 (俗謂年干七殺,
不須制伏者, 非是.) 以一位取爲權貴어늘 何必時上專稱이
리오 (一殺純淸, 只要日干有氣, 無論在年在月在時皆妙.)

사주에 있는 것은 의당 모두 항복시켜야 하는데, 누가
年에서 만나는 것은 제압하지 말라고 말했는가? (세속에서
연간의 칠살은 제복할 필요가 없다고 말하는 것은 옳지 않다.)
한 자리를 취하여 권귀로 삼는 것인데 하필 時上만을 단독
으로 칭하는가? (하나의 殺이 순수하고 맑으며 일간이 有氣하
다면 年에 있거나 月에 있거나 時에 있는 것을 논할 것 없이 모
두 교묘하다.)

至運途欲辨吉凶인댄　必身殺兩相審察이니　殺旺於身

---

26) 조정에서 높은 지위에 있음.

者엔 扶身抑殺爲佳요 身旺於殺者엔 遇殺臨財方發이요
殺旺復行殺地면 立見凶災요 制重再行制鄕이면 必然窮
乏이라

　운도에 이르러 길흉을 분별하려면 반드시 身과 殺의 두
가지 모양을 살펴야 하니, 살이 신보다 왕한 경우에는 신
을 부조하고 살을 억제해야만 아름답고, 신이 살보다 왕한
경우에는 살이 재의 임함을 만나야만 비로소 발신하며, 살
이 왕하면서 다시 살지로 행하면 곧바로 흉재를 만나고,
억제가 중하면서 다시 억제하는 곳으로 행하면 반드시 궁
핍하다.

　若乃滿盤剋我엔 强不可降이나 日主無依엔 棄而從殺
이요 行助剋而彌亨이나 遇滋根而反拔이라 (此指從殺格
言, 滋根, 即扶身也.)

　바닥에 일주를 극하는 것이 가득한 경우에 이르러서는
일주가 강하면 항복할 수 없으나, 일주가 의지할 데 없는
경우에는 자신을 버리고 살을 따라야 하며 극을 돕는 운으
로 행하면 더욱 형통하나, 일주의 뿌리를 자양하는 운을
만나면 도리어 뽑힌다. (이것은 종살격을 가리켜 말한 것이며,
뿌리를 자양한다는 것은 身을 돕는 것이다.)

陰日之從爲順이나　終無變更이요　陽日之從爲逆이니
問參窮達이라 (陰日從殺最佳, 陽日從殺, 未必盡善.)

음일의 종은 거스르지 않으므로 끝내 변경이 없지만 양
일의 종은 거스르므로 곤궁과 현달을 헤아려야 한다. (음일
의 종살이 가장 아름답고, 양일의 종살은 반드시 다 좋지는 못
하다.)

亦有殺會生我之局이면　功藉栽培요　迨乎運行破印之
鄕이면　卒遭剋伐이라 (殺曾印, 乃化剋爲生也, 故曰功藉栽
培, 及至運入財鄕. 破印生殺, 有不卒遭剋伐者乎?)

또 살이 身을 생하는 국과 만나면 功이 무성하여 인재로
양성되며, 운이 印을 파괴하는 곳에 이르면 갑자기 극벌을
당한다. (살에 印을 더하면 극을 生으로 이끌어 변화하므로, 공
이 무성하여 인재가 양성되며, 운이 財향에 들어가서 印을 파괴
하고 살을 생하기에 이르면 갑자기 극벌을 당하지 않는 경우가
있겠는가?)

總之컨대　制凶作吉은　全憑調伏之功이요　借殺爲權은
妙有中和之法이라 (身能任殺, 殺卽爲權.)　但見殺凌衰主
면　究必傾危니　勿謂格得殺神하여　遂誇軒豁하라

총괄하여 논하자면 凶을 억제하여 吉이 되게 하는 것은 완전히 調伏(조복)의 공에 있고, 살을 빌려 권세로 삼는 데는 묘함이 중화의 법에 있다. (身이 살을 감당할 수 있으면 살이 곧 권세가 된다.) 다만 살이 쇠약한 일주를 업신여기는 것을 보면 결국에는 반드시 기울어져 위태로워지니, 격이 살신을 얻어서 마침내 앞이 탁 트였음을 자랑할 만하다고 말하지 마라.

7. 正印賦(정인부)

陽生陰日이요 陰生陽干이며 譬居官而受印하여 爰享祿而持權이니 甲逢亥子而神旺하고 乙遇壬亥而根堅하며 申中之壬得氣면 而乙邀培植하고 丑辰之癸透干하면 而甲籍生全이라 (假如甲木日干, 以癸水爲正印, 子丑辰三支, 所藏癸水, 亦正印也. 乙木日干, 以壬水爲正印, 亥申二支, 所藏壬水, 亦正印也.)

陽이 음일을 생하고 陰이 양간을 생하는 것인데, 비유하자면 관직에 머물며 도장을 받아서 이에 봉록을 누리고 권세를 지니는 것이니, 甲이 亥나 子를 만나면 神이 旺해지

고 乙이 壬이나 亥를 만나면 뿌리가 견고해지며 申중의 壬
이 득기하면 乙이 북돋아 기름을 만나고 丑辰중의 癸가 천
간에 투출하면 甲이 生을 의지하여 온전해진다. (가령 甲木
일간은 癸水를 정인으로 삼으니, 子丑辰 세 지지가 소장하고 있
는 癸水로 역시 정인이며, 乙木일간은 壬水를 정인으로 삼으니,
亥와 申 두 地支가 소장하고 있는 壬水 역시 정인이다.)

助正官而彌增榮顯이요　化凶殺而妙有周旋이라　倚以
扶身이니　印旺兮不愁衰弱이요　取之爲格이며　印破兮면
立見迍邅이요　子衆母虛하니　(子字, 指比劫, 非食神也.)
蓋因比劫重疊이며　母多子病은　只爲梟正連綿이며　印得
力兮며　切忌貪財而壞요　印太過兮면　反以見現爲歡이
라. (財能壞印, 取印爲用之命, 不宜見財, 老[27]印多之命, 又必
須財制之也.)

　正官을 도와서 영화와 현달을 더욱 불어나게 하고 흉살
을 인화하여 주선에 묘함이 있게 하므로 거기에 의지하여
身을 돕는 것이니, 印이 왕하면 身은 쇠약함을 근심하지
않고 그것을 취하여 격으로 삼으며, 印이 파괴되면 곧바로
나아가기 어려움을 만나게 되며, 子(비겁)가 많으면 母가

---

27) 명사 앞의 접두어이거나 誤字임.

허하게 되는데 (子字는 비겁을 가리키니, 식신이 아니다.) 이
것은 비겁이 중첩됐기 때문이며 母가 많으면 子가 병드는
것은 다만 효신과 정인이 이어져 있기 때문이며, 印이 힘
을 얻으면 재를 탐하다가 파괴되는 것을 매우 꺼리고, 印
이 태과하면 도리어 나타나 만나는 것을 기쁨으로 삼는다.
(財는 印을 파괴할 수 있으므로 印을 취하여 용신으로 삼는 命
은 財를 만나지 말아야 하며, 印이 많은 命은 또한 반드시 財로
써 그것을 억제해야 한다.)

陰干死處實生이니 不以死論이요 陽干敗地卽印이니
豈作敗看이리오 (以陽死陰生, 陰死陽生論, 如乙木雖死於亥,
亥中有壬水正印, 故曰, 陰干死處實生, 如甲木衰敗於辰, 辰中有
癸水正印, 故曰, 陽干敗地卽印.)

음간의 死처가 실제로는 양의 生처이니 死로 논하지 않
으며, 양간의 패지는 곧 印이니 어찌 패로 보겠는가? (양이
死하면 음이 生하고 음이 死하면 양이 生하는 이치로써 논한 것
이니, 가령 乙木이 비록 亥에서 死하나 亥중에 壬水 정인이 있
으므로 음간의 死처가 실제로는 양의 生처라고 말한 것이며, 가
령 甲木이 辰에서 쇠패하나 辰중에 癸水정인이 있으므로, 양간
의 패지가 곧 印이라고 말한 것임.)

至推究乎運途인댄　須先審乎格局이니　入他格ㅎ면　不盡以印爲重輕이나　取印格ㅎ면　斯專以印爲榮辱이요　官殺之地는　喜其相生하고　財食之鄕은　慮其反覆하며　當生印重하면　喜逢財而得中하고　原局財多면　恐見印而不祿하며　苦日干旺地는　固印死而非宜하니 (如甲日而行卯運, 乃日干之帝旺, 卽癸水正印之死地, 此以陰陽同生同死論, 水長生於申, 死於卯也.) 然印綬旺鄕은　亦官死而何福이리오 (如甲日而行子運, 乃癸水正印之旺鄕, 卽辛金正官之死地, 此亦陰陽同生同死論, 水長生於甲, 旺於子, 金長生於巳死於子也.) 故論印財之先後하여　不必拘隅요　惟問日主之旺衰면　庶無偏曲이니라.

운도에 대하여 미루어 연구하기를 지극히 하려면 반드시 먼저 격국을 살펴야 하니, 다른 격에 들었으면 모조리 印으로 경중을 삼지는 않으나 印格을 취했다면 오로지 印으로 영욕을 삼으며, 관과 살의 자리는 그 상생하는 것을 좋게 여기고 財와 食의 향은 그 반복됨을 염려해야 하며, 生을 주장하는 印이 중하면 재를 만나서 중화를 이루는 것을 좋게 여기고, 원국에 財가 많으면 印운을 만나서 죽게 됨을 염려해야 하며, 일간의 왕지는 진실로 印의 死地가

되어 적합하지 않음을 괴롭게 여기는데 (가령 甲일간이 卯
운으로 행하는 경우에는 바로 일간의 제왕이지만 그것은 곧 癸
水 정인의 사지이니, 이것은 음양 同生同死로써 논한 것인데 水
는 申에 장생하고 卯에는 死한다.) 그러나 인수의 旺향은 또
한 관의 死地이니 무슨 복이 있겠는가? (가령 甲일간이 子운
으로 행하면 바로 癸水 정인이 旺향이지만 그것은 곧 辛金정관
의 死地이니, 이것도 역시 음양 同生同死의 논리인데, 水는 甲
에 장생하고 子에는 왕하며 金은 巳에 장생하고 子에 死한다.)
그러므로 印과 財의 선후를 논하여 한쪽에 구애받을 필요
없이 오직 일주의 왕쇠를 따져 본다면 거의 치우치고 어그
러짐이 없을 것이다.

8. 偏印賦(편인부)

陰來生陰이요　陽來生陽이니　是乃偏氣之養育이요　非
同正印之慈祥이라　丙遇甲寅兮요　及亥中之甲이　皆賴之
以生燄하며　丁逢乙卯兮요　及辰未之乙이　均倚之以發光
이라 (假如丙火日干, 以甲木爲偏印, 寅亥二支, 所藏甲木, 亦偏印
也. 丁火日干, 以乙木爲偏印, 卯辰未三支, 所藏乙木, 亦偏印也.)

편인은 음이 음을 생하고 양이 양을 생하는 것이니 이것은 곧 치우친 기를 길러서 자라게 함이지 정인의 자애롭고 상서로움과 같은 것이 아니다. 丙이 甲寅을 만나고 亥중의 甲을 만남에 이르기까지 모두(寅亥중의 甲까지) 거기에 의지하여 불꽃을 내며, 丁이 乙卯를 만나고 辰未중의 乙을 만남에 이르기까지 똑같이 거기에 의지하여 빛을 발생한다. (가령 丙火일간인 경우에는 甲木을 편인으로 삼는데, 寅과 亥의 두 지지에 소장된 甲木도 역시 편인이며, 丁火일간인 경우에는 乙木을 편인으로 삼는데 卯・辰・未 세 지지에 소장된 乙木도 역시 편인이다.)

惟剋食最凶이라 故有梟神之號나 倘生身有用이면 亦爲佐主之良이니 惡殺得之而化其暴悍하고 傷官用之而禦其强梁하며 身旺食輕에 逢之而必遭呑啗하며 官多印缺에 借之而亦致榮昌하니 若甲丙生亥寅之月하고 庚壬産巳申之方하면 理取長生이요 不以偏論이며 根同眞母니 豈亦梟詳이리오 日干太旺兮에 有梟愈增其冗厲요 比劫爲患兮에 得梟益助其猖狂이라

오직 편인은 식신을 극하여 가장 흉하므로 효신이라는 호칭이 있으나, 만일 身을 생하는 데 쓸모가 있다면 역시

일주를 보좌하는 良神이 되니, 악한 殺이 그것을 만나서 그 사나움을 바꾸고 상관이 그것을 써서 그 강하고 사나움을 막으며, 身이 왕하고 食이 가벼울 때 편인을 만나면 반드시 먹힘을 당하며, 모자랄 때 편인을 차용하면 또한 榮昌(영창)에 이르게 되니, 가령 甲이나 丙이 亥월이나 寅월에 생하고 庚이나 壬이 巳나 申의 方(月)에 낳으면 이치가 장생으로 취하지 편으로 논하지 않으며, 근본이 참된 母와 같은데 어찌 모두 다 효신처럼 살피겠는가? 일간이 태왕할 때 효신이 있으면 더욱 사납고 禍(화)를 더하고, 비겁을 근심으로 여길 때 효신을 만나면 더욱 그 猖狂(창광)함을 돕는다.

求以制梟偏에 財勝於正財하여 較爲有力하며 依之爲命이면 偏印同於正印이니 不可遭傷이며 食神入格兮에 見梟深愁損害요 梟神結黨兮에 得食立見災殃이니 原局固若斯取斷이요 運途亦如此酌量이니라.

효신을 억제하는 데에는 편재가 정재보다 나아서 비교적 힘이 있으며, 여기에 의지하여 命을 이루면 편인도 정인과 똑같으므로 손상당해서는 안 되며, 식신이 격에 들었을 때 효신을 만나면 손해를 깊이 근심해야 하고 효신이 무리를 이루었을 때에 식신을 만나면 곧바로 재앙을 만나는 것이니, 원국도 진실로 이와 같이 판단을 취하고 운도에서도 역시 이와 같이 참작하여 헤아린다.

9. 正財賦(정재부)

陽日剋陰이요 陰日剋陽이니 譬己財之聽我享用이며 若正供之應得輸將이니 甲見己與丑未兮요 乃午中之己도 皆堪取用이며 乙逢戊與辰戌兮요 并寅巳之戊亦可推詳이라 (假如甲木日干, 以己土爲正財, 丑未午三支, 所藏己土亦正財. 乙木日干, 以戊土爲正財, 辰戌二支, 所藏戊土, 亦正財.)

정재는 양일이 음을 극하고 음일이 양을 극하는 것이니, 비유하자면 자기의 재가 나에게 맡겨지면 받아쓰는 것이며, 예컨대 정당하게 공급된 것은 응당 취득하여 모아서 가지게 되는 것과 같으니, 甲이 己나 丑·未를 만나거나 아울러 午중의 己까지도 모두 취용할 수 있으며 乙이 戊나 辰·戌을 만나거나 아울러 寅巳申의 戊까지도 역시 미루어 자세히 할 수 있다. (가령 甲木일간은 己土를 정재로 삼으니 丑未午 세 지지에 소장된 己土 역시 정재이며, 乙木일간은 戊

土를 정재로 삼으니 辰戌 두 지지에 소장된 戊土 역시 정재이다.)

淸而入格兮여 貴顯不須官殺이요 濁而成局兮여 富饒
亦甲鄕邦이며 無破無沖爲美요 得時得位彌昌이며 生官
而廟廊赫弈하고 滋殺而台閣軒昂하나니라

財가 청하면서 격에 들면 지위가 높고 세상에 알려지니
관살을 필요로 하지 않고, 財가 탁하면서 局을 이루면 부
유하고 넉넉하고 넉넉함이 다만 甲의 고향에서만 그럴 뿐
이며, 충파가 없으면 아름답고 때를 만나고 자리를 얻으면
더욱 번창하며, 官을 생하면 조정에서 크게 빛을 내고 殺
을 자양하면 대각(조정)에서 높은 지위에 오른다.

奪財兮여 劫凶於比요 生財兮여 食勝於傷이며 財喜
藏兮여 無氣之藏은 不如顯露요 財愛庫兮여 失時之庫
는 無異凶亡이라

財를 빼앗는 것은 겁재가 비견보다 더 흉하고 재를 생하
는 것은 식신이 상관보다 나으며, 재는 저장된 것을 좋아
하나 氣가 없는 저장은 드러나는 것만 못하고 재는 庫에
든 것을 좋아하나 때를 잃은 庫는 凶亡과 다름이 없다.

官殺疊逢兮여 財輕易洩이요 刃祿得力兮여 財衆無妨이요 身旺財微면 須藉食傷生發이요 財多身弱이면 反資比劫相幫이라

관살을 거듭 만나는 경우에는 재가 가벼우면 설기되기 쉬우나 양인과 녹이 힘을 얻고 있는 경우에는 재가 많아도 무방하며 신이 왕하고 재가 미약하면 반드시 식상을 생하여 발달시킴에 의지해야 하고 재가 많아서 신이 미약하면 도리어 비겁이 서로 돕는 데 의지해야 한다.

夏月旺火遇多金이면 豐盈異衆이요 春時衰土臨衆水면 聚散無常이요 財帶凶神이면 或因財而禍殃突至요 財居空絶이면 (一空亡, 二絶地.) 縱有財而受用不長이요 財喜殺兮여 蓋喜其剋降比劫이며 財妬印兮여 蓋妬其損害食傷이라

夏月의 왕성한 火가 많은 金을 만나면 풍족함이 보통과 다르며, 春時의 쇠약한 土가 많은 水를 만나면 모으고 흩어짐이 일정함이 없으며, 財가 흉신을 대동하면 혹 재로 인하여 재앙이 갑자기 이르기도 하며, 財가 空이나 絶이 머물면 (1공망, 2절지) 비록 재가 있더라도 수용함이 길지

못하며, 재는 살을 좋아하니 그것은 그 비겁을 억눌러 항복시킴을 좋아하는 것이며, 재는 印을 시기하니 그것은 그 식상을 손상하여 해침을 미워하는 것이다.

至推運道之榮枯하여는 全看日干而探索이니 日旺兮여 喜財運以爲榮이요 日衰兮여 臨財鄕而彌弱이며 多財而運逢兄弟면 衰主蒙安이요 (四柱財多, 而運逢比劫, 轉危爲安矣.) 貪財而運幷煞官이면 群凶肆이며 (四柱財多, 而運逢官殺, 似安實危矣.) 財神結黨에 行印運而災來요 比劫成群에 遇財鄕而難作이라

運道의 영고성쇠를 추측함에 이르러서는 일간을 온전하게 보고 깊이 찾아야 하니, 일간이 왕하면 재운을 좋아하여 번영하게 되고 일간이 쇠한 경우에 財향에 임하면 더욱 쇠약해지며, 재가 많은 경우에 운에서 형제를 만나면 쇠약한 일주가 편안하게 되며, (사주에 재가 많을 때 운에서 비겁을 만나면 위태로움을 전환하여 편안함이 되게 함.) 재를 탐하는 경우에 운에서 살이나 관과 함께 어울리면 많은 흉함이 함부로 잔악한 짓을 하며, (사주에 재가 많은데 운에서 관살을 만나면 편안한 듯하나 실제로는 위태롭다.) 재신이 무리를 이룬 경우에 印운으로 행하면 재앙이 오며 비겁이 무리를

이룬 경우에 財향을 만나면 어려운 일이 일어난다.

故知財雖養命이나 總非弱主能勝이요 印卽扶身이나
勿與旺財相角이며 若滿局之皆財면 乃棄命而相託이니
行旺財之運이면 倍見榮華나 遇生身之鄉이면 立看彫落
이라 (此指棄命從財而言.)

그러므로 재가 비록 命을 기르는 것일지라도 결국 약한
일주가 감당할 수 있는 것이 아니며, 印이 비록 身을 부조
하는 것일지라도 왕한 재와 서로 다투지 말아야 하며, 만
약 局에 가득 찬 것이 모두 재라면 마침내 자기 命을 버리
고 상대에게 의탁해야 하니, 재를 왕하게 하는 운으로 행
하면 영화를 배로 만나지만 身을 생하는 향을 만나면 곧바
로 쇠퇴를 보게 됨을 알아야 한다. (이것은 기명종재를 가리
켜 말한 것이다.)

大抵從殺者殺生印綬면 卽嫌命主萌芽요 從財者財生
殺官이면 反喜日干剝削이라 故從煞之運은 僅生殺與殺
地宜行이요 而從財之運은 凡生財與財生皆樂이며 正財
偏財無異라 皆可相從이요 陽從陰從較殊니 貴乎斟酌이

라 總之컨대 借財爲喩는 原非專指金銀이며 用財多端
이니 不必侈談囊이니라

　대체로 殺을 따르는 경우에 殺이 인수를 생하면 곧 命主
의 싹이 날 조짐을 싫어하며, 재를 따르는 경우에 재가 殺
官을 생하면 도리어 일간의 깎이고 약해짐을 기뻐하게 되
므로, 종살격의 운은 대략 殺을 생하는 운과 殺地로 행해
야 하고, 종재격의 운은 대체로 재를 생하는 운과 재가 생
하는 운이 모두 좋으며, 정재와 편재는 다를 것이 없이 모
두 서로 종할 수 있고 양의 종과 음의 종은 비교적 다르니
짐작하여 헤아리는 것을 귀하게 여긴다. 총괄하여 논하자
면, 재를 빌려 비유로 삼은 것은 원래 오로지 金銀만을 지
칭한 것이 아니며 財를 쓰는 데 단서가 많으니 자루와 전
대(재물)를 과장되게 말할 필요는 없다.

10. 偏財賦(편재부)

　陽尅陽類와 陰尅陰儕니 乃借他干之正配라 故稱日主
之偏財하니 丙見庚申兮여 巳地亦生庚可取며 丁逢辛酉
兮여 丑戌皆挾辛以來라 (假如丙火日干以庚金爲偏財, 申巳

二支, 所藏庚金, 亦偏財也, 丁火日干, 以辛金爲偏財, 酉戌丑三
支, 所藏辛金, 亦偏財也.)

편재는 양이 양을 극하는 부류와 음이 음을 극하는 부류
이니 곧 타 干의 정배(正妻)를 빌리므로 일주의 편재라고
부르는데, 丙이 庚申을 만나면 巳地 역시 庚을 생하므로
취할 수 있으며, 丁이 辛酉를 만나면 丑戌이 모두 辛을 끼
고 온다. (가령 丙火일간은 庚金을 편재로 삼는데 申巳 두 지지
에 소장 된 庚金도 편재이며, 丁火일간은 辛金을 편재로 삼는데
酉戌丑 세 지지에 소장된 辛金도 편재이다.)

爲忌爲宜하여 略與正財無異하니 在格在運에 亦愁比
劫爲災나 惟剋制梟神엔 最爲切當이며 如遭逢正印이면
喜不相乖며 干遇令여 只是財神이니 更無他理오 支藏
令여 每兼他物이니 貴在取裁라

꺼리는 경우도 있고 적합한 경우도 있어서 대략 정재와
다를 바가 없으니, 격에서나 운에서 역시 비겁이 재앙이
됨을 근심하지만 오직 효신을 극제하는 데는 가장 적절하
며, 만일 정인을 만나면 서로 배반하지 않는 것을 좋아하
며, 천간에서 편재를 만나면 다만 그것은 재신일 뿐이니
다시 다른 이치가 없으나, 지지에 저장되어 있으면 늘 다

른 물건을 겸하고 있으니 귀함이 재량을 취하는 데 달려
있다.

正與偏俱美兮여 不嫌雜見이며 財與命相停여 (日干之
勢力, 與財相仿, 爲之財命相停.) 乃謂和諧라

정재와 편재는 모두 함께 아름다워서 혼잡하여 만나는
것을 싫어하지 않으며, 재와 命이 서로 머물러 있으면 (일
간의 세력이 재와 서로 비슷한 것을 재명상정이라 한다.) 곧 화
해라고 한다.

至棄命之喜忌하여는 依正例以推排요 羨爲橫財는 非
理之妄談當闢이며 專尊時上은 相沿之錮見宜開니라

기명의 희기에 이르러서는 정재의 예에 의하여 추측해
야 하고, 부러워하면서 횡재로 여기는 것은 도리에 맞지
않아 허망한 말이므로 마땅히 물리쳐야 하며, 오로지 時上
편재격을 존중한다는 것은 계속되는 꽉 막힌 소견이므로
마땅히 열어 놓아야 한다.

11. 食神賦(식신부)

陽自陽生이요 陰從陰育이니 譬人子賴親以生이요 猶人親食子之祿이라 甲逢丙巳兮여 寅位丙生이요 乙逢丁午兮여 未戌丁伏이라 (假如甲木日干, 以丙火爲食神, 寅巳二支, 所藏丙火, 亦食神也. 乙木日干, 以丁火爲食神, 午未戌三支, 所藏丁火, 亦食神也.)

양이 양으로부터 생육되고 음이 음으로부터 육성되는 것이니, 비유하자면 자식이 어버이에 의지하여 생육되는 것과 같고 어버이가 자식과 녹을 먹는 것과 같다. 甲이 丙과 巳를 만나면 寅巳중의 丙도 생육되고 乙이 丁과 午를 만나면 午未戌 속에 丁이 잠복해 있다. (가령 甲木일간은 丙火를 식신으로 삼는데 寅과 巳 두 지지에 소장된 丙火도 역시 식신이며, 乙木일간은 丁火를 식신으로 삼는데 午·未·戌 세 지지에 소장된 丁火도 역시 식신이다.)

有氣兮여 不減財官이요 成格兮여 可兼壽福이며 殺星相遇寇讎頓衰요 日主受傷이면 母仇能復이라 (七殺爲日干之寇讎, 食神爲日干之子息, 七殺太盛, 日主受傷, 得食神以制之, 寇讎頓衰, 卽子復母仇之義.)

기세가 있으면 재관을 감하지 않고 格을 이루면 수복을 겸할 수 있으며, 살성과 서로 만나면 도적의 불꽃을 갑자기 쇠퇴시키고, 日主가 손상당하면 어머니의 원수를 갚을 수 있다. (칠살은 일간의 도적과 원수이고 식신은 일간의 자식인데, 칠살이 지나치게 성하여 일주가 손상당하게 될 때 식신을 만나서 그것을 제지하면 도적의 불꽃이 갑자기 쇠약해지는 것이니, 곧 자식이 어머니의 원수를 갚는다는 뜻이다.)

陰日得之兮여 最能降殺하여 而定國安邦하며 陽日見之兮여 兼可佐官하여 而秉鈞當軸하며 子如無子는 緣坐空鄕이요 兒又生兒면 方成美局이라 (食神坐於空亡之地, 故日子如無子, 食神復自生財, 故日兒又生兒.)

음일이 식신을 만나면 살을 가장 잘 항복시켜서 나라를 안정시킬 수 있으며, 양일이 식신을 만나면 겸하여 官을 보좌하여 정권을 잡고 중요한 직책을 맡게 되며, 자식이 있어도 없는 것과 같은 것은 공망에 앉아 있기 때문이며, 자식이 다시 또 자식을 낳으면 비로소 아름다운 局을 이루게 된다. (식신이 공망의 자리에 앉았으므로 자식이 없는 것과 같다고 했으며, 식신이 다시 스스로 財를 생하므로 자식이 다시 또 자식을 낳는 것을 말한다.)

蓋食神取貴나 須觀財氣通源이요 若食格遭戕하여는
全爲梟神肆毒이요 印官多見도 亦屬非宜며 比劫疊分여
還愁不足이라 (官印重逢, 其食神必致力薄, 故曰亦屬非宜, 比
劫疊見, 還愁不足者, 卽徐大升所謂木多火熾, 火多土焦, 土多金
埋, 金多水濁, 水多木漂之義.)

대체로 식신은 貴를 취하지만 반드시 財氣가 근원에 통
하는지를 보아야 하며, 식신격이 손상당함에 이르러서는
모두 효신의 방자한 독 때문이고 印과 官이 많이 보이는
것도 적합하지 않음에 속하며 비겁이 중첩된 것은 도리어
근심할 것이 못 된다. (관과 인을 거듭 만나면 그 식신이 반드
시 힘이 적어지기에 이르므로 또한 적합하지 않음에 속하며, 비
겁을 거듭 만나는 것은 도리어 근심할 것이 못 된다는 것은 곧
서대승의 이른바 木이 많으면 불이 성해지고 火가 많으면 土가
까맣게 타며 土가 많으면 金이 묻히고 金이 많으면 水가 탁해지
며 水가 많으면 木이 표류한다는 뜻이다.)

正當月令이면 不慮空虛요 略雜傷官이면 便成混濁하
며 主强食寡分여 貧罄甁罍며 主弱食多分여 災生口腹
이라 至行運之美惡이어도 亦準此以推求니 患食之多에
卽遇梟亦爲有用이나 慮食之寡에 惟制梟乃可無憂라 (食

神旣多, 勢必盜洩日干元氣, 故喜梟神以制之, 食神旣少, 又見梟神以剋之, 其食神必難存在, 故喜逢財以制梟也.)

일주가 바로 월령을 담당하면 공허함을 염려하지 않으나 조금이라도 상관이 섞이면 곧 혼탁함을 이루며, 일주가 강하고 식신이 적으면 가난하여 쌀 항아리와 술독이 텅 비며, 일주가 약하고 식신이 많으면 입과 배에 재앙이 생기므로 행운의 좋고 나쁨에 이르러서도 여기에 준거하여 추구할 것이니, 식신이 많음을 근심할 때에는 곧 효신을 만나도 쓸모가 있게 되나, 식신이 적음을 염려할 때에는 오직 효신을 억제해야만 근심을 없앨 수 있다. (식신이 원래 많으면 그 세력이 반드시 일간의 원기를 누설시키므로 효신으로 그것을 억제시키는 것이 좋고, 식신이 원래 적은데 다시 또 효신을 만나서 그것을 극하면 그 식신은 반드시 존재하기 어려울 것이니 그러므로 재를 만나서 효신을 억제시킴을 좋아하는 것이다.)

有食不見財來면 何異塵羹土飯이리오 用食忽逢梟至면 正如紉臂扼喉며 若內滿局食神이면 亦依棄命之例며 一線孤主면 宜爲從食之謀요 行其旺相之方이면 不待滿籌致祝이며 遇其死絶之地면 定知覆餗貽羞요 最喜財鄕

順生하여 而歡如酬酢이요 切嫌印强運制니 而禍起仇讎
요 行官殺兮여 雖所剋而宜酌이며 逢比劫兮여 似得生
而有尤라 (指從食格言.)

식신이 있어도 재를 만나지 않으면 먼지 국물이나 흙으
로 만든 밥과 무엇이 다르겠는가? 식신을 쓸 때 갑자기 효
신을 만나게 되면 바로 팔을 비틀고 목을 누르는 것과 같
으며, 만약 마침내 온 局에 식신이 가득하다면 또한 기명
의 예에 의지해야 하고, 한 가닥의 외로운 일주라면 마땅
히 從食의 계책을 행하고 왕상의 방향으로 행하면 광주리
에 가득하게 축복을 부를 필요가 없으며, 死絶의 자리를
만나면 반드시 솥 안의 음식을 엎지르고 음식을 남겨 주는
것과 같음을 알아야 하며, 재향의 順으로 생함이 가장 좋
아서 기쁘기가 술잔을 주고받는 것과 같고, 印이 강하여
운에서 억제됨을 심하게 꺼리니 재앙이 원수처럼 일어나
며, 관살운으로 행하면 비록 극하는 것일지라도 마땅히 참
작해야 하고 비겁을 만나면 生을 만나는 것과 같으나 허물
이 있다. (종식격을 가리켜 말한 것이다.)

總之컨대 食之黨類雖多나 不作傷論이니 食之性情本
粹하니 豈與傷侔리오

총괄하여 논하자면 식신의 무리가 비록 많더라도 상관
으로 논하지 않으니, 식신의 성정이 본래 순수한 것인데
어찌 상관과 가지런히 하겠는가?

12. 傷官賦(상관부)

陽由陰毓이요 陰自陽生이니 原非氣類며 專剋官星하
니 丙逢己與丑未兮여 午中之己도 亦能盜丙이며 丁見
戊及辰戌兮여 寅巳之戊이면 均可病丁이라 (假如丙火日
干, 以己土爲傷官, 丑未午三支, 所藏己土, 亦傷官也. 丁火日, 以
戊土爲傷官, 辰戌寅巳四支, 所藏戊土, 亦傷官也.)

양이 음으로부터 길러지고 음이 양으로부터 생육되니
원래 同類가 아니며, 오로지 관성만을 극하는데, 丙이 己와
丑·未 등을 만나거나 午중의 己를 만나도 丙을 설기시킬
수 있으며 丁이 戊나 辰·戌을 만나며 寅巳중의 戊를 만나
면 똑같이 丁을 괴롭힐 수 있다. (가령 丙火일간은 己土를 상
관으로 삼는데 丑未午 세 지지에 己土가 소장되었으므로 역시
상관이며, 丁火일간은 戊土를 상관으로 삼는데 辰戌寅巳 네 지
지에 戊土가 소장되었으므로 역시 상관이다.)

竊命主之元神이라 旣非良善이며 傷日干之貴氣라 更
肆縱橫이라 (此言傷官之弊, 旣洩日干, 又剋正官.)

命主의 원신을 훔치므로 이미 선량한 것이 아니며, 일간
의 貴氣를 손상하므로 다시 종횡으로 기세를 부린다. (이것
은 상관의 폐단을 말한 것이니, 이미 일간을 누설시키고 또 정
관을 극하는 것이다.)

然善惡何常이리오 但須駕馭하여 而英華發外하면 多
主聰明이니 遇殺而議合留커나 或資其用에 需財而求生
發도 亦賴其能이라 (此言傷官之利, 旣可合殺. 又能生財.)

그러나 선함과 악함이 어찌 일정하겠는가? 다만 반드시
마음대로 다스리고 부려서 뛰어나고 화려함이 밖으로 발
생하면 대체로 총명함을 주관하니, 殺을 만났을 때 合留를
꾀하거나 혹 그 작용에 의지할 경우에 財를 써서 生이 나
타나기를 구하는 것도 역시 그 능력에 의지를 하는 것이
다. (이것을 상관의 이로움을 말한 것인데 원래 殺을 合할 수도
있고 또 財를 生할 수도 있는 것이다.)

稍雜食神도 祇以傷論하면 旣成傷格이면 當以日評이
니 日正者用財하여 兼以洩其凶暴하고 日弱者用印하여

俾其服我使令하며 月令之傷爲深이면 深而且强을 當制
之而勿縱이요 他處之傷爲淺이면 淺而可用을 宜扶之使
勿傾이요 若見官之可否하여는 須就局以權衡이니 或有
印커나 或多比면 官見不爲大害니라 (傷官太旺, 固嫌洩氣,
正官再見, 更虞剋身, 若得多數比肩助之, 自無大害.)

식신이 조금 섞여 있어도 다만 상관으로 논하며 이미 상
관격을 이루었으면 마땅히 일간을 기준으로 평해야 하니,
일간이 강하면 財를 써서 겸하여 그 흉포함을 누설시키고,
일간이 약하면 印을 써서 내가 따르던 것을 내가 부릴 수
있게 하며, 월령의 상관이 깊다면 깊고도 강한 것을 마땅
히 억제하여 풀어 놓지 말아야 하고 다른 곳의 상관이 얕
다면 얕더라도 쓸 수 있는 것을 마땅히 도와서 기울어지게
하지 말아야 하며, 官을 만났을 때의 옳고 그름에 이르러
서는 반드시 사주원국에 나아가서 저울질해 보아야 하니,
혹 印이 있거나 比肩이 많으면 官을 만나도 큰 재해가 되
지 않는다. (상관이 태왕하면 본래 일주가 설기됨을 싫어하는데
정관이 다시 보이면 더욱 剋身을 염려하게 되지만 만약 다수의
비견을 만나서 일주를 도우면 저절로 큰 재해가 없을 것이다.)

或少印커나 或無比에 官逢詎是休徵이리오 乃有輕看

四柱하고 强別五行하여 謂火土 土金 宜傷盡者는 以水木之官爲無益이라 하고 謂水木 木火 可見官者는 以土金之官爲相成이나 夫以理言之에 有用則皆有用이요 以勢論之에 無情則皆無情이니 卽金水之傷은 惡寒이라 或因得火而溫煖이면 乃火土之傷은 畏燥하니 何不借水以澄淸하고 固宜因命干以取舍요 更須隨時令爲重輕이라 (此乃闢舊載火土傷官宣傷盡, 金水傷官喜見官之說.)

혹 印이 적거나 비견이 없는 경우에 官과 서로 만난다면 어찌 그것이 좋은 징조이겠는가? 마침내 또 사주를 가볍게 보고 억지로 오행을 구별하여 火土와 土金의 상관은 상진이라고 말하는 자들은 水와 木의 官을 무익하다고 여기며, 水木과 木火의 상관은 官을 만나도 된다고 말하는 자들은 土와 金의 官을 서로 이루어 준다고 여기는데, 무릇 이것을 이치로써 말할 때 쓸모가 있다면 모두 다 쓸모가 있어야 하고 이것을 형세로써 논할 때 무정하다면 다 무정해야 하니, 가령 金水의 상관이 추운 것을 싫어하므로 혹 이로 인하여 火를 만나서 따뜻하게 해야 한다면 곧 火土 상관은 건조한 것을 꺼리는데 왜 水를 빌려서 맑게 하지 않는가? 진실로 마땅히 命干을 근거로 하여 취하거나 버려야 하며 또 반드시 시령에 따라 경중으로 삼아야 한다. (이것은 곧 구서에 기재된 火土 상관은 상진이라 하고 金水 상관은 官을 만나는 것을 좋아한다는 설을 물리친 것이다.)

行運亦然하여 取裁貴當하니 傷重復行傷運이면 主氣盡而凋枯요 傷輕復到剋鄕이면 用神殘而愴恒이요 或先財後印이면 必印之不與財戰者라야 乃能扶吉而抑凶이요 或先印後財면 必財之不爲印害者라야 始爲有得而無喪이요 多比多劫之旺主가 因遇官而傷乃彌淸이어늘 失時失勢之衰干이 豈加官而身能無恙이리오

행운도 역시 그러하여 헤아림을 취하는 것이 귀중하고 마땅하니, 상관이 중한데 다시 상관운으로 행하면 日主의 氣가 다하여 시들어 마를 것이며, 상관이 경한데 다시 상관을 극하는 향에 이른다면 용신이 쇠약해져서 슬플 것이며, 혹 財를 우선으로 하고 印을 뒤로한다면 반드시 印이 財와 다투지 않는 경우에만 곧 吉을 돕고 凶을 억제할 수 있으며, 혹 印을 우선으로 하고 財를 뒤로한다면 반드시 財가 印에게 해가 되지 않는 경우에만 비로소 얻음이 있고 잃음이 없게 될 것이며, 比도 많고 劫도 많은 왕한 일주가 이어서 官을 만나면 상관이 마침내 더욱 맑아지는데, 월령

도 잃고 세력도 잃은 쇠약한 日干이 어찌 官을 더하면 身
에 근심이 없을 수 있겠는가?

總之首以見財爲要에　無財分면　雖巧慧而究必賤貧이
나　雖以得印爲佳에　用印分면　能均停而自然榮暢이며
若乃滿局皆傷이요　逞凶無狀이면　亦須棄命以相從하며
必宜順勢而勿抗이라　惟財神相遇면　可曲引其性情이나
苟印運忽來면　必相爭而傾蕩이라 (此指從傷格言.)

총괄하여 말하자면 먼저 財를 만나는 것을 중요하게 여
기는 경우에 재가 없으면 비록 재주가 있고 지혜가 있더라
도 결국 반드시 빈천하게 되지만, 그러나 印을 만나는 것
을 아름답게 여기는 경우에 印을 쓰면 골고루 조화를 이루
어 저절로 영화롭게 창달할 것이며, 사주국에 가득한 것이
모두 상관인 경우에 흉함이 극진한데도 형상이 없으면 또
한 반드시 자신을 버리고 상대를 따라야 하며 반드시 세력
에 순종하고 저항하지 말아야 한다. 오직 財神과 서로 만
나면 그 성정을 자세히 이끌어 낼 수 있으나, 만일 印운이
갑자기 오면 반드시 서로 다투어 기울어지고 부서질 것이
다. (이것은 상관을 종하는 격을 가리켜 하는 말이다.)

較食神終非善類라 不喜多逢이니 用傷官究屬偏鋒이
요 無庸深尙이니라

상관은 식상과 비교하면 마침내 선한 부류가 아니므로
많이 만나는 것을 좋아하지 않으니, 상관을 쓰는 것은 결국
偏鋒(편봉)에 속하며, 공이 없는데도 깊이 숭상하는 것이다.

13. 比劫賦(비겁부)

陽逢陽類하고 陰逢陰類를 是名爲比요 陽逢陰朋하고
陰逢陽朋을 是名爲劫이니 其氣雖同이나 其情不協이라
皆取天干以推나 不爲天干而設이니 甲憎甲乙分여 亥生
寅祿及卯刃이니 安可同科리오 丁忌丙丁分여 午祿巳旺
幷未衰니 各自有說이니라 (甲木見甲木爲比肩, 見乙木爲敗
財, 見亥爲長生, 見寅爲祿, 見卯爲刃. 丁火見丁火爲比肩, 見丙
火爲劫財, 見午爲祿, 見巳爲帝旺. 詳見卷一看比劫祿刃法.)

陽이 陽類를 만나고 陰이 陰類를 만나는 것을 比라고 이
름하고 陽이 陰 친구를 만나고 陰이 陽 친구를 만나는 것
을 劫이라고 이름하는데, 그 氣는 비록 같더라도 그 情은
화합하지 않으므로 모두 천간을 취하여 헤아려야 하지만

천간만을 위하여 설치된 것은 아니다. 甲이 甲乙을 미워하나 亥에서 生이 되고 寅에서 祿이 되며 卯에서 刃이 되니, 어찌 과정을 같게 할 수 있겠는가? 丁은 丙丁을 꺼리나 午에서 祿이 되고 巳에서 旺이 되며 未에서 쇠하니 각각 그것대로 도리가 있는 것이다. (甲木이 甲木을 만나면 비견이 되고 乙木을 만나면 패재가 되며, 亥를 만나면 장생이 되고 寅을 만나면 녹이 되고 卯를 만나면 羊刃이 된다. 丁火가 丁火를 만나면 비견이 되고 丙화를 만나면 겁재가 되며, 午를 만나면 녹이 되고 巳를 만나면 제왕이 되니, 卷一의 比劫祿刃을 보는 법을 자세히 볼 것.)

比則輔主之力勝하고 而見財亦侵하며 劫則相主之義輕하고 而奪尤切하니 衰干失令엔 比可仗而劫亦堪依요 尫主乘權엔 比增威而劫亦加烈하니 惟合殺에 於陽日有功이며 (陽日之敗財皆可合殺.) 而敵殺엔 使陰干不怯이라 (陰日之劫財皆可敵殺.)

比는 일주를 보좌하는 힘이 뛰어나고 財를 만나면 역시 침범하며, 劫은 일주를 돕는 의리가 가볍고 財를 빼앗는 데는 더욱 심한데, 쇠약한 일간이 失令한 경우에는 比에 의지할 수도 있고 劫에도 의지할 수 있으며, 일주를 높이고 권세를 타게 하는 데는 比가 위세를 더하고 劫도 역시 맹렬함을 더하는데, 오직 殺과 合하는 경우에는 陽日에 功이 있으며, (陽日의 敗財는 모두 殺과 合이 할 수 있다.) 殺을 대적하는 데는 陰干으로 하여금 겁을 내지 않게 한다. (陰日의 겁재는 모두 살을 대적할 수 있다.)

正印見之而榮分이요 眞官遇之而貴竊이라 (比劫能洩印氣, 故曰分榮, 比劫能抗官威, 故曰竊貴.)

정인이 比나 劫을 만나면 영화가 나누어지고 眞官이 이것을 만나면 귀함을 도둑맞는다. (比와 劫은 印의 氣를 누설시킬 수 있으며 영화를 나눈다고 말하며, 비와 겁이 官의 위세에 대항할 수 있으므로 귀함을 도둑맞는다고 한 것이다.)

食神遭之而致養不專이요 傷官倚之而逞凶難이라 (比劫爲資生食神之神, 亦爲資生傷官之神, 資生食神猶可, 若資生傷官, 則流弊多矣.)

식신이 이것을 만나면 길러짐이 온전치 못하고 상관이 이것에 의지하면 흉을 성하게 하여 꺾기가 어렵다. (比와 劫은 식신을 도와 生하는 神이며 또 상관을 도와 생하는 神도 되므로, 식신을 도와서 생하는 것은 그래도 괜찮으나 만약 상관을 도와서 생한다면 폐해가 많다.)

不問藏財露財하고 並受其殃이나 惟有正官偏官이면
可除其孽이니 論局兮여 但依此理요 斷運兮여 亦無他
訣이라

저장된 財나 노출된 財를 불문하고 모두 그 재앙을 받지
만 오직 정관이나 편관이 있으면 그 재앙을 제거할 수 있
는 것이니, 국을 논할 때에는 다만 이러한 이치에 의거해
야 하며 운을 판단하는 것에도 다른 비결이 없다.

總之컨대 四柱排推하고 六親取用에 不須多見斯神이
니 卽使兩干不雜이나 (如甲年甲月 乙日乙時.) 一氣相連
이라도 (如丁年丁月丁日丁時.) 未必便堪欣悅이니라

총괄하여 말하자면 사주가 배치되고 육친이 작용을 취
할 때 이러한 神을 많이 만나서는 안 되니, 가령 兩干이
섞이지 않거나 (예컨대 甲年甲月乙日乙時와 같은 것) 한 가지
氣가 서로 이어진 것일지라도 (예컨대 丁年丁月丁日丁時와
같은 것) 반드시 곧 바로 기뻐할 수는 없다.

14. 祿刃賦(녹인부)

陰陽諸干에 祿刃互例하니 祿是本氣라 入命以爲喜神이요 刃則異情하여 劫財故張殺勢니 祿泥月日時支取格하여 遂有此喜彼忌之殊하며 刃兼辰戌丑未推詳하나 蓋昧陰後陽前之義라 (詳見卷一看比劫祿刃法.)

음양의 여러 干에서 祿과 刃을 서로 넘나들며 예로 드는데 祿은 본기이므로 命에 들어가서 희신이 되지만 양인은 情을 달리하여 財를 위협하므로 殺의 세력을 확장하여 마침내 이것은 좋아하고 저것은 꺼리게 되는 차이를 두며, 刃을 진술축미와 겸하여 자세히 보라고 하는데 이것은 음은 뒤가 되고 양은 앞이 되는 뜻[28]에 어둡기 때문이다. (卷一의 간비겁록인법을 자세히 볼 것.)

夫一字之祿을 可以格言이면 豈四柱之神을 盡從閒廢리오 祿得力兮여 不過扶日有功이며 祿太多兮여 亦恐傷財不利라

무릇 한 글자의 祿만을 격으로 말할 수 있다면 어떻게 사주의 神을 모두 한가한 폐품으로 놓아두겠는가? 녹이 힘

---

[28] 陰은 뒤를 앞으로 여기고 陽은 앞을 앞으로 여기는 뜻.

을 얻으면 일주를 돕는 데 공이 있는 것에 불과하며, 록이 너무 많으면 또한 재를 손상하여 불리할까 염려가 된다.

謂日祿歸時가 憎官愛傷者는 固謬妄之談이며 謂建祿 專祿이 離祖刑妻者는 亦拘攣之議라

일록귀시는 관을 미워하고 상관을 좋아한다고 말하는 것은 진실로 잘못되고 허망한 말이며, 건록이나 전록격은 조상을 떠나고 처를 해친다고 말하는 것도 역시 얽매임에 관계된 의견이다.

至陽刃在子午卯酉하고 陰刃在巳亥寅申하니 皆劫財 之惡曜며 誠害物之凶神이나 惟陰日取以幇身하고 變衰 成旺하며 而陽日用之合殺하고 轉害爲恩하며 殺刃相須 兮여 一缺而威權不振이오 殺刃相濟兮여 兩停而勢位彌 尊이라

陽刃에 이르러서는 子午卯酉에 있고 陰刃은 巳亥寅申에 있는데, 다 財를 겁탈하는 악성이며 진실로 남을 해치는 흉신이지만, 오직 음일은 이것을 취하여 身을 돕고 쇠함을 변화시켜 왕함을 이루며 양일은 이것을 써서 살을 합하고

해로움을 변화시켜 은혜로움이 되게 하며, 殺과 刃은 서로를 필요로 하니 한쪽이 결핍되면 권위를 떨치지 못하며, 殺과 刃은 서로 구제하니 양쪽이 머물러 자리 잡으면 위세가 더욱 높아진다.

陰刃傳訛니 禍福故無確驗하고 陽刃取斷이요 喜忌亦多妄分하며 凡支均不宜逢이요 何獨時逢切忌며 在局旣云喜合하니 豈應歲合偏嗔이리오 (俗謂刃忌時逢, 亦忌歲合, 毫無義理, 殊不足言.) 多見兮면 定能爲禍요 遇沖兮면 必至遭迍이라

陰刃은 잘못 전해진 말이니 화와 복의 연고에 확실하게 증명됨이 없고 陽刃으로 판단을 취해야 하며, 양인에 대한 희기 역시 망령되게 분별함이 많으니 모든 지지를 똑같이 만나지 말아야 한다고 할 것이지, 어째서 유독 時에서 만나는 것만을 심하게 꺼리며 四柱局에서 이미 합을 좋아한다고 말했는데 어찌 유년태세와 합하는 것만 치우치게 책망을 해야 하는가? (속설에 刃은 時에서 만나는 것을 꺼리고 또 歲와 합하는 것도 꺼린다고 했는데 털끝만치도 바른 이치가 없으니 전혀 말할 것이 못 된다.) 많이 만나면 반드시 재앙이 될 수 있고 충을 만나면 반드시 머뭇거림을 당하기에 이른다.

總之컨대 祿之與干은 一德同心助諸格하니 皆爲有益이요 刃之爲物은 多凶少吉하니 必弱主方喜相親이니라

총괄하여 논하자면 록은 간과 동일한 덕과 마음으로 모든 격을 도우니 모두 유익함이 되고, 刃이란 물건은 흉함은 많고 길함이 적으니 반드시 일주가 약한 경우에만 비로소 서로 가까이함을 좋아한다.

15. 從局賦(종국부)

日主無根하고 勢屈不堪培植하며 他神滿局하고 黨多難以伏降에 貴達權以通變하며 宜捨弱以從强하니 從殺其常이며 正官理應同例요 從財固美나 食傷力亦相當이라 (舊書謂日主無根, 可以從殺從財, 其日主果係無根, 官亦可從, 食傷亦可從耳.) 惟印多則無從理하니 蓋母衆反作子殃이라

일주가 뿌리가 없고 세력이 약하여 북돋아 세울 수 있으며 다른 신이 사주에 가득하고 무리를 이룸이 많아서 항복시키기 어려운 경우에는 권도에 뛰어나서 변화의 이치에 통달하는 것을 귀하게 여기며 마땅히 약한 것을 따라야 하

는데 살을 따르는 것이 그 일반적인 예이며 정관도 이치상 응당 예를 같이 해야 하고 재를 따르는 것도 진실로 아름다우나 식상의 힘 또한 (구서에 일주가 무근하면 종살이나 종재해야 한다고 말했는데 그 실제는 일주가 정말로 무근에 계루됐다면 관도 따를 수 있고 식상도 따를 수 있다.) 다만 인이 많은 경우에는 종하는 도리가 없으니 그것은 母가 많으면 도리어 자식의 재앙이 되기 때문이다.

凡所從之神이 被剋則爲破局아니 此巳棄之命이 逢根卽屬不祥이라 (從局旣成, 最忌行反對從神之運, 如從財之土, 則忌行水木運, 從官殺之金, 則忌行木火運, 從食傷之水, 則忌行土木運, 餘倣此.)

무릇 從하는 神이 극을 당하면 파국이 되니, 이것은 이미 버려진 命이 根을 만나면 상서롭지 못함에 속하기 때문이다. (종하는 국이 이미 이루어졌으면 종하는 신과 반대되는 운으로 행하는 것을 가장 꺼리니, 가령 財를 종할 때의 土는 水·木운으로 행하는 것을 꺼리며, 관살을 종할 때의 金은 木·火운으로 행하는 것을 꺼리며, 식상을 종할 때의 水는 土·木운으로 행하는 것을 꺼리니, 나머지도 이와 같다.)

從神遭遇資扶면　知福力之深厚요　從神輾轉生育이면
喜秀氣之發揚하니　從之上者는　則貴登台閣하고　從之次
者도　亦富擁倉箱하며　若歲運不齊라도　豈終身能無少馭
리오　苟制化有道면　則大局仍自無妨이라　(如從土之財,
行火土運最好, 倘歲運竟逢水木, 與所從之神, 極端反對, 得其他
土金調劑之, 或干支合沖化解之, 亦可無妨.)

　종하는 신이 도움을 만나면 복력의 심후함을 알 수도 있
고 종하는 신이 계속 돌아가며 생육되면 秀氣의 떨쳐 일어
남을 기뻐하게 되는데, 종이 최상으로 이루어진 경우에는
신분이 귀하게 태각(내각, 의정부)에 오르고, 종이 그다음
으로 잘 이루어진 경우에도 부유하여 창고와 곡식상자를
갖게 되며, 만약 세운이 가지런하지 못하더라도 어찌 종신
토록 적은 거느림이나마 없을 수 있겠는가? 만일 억제와
引化에 방도가 있다면 대체적인 형국에는 곧 자연히 해로
움이 없을 것이다. (가령 土로 종하는 財는 火土운으로 행하는
것이 가장 좋은데, 만일 세운에서 마침내 水木을 만나 종하는
신과 심하게 반대되는 경우에는 그 밖의 土金을 만나서 그것을
적절히 조절하거나 혹은 간지의 합이나 충으로 그것을 인화하
여 풀어 주면 역시 해로움이 없게 될 수 있다.)

更有主帶微根이면　直難假而未淨이니　運行棄局이면
假成眞而亦昌이나　但運過還防凶發하여　必局純乃得福
長이니라 (日主衰弱, 達於極點, 雖略有奧援, 稍帶微根, 亦可
作從局論, 但不眞切耳. 然必須運行所從之神, 始可得志, 過此仍
防凶發, 較之純粹從局, 究遠遜也.)

또 일주가 미약한 根을 지닌 것이 있으면 곧 假와 섞여
서 깨끗하지 못하니 운이 根을 버리는 局으로 행하면 假가
眞이 되어 역시 번창할 것인데, 다만 운이 지난 뒤엔 다시
흉의 발생을 막아서 반드시 局이 순수해져야만 복을 누림
이 오래가는 것이다. (일주가 쇠약하여 극점에 도달하면 비록
안으로 도움이 약간 있거나 조금 미약한 근을 지니고 있더라도
또한 從局으로 간주하여 논할 수 있으나 다만 참됨이 절실하지
못할 뿐이다. 그러나 반드시 운이 종하는 신으로 행하여야 비로
소 뜻을 이룰 수 있으며, 이것을 지나면 곧 흉의 발생을 막아야
하는데 이것을 순수한 從局에 비교하면 결국 멀리 벗어난다.)

16. 化局賦(화국부)

四困[29] 取格爲眞이면 固宜審酌이니 十干遇合而化면 尤貴推尋이라 甲己合而化土요 乙庚合而化金이요 丙辛合而化水流濕이요 丁壬合而化木成林이며 幷戊癸合而化火니 皆陰陽配而同心하니 甲遇兩己커나 己遇兩甲兮여 凡見二則爭而非化요 甲畏庚剋거나 己畏乙剋兮여 但遇一則妒而相侵이라 (一甲遇二己, 一己遇二甲, 乃是爭化, 蓋二者爭一也. 甲己聯合, 遇庚遇乙, 乃是妒化, 蓋甲畏庚剋, 己畏乙剋也.)

사주에서 격을 취한 것이 참되면 진실로 마땅히 자세히 살피고 헤아려야 하니, 十干이 합을 만나 변화되면 추리하고 찾는 것을 더욱 귀하게 여긴다. 甲과 己가 합하면 土로 화하고, 乙과 庚이 합하면 金으로 화하고, 丙과 辛이 합하면 水로 화하여 濕으로 흐르고, 丁과 壬이 합하면 木으로 화하여 숲을 이루며, 아울러 戊와 癸水가 합하면 火로 화하니 모두 음과 양이 배합하여 마음을 한 가지로 하는 것인데, 甲이 두 己를 만나거나 己가 두 甲을 만나는 것은 모두 하나가 둘을 만나는 것이니 곧 다투어서 化가 되지

---

29) 四困은 四柱의 잘못인 듯함.

않고, 甲이 庚의 극을 두려워하거나 己가 乙의 극을 두려워하는 것은 다만 하나만을 만나면 곧 질투하여 서로 침범하게 된다. (하나의 甲이 두 己를 만나거나 하나의 己가 두 甲을 만나면 곧 그것이 쟁화이니 그것은 둘이 하나를 다투는 것이며, 甲과 己가 연합하는데 庚을 만나거나 乙을 만나면 곧 그것이 투화이니 대체로 甲이 庚의 극을 두려워하고 己가 乙의 극을 두려워하는 것이다.)

有丁有壬雙露면 則其局必敗요 或丁或壬單見이면 則爲害不深이라 (甲己化土格, 單逢壬字, 或單逢丁字, 爲害尚淺, 若丁壬並見, 聯合化木, 與甲己化土, 極端反對, 則爲害深矣.)

丁과 壬이 쌍으로 드러나면 그 局은 반드시 실패하며, 혹 丁이나 壬을 단독으로 만나면 해로움이 심하지 않다. (甲己化土格에서 壬자 하나만 만나거나 丁자 하나만 만나면 해로움이 그래도 얕으나, 만약 丁과 壬을 함께 만나는 경우에 연합하여 木으로 化하여 甲己化土와 극단적으로 반대되면 해로움이 심한 것이다.)

總之컨대 剋我我生之木金은 忌其相見하며 生我我剋之水火는 喜其加臨이라 (此指甲己化土格言, 故忌化木剋我,

化金洩我, 若化水潤土, 化火暄土, 此皆爲化土 所最喜者, 餘類推.)

　　총괄하여 논하자면 나를 극하는 木과 내가 생하는 金은 서로 만나는 것을 꺼리며, 나를 생하는 火와 내가 극하는 水는 더 만나는 것을 기뻐한다. (이것은 甲己化土格을 가리킨 말이다. 그러므로 木으로 화한 것이 나를 극하거나 金으로 化한 것이 나를 누설시키는 것을 꺼리며, 水로 化한 것이 土를 적시고 火로 화한 것이 土를 따뜻하게 하는 것은 다 化土에게 가장 기쁜 것이다. 나머지도 미루어 해석한다.)

　　若辨化局之假眞인댄　全察地支之情勢화되　先觀月氣니 乃化神根本之鄕이요 更重時支하니 必化神生旺之地니 時趨絶處면 化必不成이요 月屬他神이면 化尤難冀요 年支稍遠이나 亦須與化無乖요 日支較親하니 更求於化有濟요 迨行運之吉凶하여는 同原柱之則例하여 遇助化之物이면 則氣勢加隆이요 値破化之神이면 則程途不利라

　　이에 화국이 假와 眞을 분별하려면 지지의 정세를 완전히 살피되 먼저 月의 기세를 보아야 하니 바로 화신의 근본이 되는 자리이기 때문이며 다시 또 시지를 중요하게 여기는데 반드시 화신이 생왕지라야 하니 時가 絶處를 달리

면 化가 반드시 성립되지 않으면 月이 다른 신에 속하면
化는 더욱 바라기 어려우며 연지는 조금 멀리 있으나 역시
반드시 化와 어그러짐이 없어야 하며 일지는 비교적 친밀
하므로 더욱 化에 이루어 줌이 있기를 구하며 행운의 길흉
에 이르러서는 원 사주의 법식과 같아서 化를 돕는 물건을
만나면 기세가 더욱 융성하고 化를 파괴하는 신을 만나면
운도가 불리해진다.

(如甲己化土格, 行火土運, 與化土聲應氣求, 固爲助化, 卽行戊
運而命中有癸, 癸運而命中有戊, 化火暄土, 行丙運而命中有辛,
辛運而命中有丙, 化水潤土, 亦爲助化其益無方, 故氣勢卽加隆也.
若行丁運而命中有壬, 壬運而命中有丁化木剋土, 行乙運而命中有
庚, 庚運而命中有乙, 化金淺土, 卽是破化, 故曰程途不利.)

(만일 甲己化土격이 火土운으로 행하면 변화된 土와 소리가
서로 응하고 氣가 서로 구하여 진실로 化를 돕게 되니, 가령 戊
운으로 행하는데 命중에 癸가 있거나 癸운으로 행하는데 命중
에 戊가 있으면 변화된 火가 土를 따듯하게 해 주며, 丙운으로
행하는데 命중에 辛이 있거나 辛운으로 행하는데 命중에 丙이
있으면 화한 水가 土를 적셔서 역시 化를 도우니 그 이익에 방
해가 없으므로 기세가 곧 더욱 융성해지는 것이다. 만약 丁운으
로 행하는데 命중에 壬이 있거나 壬운으로 행하는데 命중에 丁

이 있으면 化한 木이 土를 극하며, 乙운으로 행하는데 命중에 庚이 있거나 庚운으로 행하는데 命중에 乙이 있으면 化한 金이 土를 누설하니, 곧 이것이 化를 파괴하는 것이므로 운도가 불리한 것이다.)

化神一路如意면 通顯無疑나 化神一字還原이면 災厄立至라. (旣無剋破刑沖之運, 亦無爭合妒化之途. 卽是一路如意, 如丙辛化水格, 逢丙運或辛運, 爭合妒化, 致丙辛化水不純, 仍是丙火辛金, 謂之還原, 災殃立至, 自屬不可免矣.)

化한 神이 한 가지 길로 뜻대로 행하면 지위가 높아 세상에 드러남을 의심할 것이 없으나, 化神의 한 글자라도 원래대로 돌아가면 재앙과 액운이 곧바로 이르게 된다. (이미 극하거나 파괴하고 형·충하는 운이 없고 또 쟁합이나 투화의 운도가 없으면 곧 그것이 一路如意한 것이니 가령 丙辛化水格이 丙운이나 辛운을 만나면 쟁합 투화하여 丙辛의 水로 화함이 불순해지기에 이르면 곧 이때의 丙火와 辛金을 환원했다고 말하며, 재앙이 곧바로 이르고 스스로 종속되어 면할 수 없게 된다.)

然而局多變化니 卽假格分여 得運亦可成眞이니 理實圓通하며 雖剋神分여 合宜亦非深忌라 (化局眞假不一, 然

有眞格變假, 假變眞者, 當於原柱及所行之運消息之, 果所化之神, 氣勢有餘, 雖原深行運也, 略見剋洩之神, 亦不得謂爲忌柱與.)

그러나 局에 변화가 많은 것이니 비록 假格이라도 운을 만나면 또한 眞격을 이룰 수 있는데 이러한 이치는 실제로 두루 통달할 수 있으며, 비록 극하는 神일지라도 합이 적합하면 또한 깊이 꺼리지 않는다. (化局의 眞과 假는 한결같지 않으나, 眞格이 假格으로 변하거나 가격이 진격으로 변하는 경우가 있으므로 마땅히 原柱 및 행하는 운에서 그것을 참작해야 하니, 과연 化하는 神이 기세가 유여하고 비록 행운이 원래 깊더라도 극설하는 神을 대략 보고 또한 原柱에서 꺼리는 것이라고 말해서는 안 될 것이다.)

至於取必辰字하여는 謂龍飛方是化神이라 하니 則凡遭遇寅支면 彼虎變寧無化意며 況五愛憎各行이 異且一庫有何情致리오 若此荒唐은 亟宜廢置니라 (舊謂逢龍則化, 龍 辰也. 甲己得戊辰, 戊屬土故化土, 乙庚得庚辰, 庚屬金, 故化金, 丙辛戊癸丁壬皆然, 非謂原柱見辰 始言化局也.)

化局에는 반드시 辰字를 취해야 한다고 함에 이르러서는 용이 날아야 비로소 화신이 된다고 말하니 그렇다면 무릇 寅支를 만나면 그 호랑이는 변하더라도 틀림없이 화신

의 뜻이 없으며 더구나 다섯 가지의 좋아하고 미워함이 각
각의 오행에 따라 이와 다른데 한 가지 辰庫에 무슨 감정
을 자아내는 운치가 있겠는가? 이와 같이 황당한 것은 빨
리 없애 버려야 한다. (구서에 용을 만나면 化한다고 했는데
용은 辰이니 甲己가 戊辰을 만나면 戊는 土에 속하므로 土로 화
하고, 乙庚이 庚辰을 만나면 庚은 金에 속하므로 金으로 화하며,
丙辛과 戊癸, 丁壬도 다 그러한 것이니 原柱에서 辰을 만나야
비로소 화국을 말한다고 하는 것은 아니다.)

17. 一行得氣賦(일행득기부)

五行合宜면 固爲吉利며 一行得氣이니 亦主光亨이면
木火日而或方局全逢이면 則爲曲直炎上之格이요 金水
日而或方或局完具면 乃有從革潤下之名이요 土日四庫
俱全이면 當以稼穡取用이니 支位三神有力도 亦以稼穡
推評이라 (詳見卷一看一行得氣法.)

오행의 합이 알맞으면 진실로 길하고 이익이 되며, 一行
이 氣를 얻으면 또한 빛나고 형통함을 주장하니 木火日이
方이나 局을 전부 만나면 곡직격이나 염상격이 되고 金

水日이 方이나 局을 완전히 갖추면 곧 종혁격이나 윤하 격이라는 이름을 갖게 되며, 土日이 四庫를 모두 갖추면 마땅히 가색으로 취용하는데 지지의 자리에 三神만 유력 해도 가색으로 미루어 평한다. (卷一의 간일행득기법을 자 세히 볼 것.)

皆占一方之秀氣하여　不同六格之尋常이니　所愛者得 時當令이요　所利者遇旺逢生이니　但體質亦覺過專이면 引通爲妙요　而精神必有요嚮이니　審察須精이라

　모두 一方의 秀氣를 차지하여 六格을 평범함과 같지 않 으니 좋아하는 것은 때를 만나 월령을 담당하는 것이고, 이롭게 여기는 것은 旺을 만나고 生을 만나는 것인데, 다 만 체질이 또한 지나치게 한결같다고 느끼면 이끌어 유통 시키는 것을 묘하게 여기며, 정신이 반드시 향하는 바가 있을 것이니 자세히 살펴서 반드시 정밀하게 해야 한다.

　水局見火커나　火局見金이면　斯乃財神資養이요　金局 生水요　水局生木은　是爲秀氣流行이니　大抵秉令成方하 면 (如甲木日主, 支全寅卯辰, 卽成方也, 生春後, 或穀雨前三日, 卽秉令也.)　則福祿並臻하여　而位登顯要하며　卽使失時

得局이라도 (如甲木日主支會亥卯未, 卽爲得局, 若生未月, 卽稍嫌失時矣.) 亦功名不誤하여 而身獲康寧하니 若原局微伏破神이면 須運有合沖之妙요 苟行運偶逢剋地면 貴柱有剋化之神이라

　水국이 火를 만나거나 火국이 金을 만나면 곧 財神이 이것에 의지하여 길러지고, 金국이 水를 생하고 水국이 木을 생하는 것은 수기가 유행하는 것이니 대체로 시령을 잡고 方을 이루면 (가령 甲木 일주가 지지에 寅卯辰을 전부 갖추면 곧 方을 이룬 것이며 입춘 후 곡우 전 3일 사이에 生하면 시령을 잡은 것이다.) 복과 녹이 함께 이르니 지위가 높이 올라가며, 가령 때를 놓쳐 局을 이루었더라도 (예컨대 甲木 일주가 지지에 亥卯未를 만나면 곧 국을 얻게 되는데, 만약 未월에 생하였다면 失時한 것을 조금 꺼리게 된다.) 또한 공명이 잘못되지 않아서 몸이 편안함을 얻는데, 만약 원국에 은미하게 破神이 숨어 있다면 반드시 운에 합이나 충의 묘함이 있어야 하며, 만일 행운에서 극하는 곳을 만나면 사주에 극을 引化하는 신이 있는 것을 귀하게 여긴다.

　總之컨대 干乃領格之神이니 陽氣爲强하고 而陰氣爲弱하며 支乃會格之具니 方力較重하고 而局力較輕하니라

총괄하여 논하자면 천간은 곧 격을 통솔하는 신이니 양기는 강하고 음기는 약하며, 지지는 곧 격을 모으는 도구이니 方의 힘은 비교적 중하고 局의 힘은 비교적 경하다.

18. 兩神成象賦(양신성상부)

道有時乎取奇하여 一行獨秀나 理更妙於用耦니 二氣雙淸이며 (四柱中只有二干二支, 而又僅占二行, 或水木 或木火, 或火土, 或土金, 或金水, 或木土, 或土水, 或水火, 或火金, 或金木, 純粹不雜, 故曰雙淸.) 或水或金이 占四柱之各거나 (各占二干二支之謂) 或木或火가 判兩類而相停하니 相生必欲平分하여 無取稍多稍寡요 相剋務須均敵이며 切忌偏重偏輕이라

道는 때로 기이함을 취함이 있어서 한 行이 홀로 빼어나기도 하지만, 이치는 짝을 쓰는 것을 더욱 묘하게 여기니 두 氣가 함께 청한 경우이며, (사주 중에 다만 두 干과 두 支만을 있으면서 또 겨우 두 행을 차지하니, 혹은 水木, 혹은 木火, 혹은 火土, 혹은 土金, 혹은 金水, 혹은 木土, 혹은 土水, 혹은 水火, 혹은 火金, 혹은 金木 등이 순수하여 혼잡되지 않았으

므로 쌍청이라 한다.) 혹은 水나 金이 사주의 각각 반씩을 차지하거나 (각각 두 干과 두 支를 차지하는 것을 말함.) 혹은 木이나 火가 두 부류로 나누어 서로 머물러 있기도 하니, 상생하는 경우에는 반드시 공평하게 나뉘어서 조금이라도 많거나 적은 것을 취하지 말아야 하며, 상극하는 경우에는 반드시 조화를 이루고 대동해야 하고 한쪽이 중하거나 경함을 심하게 꺼린다.

如用水金彼火土豈能夾雜이며　倘取水木이면　則土金不可交爭이니　格旣如斯而取면　運亦倣此而行이라 (如金水各占二干二支, 曰金水相生格, 運行金水最佳, 火土大忌, 如水木各占二干二支, 曰水木相生格, 運行水木最佳, 土金大忌.)

만약 水金을 쓴다면 저 火나 土가 어찌 섞일 수 있겠으며, 水木을 취한다면 土金과 서로 다투지 말아야 하니, 격이 이미 이와 같이 취해졌다면 운도 이와 같이 행해야 한다. (가령 金과 水운이 각각 두 干과 두 支를 金水相生격이라 하니 운이 이 金水로 행하는 것이 가장 아름답고 火土는 크게 꺼리며, 가령 水와 木이 각각 두 干과 두 支를 차지했다면 水木 상생격이라 하니 운이 水木으로 행하는 것이 가장 아름답고 土金은 크게 꺼린다.)

一路澄淸이면 必位高而祿厚요 中途混이면 恐職奪而
家이니 故此格最難全美라 而看法貴在至精이니 若生而
復生하면 乃是流通之妙요 倘剋而遇剋하면 亦爲和合之
情이라 或謂理僅兩神이라 하여 似嫌狹小나 不知格分
十種이니 儘費推評이니라

　운이 한 길로 맑게 행하면 반드시 지위가 높고 녹이 두
터우나 중도에 혼잡하고 어지러우면 직책을 빼앗기고 집
이 기울까 두려우므로 이 격은 온전히 아름답기가 가장 어
려운데, 보는 법은 지극히 정밀하게 보는데 귀함이 있으니
만약 생으로 이루어진 경우에 다시 또 생하면 그것은 유통
의 묘함이 되고 만약 극으로 이루어진 경우에 극을 만나면
또한 和合의 정이 되는 것이다. 혹자들은 말하기를 이치가
겨우 양신뿐이라 하여 협소함을 불만스러워하는 듯하나
이 격이 열 가지로 나누어짐을 알지 못한 것이니, 마음을
다 써서 추리하고 평론해야 한다.

19. 暗冲暗合賦(암충암합부)

正格出於柱中이라 精詳有準이나 用神在於柱外면 變化無窮하니 局無一點官星이면 須尋暗貴요 支有三神同類면 可動對宮하며 法或用冲엔 蓋取勢相激發이요 格或用合엔 則因理本和同이라

　정격은 柱중에서 나오므로 정밀하고 자세하여 법도가 있으나, 용신이 柱外에 있으면 변화가 무궁하니 원국에 한 점의 관성도 없으면 반드시 暗貴를 찾아야 하며, 지지에 같은 부류의 三神이 있으면 對宮(대궁)을 움직일 수 있으며, 법식이 혹 충을 쓰는 경우에는 세력이 서로 격동시켜 일으키는 것을 취하고 격식이 혹 합을 쓰는 경우에는 條理가 근본적으로 화합 동화됨을 근거로 하는 것이다.

如丙日遇午多면 冲癸官於子位요 辛日逢亥衆이면 冲丙貴於巳中이니 用丙午丁巳之日者는 喜生炎夏요 用辛亥癸之日者는 妙産嚴冬이라

　예컨대 丙일이 午를 많이 만나면 子 위치에서 癸官을 충하고, 辛일이 亥를 많이 만나면 巳중에서 丙貴를 충하는 것이니 丙午일 丁巳일을 쓰는 경우에는 뜨거운 여름에 출

생하는 것이 좋고, 辛亥일 癸일을 쓰는 경우에는 엄동에
출생하는 것이 좋다.

又如甲日辰多면 合酉內辛金氣協이요 戊日戌衆이면
合卯中乙貴情通이니 用甲辰之日者는 春時爲美요 用戊
之日者는 秋冬有功이니 更有庚日得申子辰이면 全逢潤
下니 對宮有寅午戌이면 可以相冲이라

또 가령 甲일에 辰이 많으면 酉중의 辛금과 합을 이루어
氣가 화합하게 되고, 戊일에 戌이 많으면 卯중의 乙貴와
합을 이루어 情이 통하게 되는 것이니, 甲辰일을 쓰는 경
우에는 春時가 좋고 戊戌일을 쓰는 경우에는 秋冬에 功이
있으며, 또 庚일이 申子辰을 만나면 완전히 윤하를 만나는
것이니 대궁에 寅午戌이 있으면 그것으로 상충할 수 있다.

總之컨대 所冲所合之神은 切忌柱中塡實이라 (如丙午
日, 原柱疊見午字, 並無一點正官, 籍此午字, 暗冲子中癸官, 此
卽暗冲官格也. 假使行運逢癸逢子, 塡實癸官, 必咎戾. 若原柱已
有癸字或子字, 雖午字重逢, 亦不得以暗冲格論.)

요컨대 沖하거나 合하는 바의 神은 주중에서 전실되는
것을 매우 꺼린다. (가령 丙午일인 경우에 原柱에 午字를 거듭

만나고 아울러 한 점의 정관도 없으면 이 午字에 의존하여 子中
癸官과 암충하는데 이것이 곧 암충관격이며, 가령 행운에서 癸
를 만나거나 子를 만나면 癸官을 전실하게 되니 반드시 재앙에
이른다. 만약 原柱에 이미 癸字나 子字가 있으면 비록 午字를
거듭 만나더라도 암충격으로 논할 수 없다.)

沖彼合彼之物도 亦防他曜相攻이라 (如丙午日, 午字重
逢, 而原柱有未字合午, 或己字傷癸, 亦不得以暗沖官格論.)

  상대방과 충이 되거나 합이 되는 神도 역시 다른 神이
서로 공격하는 것을 막아야 한다. (가령 丙午일이 午자를 거
듭 만나고 원주에 未字가 있어서 午와 합하는 경우에 혹 己字가
있어서 暗官 癸를 손상하면 또한 암충관격으로 논할 수 없다.)

沖格果眞이면 鳳閣鸞台赫奕이요 合格如確이면 玉堂
金馬[30] 雍容이라 (如甲辰日, 原柱疊見辰字並無一點官星, 籍
此辰字, 暗合酉中辛官, 此卽暗合正官格也. 使行運逢辛逢酉, 塡
實辛官, 仍以破格言凶, 若原已有辛字酉字, 雖辰字重逢, 亦不得
以暗合格論.)

  沖格이 정말로 참되면 궁중의 누각과 난대에 공이 빛나

---

30) 金馬玉堂이라고도 한다. 漢代(한대)의 金馬門과 玉堂殿에서 유래한 말로 한림원의 딴 이름이다.

고, 격에 부합됨이 확실하면 한림원에서 의젓한 모습을 지닌다. (가령 甲辰일이 원주에 辰字를 거듭 만나고 아울러 한 점의 관성도 없으면 이 辰字에 의존하여 酉중 辛官과 암합하게 되니 이것이 곧 암합정관격인데, 가령 행운에서 辛이나 酉를 만나면 辛官을 전실하므로 마침내 파격이라 말하고 흉한 것이며, 만약 原柱에 이미 辛자나 酉字가 있으면 비록 辰字를 거듭 만나더라도 암합격으로 논할 수 없다.)

蓋沖則眞沖이요 非午破卯破之迂廻剋出이며 而合則竟合이요 非子遙丑遙輾轉相逢이니 故置彼而取此가 實勢順而理從이니라

무릇 충은 진실로 충하는 것이지 午破나 卯破로 멀리 돌아서 剋出하는 것이 아니며, 합은 곧바로 합하는 것이지 子遙나 丑遙로 돌고 돌아 서로 만나는 것이 아니니, 그러므로 후자를 버리고 전자를 취하는 것이 실제로 형세를 따르고 이치를 따르는 것이다.

20. 女命賦(여명부)

命殊男女하니 理應陰陽이요 易著坤貞[31]하니 美莫美
於柔順이며 書稱家索[32]하니 忌莫忌乎剛强이라

命에서 男과 女를 달리하니 그 이치가 음양에 순응한 것
이며, 주역에 "坤은 유순하고 곧아야 한다"고 기록을 했는
데 아름다움은 유순한 것보다 더 아름다운 것이 없기 때문
이며, 서경에 "암탉이 새벽에 울면 집안이 쓸쓸해진다"고
말했는데 꺼리는 것은 굳세고 강한 것보다 더 꺼리는 것이
없기 때문이다.

首看夫星엔 全憑官殺하고 次推子息엔 兼取食傷하며
財以資夫에 宜輕宜旺有別하며 印雖扶主나 用偏用正詳
하며 或梟或刃或傷을 如逢必害요 爲沖爲刑爲合이 多
見不祥이라

먼저 夫星을 볼 때에는 완전히 관살에 의지하고 다음으
로 자식을 헤아릴 때에는 식상을 함께 취하며, 財로써 남
편을 도울 때에는 경함이 좋은 경우와 왕함이 좋은 경우의

---

31) 易坤卦 "坤은 元亨하고 利牝馬之貞이라." 곤은 크게 형통하고 암말처럼 유순하고 곧음이 이롭다.
32) 『書經』周書 "(牝鷄는 無晨이니) 빈계지신은 惟家之索이라." 암탉은 새벽에 울지 말아야 하니,
    암탉이 새벽에 울면 집안이 쓸쓸해진다.

구별이 있으며, 印이 비록 일주를 돕더라도 편인을 쓰거나 정인을 쓰는 것을 상세히 살펴야 하며, 효신이나 양인이나 상관을 만약 만나게 되면 반드시 해로우며, 충·형·합이 됨이 많이 보이면 상서롭지 않다.

若乃得氣正官이 遇財扶면 必贋鳳誥요 乘權獨殺에 有食制면 定拜龍章이요 傷官入格하고 而不見官이면 芝蘭競秀요 食神有氣하고 而無奪食이면 瓜瓞無疆이요 柱乏夫星에 財成象이면 而良人必貴요 (原柱雖無官殺, 而財星有氣, 故良人必貴.) 局無子曜에 夫乘旺이면 而後嗣必昌이라 (原柱雖無食傷, 而財官當旺, 日主有氣, 故後嗣必昌.)

만약 득기한 정관이 재의 도움을 만나면 반드시 鳳誥(봉고)[33]를 받으며, 권세를 탄 하나의 살에 식신의 억제가 있으면 반드시 황제의 글을 받으며, 상관이 격식에 부합하고 관을 만나지 않으면 선량한 자식들이 빼어남을 다투며, 식신이 기세가 있고 탈식 됨이 없으면 자손이 번창하여 끝이 없으며, 사주에 부성이 없을 때 財가 象을 이루면 남편이 반드시 귀하게 되며, (原柱에 비록 관살이 없더라도 有氣하므로 남편이 반드시 귀하게 되는 것이다.) 사주에 子星이 없을

---

33) 황제가 관직을 내리는 명.

때 夫星이 旺氣를 타면 자식이 반드시 번창한다. (原柱에 비록 식상이 없더라도 재관이 왕하고 일주가 有氣하므로 후사가 반드시 번창하는 것이다.)

官若太强하면 反取傷官爲用하고 (官强則身弱, 取傷制官, 使得其平, 夫反發旺.) 子如過旺하면 却宜梟印相當이라 (食傷太旺, 則日主傾厄, 得梟印以調劑之, 子竟番衍.)

官이 만약 너무 강하다면 도리어 상관을 취하여 用夫로 삼고, (官이 강하면 身이 약하므로 상관을 취하여 관을 억제하여 그 평형을 이루게 하면 夫가 도리어 왕성하게 일어난다.) 子星이 만약 지나치게 왕성하면 도리어 효인이 마땅하고 서로 적합하다. (식상이 태왕하면 일주가 위태로우니 효인을 만나서 그것을 조절하여 가지런히 하면 자식이 마침내 많이 번창할 것이다.)

比劫幫身이면 畢竟爭官分食이요 德貴扶主면 自然增福消殃이라 (德者天月二德, 貴者, 天乙貴人.)

비겁이 身을 도우면 마침내 관을 다투고 食을 나누게 되며, 덕귀가 일주를 도우면 자연히 복을 더하고 재앙은 소멸시키게 된다. (덕은 천월이덕이고 귀는 천을귀인이다.)

若運途之宜與不宜는 卽原局之喜與不喜며 夫榮子茂
는 皆因損益適中이니 剋重身輕이면 豈亦倡隨敵體리오
性情和戾는 但看四柱之神이며 志操端邪는 不外五行之
理어늘 況合婚而匹配도 佳偶反致無成은 造諸殺以推評
하여 貞婦恐遭輕詆하며 喜道人家曖昧하고 多受責於鬼
神이니 妄談女命邪淫하면 必貽殃於孫子니라

운도의 宜·不宜는 바로 원국의 喜·不喜와 같은 것이
며, 남편이 영화롭고 자식이 무성한 것은 다 손익이 알맞
기 때문이니, 극이 중하고 身이 경하다면 어찌 부부가 화
목하여 상하의 구별이 없겠는가? 성정이 화합과 어그러짐
은 다만 사주의 神을 볼 뿐이며, 지조의 단정하고 사악함
은 오행의 이치를 벗어나지 않는데, 더구나 혼인을 맺어
짝을 이룸에 있어서도 아름다운 짝이 도리어 이뤄짐이 없
기에 이르는 것은 여러 가지 殺을 만들어 추측하고 평론하
여 정숙한 부인이 경솔하게 헐뜯음을 당할까 두려워하게
하고, 도인의 家(오행의 이치)가 애매한 것을 좋아하고 귀
신에게 따져 묻는 것이 많기 때문이니, 여명의 간사하고
음란함을 함부로 말하면 반드시 자손에게 재앙이 미칠 것
이다.

陳按이 女命生剋之理가 與男命同은 若拘定男要剛하
고 女要柔之說하면 反不驗矣니라

陳이 살피건대, 女命의 생극에 이치가 男命과 같은 것이
니, 만약 반드시 남자는 강건해야 하고 여자는 반드시 유약
해야 한다는 설에 얽매이면 도리어 증명하지 못할 것이다.

命理約言　卷三

論(四十八篇)

1. 天干論(천간론)

甲丙戊庚壬五干은 爲陽이요 乙丁己辛癸五干은 爲陰
이니 以先天言之면 固一原同出하며 以後天言之라도
亦一體相包하여 陽之中에 未嘗無陰이요 陰之中에 未
嘗無陽이라 甲乙一木也요 丙丁一火也요 戊己一土也요
庚辛一金也요 壬癸一水也니 卽分別取用엔 不過陽剛陰
柔요 陽健陰順而已니라

　甲丙戊庚壬 다섯 개의 干은 양이고 乙丁己辛癸 다섯 개
의 干은 음인데, 그것을 선천으로 말하면 본래 하나의 근
원에서 똑같이 나왔으며, 후천으로 말해도 한 몸으로 서로
감싸고 있어서 양중에 음이 없는 적이 없고 음중에 양이
없는 적이 없으므로, 甲과 乙은 동일한 木이고 丙과 丁은
동일한 火이며 戊와 己는 동일한 土이고 庚과 辛은 동일한

金이며 壬과 癸는 동일한 水인데, 다만 분별하여 취용하자
면 양은 강하고 음은 부드러우며 양은 굳세고 음은 순할
뿐이다.

命家作爲歌賦하여 比喻失倫하여 甲爲松栢이요 乙爲
藤蘿며 丙爲太陽이요 丁爲燈燭이며 戊爲山丘요 己爲
田園이며 庚爲頑鐵이요 辛爲珠玉이며 壬爲江河요 癸
爲雨露라 하여 相沿旣久하여 以爲其理實然하며 用以
論命엔 則謂甲爲無根死木이요 乙爲有根活木이라 하여
遂至一木而分生死하니 豈陽木獨稟死氣요 而乙木獨稟
生氣乎리오

命家들이 歌와 賦를 만들어서 잘못된 조리를 비유하여
甲은 송백이라 하고 乙은 등라라 하며, 丙은 태양이라 하
고 丁은 등촉이라 하며, 戊는 山丘라 하고 己는 전원이라
하며, 庚은 완철이라 하고 辛은 주옥이라 하며, 壬은 강하
라 하고 癸는 우로라 하여 서로 따른 지가 이미 오래되어
그 이치가 실제로 그러한 것처럼 여기며, 그것을 써서 논
명할 때에는 甲은 無根의 死木이고 乙은 有根의 活木이라
하여 마침내 하나의 동일한 木을 生과 死로 나누기에 이르

니, 어찌 陽木은 오직 死氣를 받고 乙木은 유독 生氣를 받았겠는가?

又謂活木畏水泛하고 死木不畏水泛이라 하니 豈活卉遇水且飄하고 而枯槎遇水反定乎리오 論斷諸干如此之類라 不一而足이니 當盡闢之하고 只以陰陽取用하여 先看生剋하고 隨看制化하니 陰陽皆然이나 惟陽不甚受剋하고 陰不甚畏剋하며 陰易於他從하고 陽難於他從하니 此則少爲異耳니라

또 活木은 水의 범람을 두려워하고 死木은 水의 범람을 두려워하지 않는다고 하니, 어째서 살아 있는 초목은 물을 만나면 표류하고 마른 나무는 물을 만나면 도리어 안정되는가? 여러 干을 논단함이 이와 같은 부류로 한결같지 않을 뿐이니 마땅히 이러한 것들을 다 물리치고, 다만 음양으로 취용하여 먼저 生과 剋을 보고 이어서 制와 化를 보아야 하는데, 음양이 다 그러하나 오직 양은 극을 심하게 받지 않고 음은 극을 심하게 두려워하지 않으며, 음은 다른 것을 종하기가 쉽고 양은 다른 것을 종하기가 어려운 것이니 이러한 것은 조금 다름이 될 뿐이다.

2. 地支論(지지론)

地支有以子至巳爲陽하고 午至亥爲陰하니 蓋以冬至
陽生이요 夏至陰生論也며 有以寅至未爲陽하고 申至丑
爲陰하니 蓋以木火爲陽이요 金水爲陰論也라

지지는 子부터 巳까지를 양으로 간주하고 午부터 亥까
지를 음으로 간주하는 방법이 있는데, 이것은 동지에 양이
생기고 하지에 음이 생하는 것으로 논하기 때문이며, 寅부
터 未까지를 양으로 간주하고 申부터 丑까지를 음으로 간
주하는 방법이 있는데 이것은 木火를 양으로 간주하고 金
水를 음으로 간주해 논하기 때문이다.

命家則以子寅辰午申戌爲陽하고 丑卯巳未酉亥爲陰하
니 若夫子從癸와 午從丁는 是體陽而用陰也며 巳從丙
과 亥從壬은 是體陰而用陽也라

命家에서는 子寅辰午申戌을 양으로 간주하고 丑卯巳未
酉亥를 음으로 간주하는데, 子가 癸를 따르고 午가 丁을
따르는 것은 본체가 양이고 따르는 작용이 음이기 때문이
며 巳가 丙화를 따르고 亥가 壬을 따르는 것은 본체가 음
이고 작용이 양이기 때문이다.

分別取用도　亦惟剛柔健順之理하니　與天干無異로되
但生剋制化는　其理多端하니　蓋因一支所藏이　或二干이
니　或三干故耳라

　분별하여 취용하는 것도 또한 강유건순의 이치를 따르
니 천간과 다름이 없는데, 다만 생극제화는 그 이치가 다
단하니 그것은 하나의 지지에 소장된 것이 혹 두 개의 干
이나 세 개의 干이 있기 때문일 뿐이다.

然以本氣爲主니　如寅必先甲而後及丙戊하고　申必先
庚而後及壬하며　餘支皆然하니　至於陽支性動이라　吉凶
之發恆速하고　陰支性靜이라　禍福之應較緩하며　陽支氣
闢이라　光亨之義可觀이요　陰支氣翕이라　包含之理斯具
니　在局在運에　均以此意消息可也니라

　그러나 본기를 위주로 하니, 가령 寅은 반드시 甲을 우
선으로 한 뒤에 丙과 戊에 이르고 申은 반드시 庚을 우선
으로 한 뒤에 壬에 이르며, 나머지 지지도 모두 그러한데,
陽支에 있어서는 성질이 동적이므로 길흉의 발생이 항상
빠르고 陰支는 성질이 정적이므로 화복의 반응이 비교적
느리며 陽支는 기가 열려 있으므로 빛나고 형통한 뜻을 볼

수 있고 陰支는 기가 닫혀 있으므로 포함된 이치가 모두
갖추어졌으니, 局中에서나 운에서 똑같이 이러한 뜻으로
참작하여 버리고 취하는 것이 옳다.

3. 干合論(간합론)

十干甲與己合하고 丙與辛合하고 戊與癸合하고 庚與
乙合하고 壬與丁合하여 陰陽相配하니 五陽得五陰爲財
요 五陰得五陽爲官이니 財官皆吉神也나 所忌分合이니
如甲合己而又見一甲거나 己合甲而又見一己是也며 又
忌爭合하니 如甲合己而又見一己커나 己合甲而又見一
甲是也라

十干에서 甲은 己와 합하고 丙은 辛과 합하고 戊는 癸와
합하고 庚은 乙과 합하고 壬은 丁과 합하여 음과 양이 서
로 배합하는데, 5양간이 5음간을 만나는 경우는 財를 만나
는 것이고 5음간은 5양간을 만나는 경우는 官을 만나는
것이니, 재와 관은 모두 길신인데 꺼리는 것은 分合이니,
가령 甲이 己와 합하는데 다시 또 하나의 甲을 만나거나
己가 甲과 합하는데 다시 또 하나의 己를 만나는 것이 그

것이며, 또 爭合도 꺼리니 가령 甲이 己와 합하는데 다시
또 하나의 己를 만나거나 己가 甲과 합하는데 다시 또 하
나의 甲을 만나는 것이 그것이다.

若甲合己而見庚乙하면　庚自以殺論　乙自而劫論하고
己合甲而見庚乙하며　庚自以傷官論하면　乙自以殺論하
여　俱不以妒合論하니　餘干倣比라

만약 甲이 己와 합을 이루는데 庚이나 乙을 만나면 庚은
변함없이 殺로 논하고 乙은 변함없이 劫으로 논하며, 己가
甲과 합을 이루는데 庚이나 乙을 만나면 庚은 변함없이 傷
官으로 논하고 乙은 변함없이 殺로 논하여 모두 투합으로
논하지 않으니, 나머지도 이와 같다.

然日遇合神에　卽無分爭이라도　亦尋常未貴라　當合四
柱觀之니　若癸日畏己에　得甲合之면　則貪合而不爲癸禍
며　壬日愛己에　遭甲合之면　則貪合而不爲壬福이니　喜
忌之法은　宜倣此意而推라

그러나 日이 合神을 만났을 때 혹 분합이나 쟁합이 없어
도 귀하지 않은 것이 예사이므로 마땅히 사주와 합하여 그

것을 관찰해야 하니, 만약 癸일이 己를 두려워하는데 甲을 만나서 己와 합을 이루면 己가 합을 탐하므로 癸에게 화가 되지 않으며, 壬일이 己를 좋아하는데 甲을 만나서 己와 합을 이루면 己가 합을 탐하므로 壬에게 복이 되지 않을 것이니, 희기의 법은 마땅히 이러한 뜻에 의지하여 추론해 야 한다.

舊說有取露干合支中暗干者하니 則滿局無所不合이요 無所不分爭矣리니 此不可從이라 至於因合而化하여는 則爲化合하여 另有作用이어늘 若舊說以甲己爲中正之 合하고 乙庚爲仁義之合하니 何以此四干之合獨美며 丙 辛爲威制之合하고 丁壬爲淫慝之合하며 戊癸爲無情之 合하니 何以此六干之合獨惡이리오 誠如是면 則人命遇 甲己乙庚作合이면 宜皆中正仁義어늘 何以不少奸邪며 遇丙辛丁壬戊癸作合이면 宜皆威制·淫慝·無情어늘 何 以多有端正고 且辛丁爲丙壬正配어늘 何用威制며 豈同 宣淫이리오

구설에 천간에 드러난 干과 지지 중에 암장된 干과의 합 을 취하는 설이 있는데 그렇다면 온 국에 합하지 않음이

없고 분합과 쟁합하지 않음이 없을 것이니, 이것은 따를 수 없다. 합으로 인하여 化함에 이르러서는 化合이 되어 따로 작용이 있는 것인데, 구설에서 甲己의 합을 中正의 합으로 여기고 乙庚을 仁義의 합으로 여기니, 어째서 이 四干의 합만이 유독 아름다우며 丙辛을 위제지합으로 여기고 丁壬을 음특지합으로 여기며 戊癸를 무정지합으로 여기니, 어째서 6간의 합만이 유독 나쁜 것인가? 진실로 이와 같다면 人命에서 甲己나 乙庚이 합을 이룸을 만나면 마땅히 모두 중정과 인의의 도리를 지킬 것인데 어째서 간사한 사람이 적지 않으며, 丙辛이나 丁壬이나 戊癸가 합을 이룸을 만나면 마땅히 모두 위제, 음특, 무정할 것인데 어째서 단정한 사람이 많은가? 또 辛과 丁은 丙과 壬의 바른 짝이 되는데 위협과 제압을 무엇에 쓰겠으며 어째서 똑같이 음란하다 하겠는가?

凡稱陽者는 必兼老陽少陽하며 稱陰者는 必兼老陰少이어늘 戊何以稱爲老陽하고 癸何以獨爲少陰하여 而至於無情고 是必甲丙庚壬皆少陽이요 乙丁己辛皆老陰而後可苟或不然이면 則無情又豈獨戊癸耶리오 此皆妄說之當闢者也니라

무릇 陽을 일컬을 때에는 노양과 소양을 겸하며 陰을 일
컬을 때에는 반드시 노음과 소음을 겸하는 것인데, 戊는
어째서 노양이라 칭하고 癸는 어째서 유독 소음이라 하여
무정에 이르는가? 이것은 반드시 甲丙庚壬은 모두 소양이
고 乙丁己辛을 모두 노음이 된 뒤에야 가능한 것이니, 만
일 혹시라도 그렇지 않다면 무정이 또 어찌 유독 戊癸뿐이
겠는가? 이것은 다 망령된 논설이므로 마땅히 물리쳐야 할
것이다.

4. 干衝論(간충론)

天干甲庚相衝하고 乙辛相衝하며 壬丙相衝하고 癸丁
相衝하니 蓋東與西와 南與北相對也며 丙庚丁辛相見以
剋論이요 不以衝論이니 蓋南與西不相對也며 戊己無衝
하니 蓋居中無對也라

천간에서는 甲과 庚이 상충하고 乙과 辛이 상충하며 壬
과 丙이 상충하고 癸와 丁이 상충하니 이것을 동과 서, 남
과 북이 서로 마주 대하기 때문이며 丙과 庚, 丁과 辛은
서로 만나도 극으로 논하고 충으로 논하지 않으니, 그것은

남과 서가 서로 대립하지 않기 때문이며, 戊와 己는 충이 없으니 그것은 중앙에 머물러 상대가 없기 때문이다.

以恒理論之면　庚辛能衝甲乙이요　壬癸能衝丙丁이나 然甲乙得時勢면　亦能沖庚辛이며　丙丁得時得勢면　亦能 衝壬癸라　法當參看地支니　如甲坐寅庚坐申이면　是爲上 下俱沖하여　其戰更急하며　或甲坐申커나　庚坐寅이면 是爲交互相沖하여　其爭不休하며　倘甲庚俱坐申이면　則 甲沖倒矣며　卽不坐而柱中有寅申이라도　亦爲助衝하되 但較緩耳며　餘俱倣此라

　일반적인 이치로 이것을 논하면 庚辛은 甲乙을 충할 수 있고 壬癸는 丙丁을 충할 수 있으나, 甲乙이 때를 만나고 세력을 얻으면 또한 庚辛을 충할 수 있고 丙丁이 때를 만 나고 세력을 얻으면 역시 壬癸를 충할 수 있으므로, 방법 은 마땅히 지지를 참고하여 보아야 하니, 가령 甲이 寅에 앉고 庚이 申에 앉으면 이것은 상하가 함께 충하게 되어 그 다툼이 더욱 급하며, 혹 甲이 申에 앉고 庚이 寅에 앉 으면 이것은 서로 상대를 충하게 되어 그 다툼이 쉬지 않 으며, 혹 甲과 庚이 함께 申에 앉으면 甲은 충으로 넘어지

며, 비록 寅申에 앉지 않고 柱中에 寅申이 있더라도 역시 충을 돕게 되지만 다만 비교적 느슨할 뿐이며, 나머지도 모두 이와 같다.

凡所喜之神畏沖하고 所忌之神欲沖하며 又有和衝之法하니 如甲庚衝而得壬是也요 有制衝之法하니 如甲庚衝而得丙是也니 總之컨대 止是天神相衝은 易和易制나 更有地支黨助면 則和與制俱費舒配矣니라

무릇 좋아하는 神은 충을 두려워하고 꺼리는 神은 충을 원하며 또 충을 화해시키는 법이 있으니, 예컨대 甲과 庚이 충할 때 壬을 만나는 것이 그것이며, 충을 제지하는 법이 있으니 甲과 庚이 충할 때 丙을 만나는 것이 그것인데, 총괄하여 말하자면 다만 天神이 상충은 화해도 쉽고 제지도 쉬우나, 다시 지지에서 무리를 이루어 도움이 있으면 화해와 제지가 모두 쓸데없으니 폭넓게 견주어 보아야 한다.

5. 支三合論(지삼합론)

地支有三位相合成局著[34]하니 如亥卯未合成木局하고

寅午戌合成火局하고 巳酉丑合成金局하고 申子辰合成
水局하니 皆取生旺墓一氣始終也라

  지지에는 三位가 서로 합하여 국을 이루는 경우가 있으
니, 예컨대 亥卯未가 합하여 木局을 이루고, 寅午戌이 합
하여 火局을 이루고, 巳酉丑이 합하여 金局을 이루고, 申
子辰이 합하여 水局을 이루는데, 모두 生·旺·墓가 하나
의 氣로 始終을 이룸을 취하는 것이다

  柱中遇三支合局이면 吉凶之力較大며 亦有取二支者
로되 然以旺支爲主니 如木局或亥卯或卯未皆可取요 亥
未次之라

  주 중에서 세 개의 지지가 합국함을 만나면 길흉의 힘이
비교적 크며, 또 두 支를 취하는 경우도 있는데 旺支를 위
주로 하니, 가령 木局이면 亥卯나 卯未를 모두 취할 수 있
으며 亥未는 그 다음이다.

  凡合忌沖刑하되 而沖爲甚하니 如亥卯未局雜一巳酉
丑字於其中하여 而又與所沖之字緊貼이면 是爲破局이

니 惟沖字雜於其中而不緊貼건데 或沖字處於其外而緊
貼이면 則會局與損局兼論이라

무릇 합은 형과 충을 꺼리는데 충이 더욱 심하니, 가령
亥卯未 局에 하나의 巳·酉·丑字가 그중에 섞여 있으면
서 또 충이 되는 字와 바짝 붙어 있으면 이것은 파국이 되
는데, 다만 충하는 字가 그 가운데 섞여 있더라도 바짝 붙
어 있지 않거나 혹은 충하는 字가 그 밖에 있으면서 바짝
붙어 있으면 會局이나 損局을 겸하여 논한다.

若刑字雜於其中이면 卽緊貼亦未破局이요 但微傷耳
며 苟刑字在內不緊貼거나 或在外緊貼이면 竟同閒字置
之하고 勿論可也라

만약 刑하는 자가 그중에 섞여 있으면 비록 바짝 붙어
있더라도 국을 파하지 않고 다만 조금 손상할 뿐이며, 만
약 刑하는 자가 안에 있어도 바짝 붙어 있지 않거나 밖에
있더라도 바짝 붙어 있으면 마침내 한신이란 字와 똑같이
버려두고 논하지 않는 것이 옳다.

其二支會合者는 以相貼爲妙요 中間沖字間之면 卽破
요 閒字間之라도 亦遙隔無力이라 須天干領出可用이니

要之컨대 較三支會合하여 力量大遜니라

두 지지가 회합하는 경우에는 서로 붙어 있는 것을 묘하게 여기며, 중간에 충하는 字가 끼어 있으면 회합을 파괴하고 한신이 그 사이에 끼어도 멀리 막히게 되어 무력해지므로, 반드시 천간에 함께 노출되어야 쓸 수 있으니, 통괄하여 말하면 세 지지의 회합과 비교하여 역량이 크게 뒤떨어진다.

6. 支六合論(지육합론)

地支有六位合하니 六位者는 子與丑合과 寅與亥合이 是也며 其理蓋由日月合朔而來하니 十一月建子니 合朔 於丑하고 十二月建丑이니 合於子라 故子丑相合이요 正月建寅이니 合朔於亥하고 十月建亥니 合朔於寅이라 故寅亥相合이며 餘合亦然하니 皆須二字緊貼이라야 方取며 間以沖字卽破며 間以間字卽無力이라

지지에는 6위의 합이 있는데 6위는 子와 丑의 합, 寅과 亥의 합 등이 그것이며, 그 합이 되는 이치는 다 해와 달이 지구를 사이에 두고 서로 만나는 데서 유래하니, 11월은 子

를 월건으로 하는데 丑에서 합삭하고 12월은 丑을 월건으로 하고 子에서 합삭하므로 子와 丑이 서로 합을 이루며, 정월은 寅을 월건으로 하는데 亥에서 합삭하고 10월은 亥를 월건으로 하는데 寅에서 합삭하므로 寅과 亥가 서로 합하는 것이며, 나머지 합도 그러한데 모두 반드시 두 字가 붙어 있어야 비로소 취하게 되며, 중간에 충하는 자가 있으면 곧 합이 깨지며 중간에 한신이 끼어 있어도 무력해진다.

凡六合不若三合之能會局하여　當合而合이면　可以和戰爭하고　益福氣나　不當合而合이면　則爲羈絆爲淫佚하니　合太多면　尤不宜也니라

　무릇 육합은 삼합의 회국하는 것만 못하여 마땅히 합해야 할 때 합하면 전쟁을 화해시키고 福氣를 더할 수 있으나, 합하지 말아야 하는데 합하면 지나치게 구속되거나 정도를 넘치게 되니, 합이 너무 많으면 더욱 마땅치 않다.

7. 支方合論(지방합론)

十二支寅卯辰爲東方이요　巳午未爲南方이요　申酉戌

爲西方이요 亥子丑爲北方이니 凡三字全이면 爲之成方
하니 如寅卯辰이면 亦同木局取用이라 戊日寅月見三字
면 俱以煞論하고 遇卯月見三字면 俱以官論하며 己日
反是요 遇辰月視寅卯之勢孰重하여 以分官煞하니 其餘
倣此라

12支에서 寅卯辰은 동방이고 巳午未는 남방이며 申酉戌
은 서방이고 亥子丑은 북방인데, 무릇 3자가 다 갖추어지
면 그것을 方을 이룬다고 하니, 가령 寅卯辰이 다 갖추어
지면 역시 木局의 취용과 같으므로 戊일 寅월이 이 삼자를
만나면 모두 煞로 논하고, 戊日 卯월이 이 삼자를 만나면
모두 官으로 논하며, 己일은 이와 반대이고 辰월을 만났을
때에는 寅卯의 세력 중 어느 쪽이 중한가를 보아서 官과
煞을 분별하니, 나머지도 이와 같다.

所畏沖刑破害이니 俱與三合局相同이요 若止二字면
則竟不取라

꺼리는 것은 형·충·파·해인데 모두 삼합의 局과 서
로 같으나 만약 두 자뿐이면 마침내 취하지 않는다.

舊說謂方局不可相混이나 然用木方而見亥字면 是爲
生方之神이요 見未字是爲方剋之財니 有何不可리오 卽
用三合木局에 而見寅字면 是其同氣요 見辰字면 是其
財神이니 豈有所損累耶리오 至於較其作用하여는 則局
之用多하고 而方之用狹하니 勿於論方別生穿鑿니라

구설에 방국은 서로 혼잡해서는 안 된다고 했으나, 木方
을 쓰는데 亥자를 만나면 이것은 方을 生하는 신이고 未자
를 만나면 이것은 方이 극하는 財가 되는데 무슨 불가함이
있겠는가? 혹 삼합 木국을 쓸 때 寅자를 만나면 이것은 그
同氣가 되고 辰자를 만나면 이것은 그 財신이니 어찌 손상
하고 괴롭히는 바가 있겠는가? 그 작용을 비교함에 있어서
는 局의 작용은 많고 方의 작용은 협소하니 方을 논할 때
에 별도로 천착(쓸데없이 파고드는 것)하지 말아야 한다.

8. 支冲論(지충론)

十二支子午相衝이요 丑未相衝之類는 各支中所藏互
相剋冲이니 得令者衝衰則拔하고 失時者衝旺無傷하며
冲之者有力하면 則能去之하니 去凶神則利하고 去吉神

則不利하며 沖之者無力하면 則反激之하니 激凶神爲禍
하고 激吉神雖不爲禍라도 非能因觸動而獲福也라

12지에서 子와 午가 충하고 丑과 未가 서로 충하는 것
등은 각 지지 중에 소장된 것끼리 서로 극충하는 것인데,
시령을 얻은 것이 쇠한 것을 충하면 뽑히고 시령을 잃은
것이 왕한 것을 충하면 손상이 없으며, 충하는 것이 유력
하면 상대를 제거할 수 있는데 흉신을 제거하면 유리하고
길신을 제거하면 불리하며, 충하는 것이 무력하면 도리어
상대방을 격발시키는데 흉신을 격발시키면 재앙이 되고
길신을 격발시키면 비록 재앙은 되지 않더라도 부딪혀 발
동케 함으로 인하여 복을 얻지는 못한다.

舊說謂子酉申亥能沖午卯寅巳나 午卯寅巳는 不能沖
子酉申亥라 하니 然午中之己는 亦能剋子中之癸요 寅
中之丙도 亦能剋申中之庚이며 巳中之戊도 亦能剋亥中
之壬이라 但看乘權得勢니 卽午卯豈不能傷子酉며 寅巳
豈不能傷申亥乎리오

구설에 子酉申亥는 午卯寅巳를 충할 수 있으나 午卯寅
巳는 子酉申亥를 충할 수 없다고 했는데, 그러나 午중의

己는 또한 子중의 癸를 극할 수 있고 寅중의 丙 역시 申중의 庚을 극할 수 있으며 巳중의 戊도 亥중의 壬을 극할 수 있으므로, 다만 권세를 타고 세력을 얻은 것을 보아야 하니, 가령 午卯인들 어찌 子酉를 손상하지 못하며 寅巳인들 어찌 申亥를 손상하지 못하겠는가?

又謂二不沖一이라 하니 夫兩部相能이면 則多助者愈肆侵伐이니 譬之仇家相值에 豈必各一人이면 則操戈요 多一人反袖手乎리오 要之컨대 命運逢沖多凶少吉이니 或兩沖相遇에 而格中運中各有合神解之커나 或兩沖之內에 有喜有忌에 而格中運中能扶所喜요 而抑所忌면 亦不失爲吉耳라

또 둘이 하나를 충하지 않는다고 했는데, 무릇 양쪽이 서로 뛰어나지 않으면 도움이 많은 자가 더욱 방자해져서 침범하고 공격할 것이니, 비유하자면 원수와 서로 만났을 때 어찌 반드시 각각 한 사람씩이면 칼을 잡고 한 사람보다 많으면 도리어 팔짱을 끼고 있어야 하겠는가? 요컨대 命과 운에서 충을 만나면 흉은 많고 길이 적은 것인데, 혹 兩沖을 서로 만났을 때 格중이나 運중에 각각 합신이 있어서 그것을 해제하거나, 혹은 兩沖 안에 희신도 있고 기신

도 있을 때 격중이나 운중에서 기뻐하는 것을 돕고 싫어하
는 것을 억제할 수 있으면 또한 길함을 잃지 않는다.

舊取子午卯酉全見커나 寅申巳亥全見커나 辰戌丑未
全見하여 皆可言格하니 究竟本來直是四沖이라 終不穩
當이나 或天干調劑得宜면 亦有入貴格者며 若辰戌丑未
舊說槪云喜沖이나 然有宜有不宜하여 其理多端하니 詳
在看雜氣法中이며 觀在月令如此면 則在他支可知리라

구서에 子午卯酉를 모두 만나거나 寅申巳亥를 모두 만
나거나 辰戌丑未를 모두 만나는 것을 취하여 모두 격이라
고 말할 수 있다고 하였는데, 궁구해 보면 다만 이것은 四
沖이므로 마침내 온당하지 않으나, 혹 천간의 배합이 적절
하여 알맞음을 이루면 또한 귀격에 들어가는 경우도 있으
며, 辰戌丑未는 구설에 대체로 충을 좋아한다고 했으나 마
땅한 경우도 있고 마땅치 않은 경우도 있어서 그 이치가
복잡다단하므로, 상세한 것은 看雜氣法(간잡기법) 가운데
에서 볼 수 있으며, 월령에 있을 때 이와 같음을 본다면
他支에 있을 때를 알 수 있을 것이다.

9. 支刑論(지형론)

地支相刑은 以局加方取之니 亥卯未木局加亥子丑之方이라 故亥刑亥 卯刑子 未刑丑하며 申子辰水局으로 加寅卯辰之方이라 故申刑寅 子刑卯 辰刑辰하며 寅午戌火局으로 加巳午未之方이라 故寅刑巳 午刑午 戌刑未하며 巳酉丑金局으로 加申酉戌之方이라 故巳刑申 酉刑酉 丑刑戌이라

지지의 상형은 局으로 方에 가하여 그것을 취한 것이니 亥卯未 木局으로 亥子丑의 方에 가하므로 亥가 亥를 형하고 卯가 子를 未가 丑을 刑하며, 申子辰 水局으로 寅卯辰의 方에 가하므로 申이 寅을, 子가 卯를 辰이 辰을 형하며, 寅午戌으로 巳午未의 方에 가하므로 寅이 巳를 午가 午를 戌이 未를 형하며, 巳酉丑으로 申酉戌의 方에 가하므로 巳가 申을 酉가 酉를 丑이 戌을 刑한다.

內除未刑丑 申刑寅 係相沖外라 故以寅刑巳 巳刑申 및 及丑刑戌 戌刑未를 爲三刑하고 子卯爲相刑하고 辰午酉亥爲自刑이라

그중에 未丑형 申寅형 등 상충에 속한 것을 제외하므로, 寅巳형 巳申형 및 丑戌형 戌未형을 三刑으로 간주하고, 子卯를 相刑이라 하고 辰午酉亥를 自刑이라 한다.

嘗考究其理컨대 木局加水方커나 水局加木方이면 是爲相生이니 何以相刑이리오 舊說曰木落歸根이요 水流趨東也라 하나 夫歸根趨東은 是則理勢其順이니 更不當刑矣라

이에 그 이치를 연구해 보면 木局에 水方을 더하거나 水局에 木方을 더하면 그것은 곧 상생이 되는 것인데, 어째서 相刑이 되는가? 구설에 나뭇잎은 떨어져 뿌리로 돌아가고 물은 흘러서 동쪽을 향하기 때문이라고 했는데, 무릇 뿌리로 돌아가고 동쪽을 향하는 것은 자연의 이치에 순종하는 것이니, 더욱 형은 이치에 맞지 않는다.

火局加火方하고 金局加金方은 皆爲本氣니 何以相刑이리오 舊說曰金剛火强이요 自刑其方也라 하나 夫太剛過强이면 是必害己之物이요 乃絶部傷他氣也며 且辰午酉亥本支卽刑本支니 尤不近理라

火局으로 火方에 가하고 金局으로 金方에 가하는 것은 다 본기가 되는데, 어째서 相刑이 되는가? 구설에 金은 굳세고 火는 강하여 스스로가 갖은 무리를 형하는 것이라 하나, 무릇 너무 굳세거나 너무 강하면 그것은 반드시 자신을 해치는 물건이니 절대로 다른 氣를 손상하지 않으며, 또 辰午酉亥는 本支가 곧바로 本支를 형하는 것이니 더욱 이치에 가깝지 않다.

舊說曰子卯一刑也요 寅巳申二刑이요 丑戌未三刑也이라 故稱三刑이라 하나 是又遺自刑矣니 但自唐以來로 相傳如此며 凡命中遇寅巳申이나 或丑戌未三刑하여 吉則職掌刑名威柄하고 凶刑禍하며 子卯之刑多不吉하고 辰午酉亥自刑은 不甚計論이라

구설에 子卯는 一刑이고 寅巳申은 二刑이고 丑戌未는 三刑이므로 삼형이라 한다고 하나 이것은 또 自刑을 빼놓은 것인데, 다만 唐代 이래로 이와 같이 서로 전해지며, 대체로 命中에서 寅巳申이나 丑戌未 삼형을 만나서 길하면 형법의 권력을 잡고 흉하면 형벌의 화를 당하며, 子卯의 형은 불길함이 많고 辰午酉亥의 自刑은 심하게 헤아려 논하지 않았다.

又有刑去刑歸之說하나 夫刑與沖異하여 不過相戕而已니 安能刑去이며 旣相戕矣니 又安能使之來歸耶리오 卽丑刑未藉以開庫라도 亦有宜有不宜니 要之컨대 三合之法은 十二支周偏均平하여 而生旺墓之理又順이오 相刑之法은 或三或二或一하여 例旣偏駁雜亂하며 而又無確然之理하니 大約不足深信이라

또 刑하여 떠나가게 하고 刑하여 돌아오게 한다는 설이 있는데, 무릇 형은 충과 달라서 상대를 해치는 데 불과할 뿐인데 어떻게 형하여 제거할 수 있으며 이미 상대를 해쳤는데 다시 또 어떻게 그로 하여금 돌아오게 할 수 있겠는가? 비록 丑과 未가 형하면 그것에 의하여 庫를 열더라도 마땅함과 마땅치 않음이 있는 것이니, 요컨대 삼합의 법은 십이지가 치우치지 않고 균평하여 생왕묘의 이치가 다시 또 순조로우나, 相刑의 법은 혹 셋 또는 둘, 하나로 되어 있어서 법식이 이미 치우치고 뒤섞여 혼란하며, 또 확연한 이치도 없으니 대체로 깊이 믿을 것이 못 된다.

人命有遇刑而操威柄者는 四柱本吉耳며 有遇刑而獲凶禍者는 四柱本凶耳오 非必皆刑之故며 且不遇刑而獲

凶禍거나 操威柄者도 亦多矣라

人命에 형을 만나서 권력을 잡은 경우가 있는 것은 사주가 본래 길하기 때문일 뿐이며, 형을 만나서 흉화를 당함이 있는 것은 사주가 본래 흉하기 때문일 뿐이지, 반드시 모두 형하기 때문이 아니며 또 형을 만나지 않아도 흉화를 당하거나 권력을 잡는 경우가 또한 많다.

嘗見一老學訂正云하니 刑由合來刑이나 則子刑卯 卯刑午 午刑酉 酉刑子는 是爲旺神相刑也며 寅刑巳 巳刑申 申刑亥 亥刑寅은 是爲生神相刑이며 丑刑辰 辰刑未 未刑戌 戌刑丑은 是爲墓神相刑이라 命曰三刑하며 蓋生旺墓三者가 各立門戶而相爲妒害也라 하니 其論較有理나 然未敢遽定爲例며 若無禮之刑 恃勢之刑 無恩之刑은 一一曲爲詮解요 更屬支雜無當이니 宣[35]亙闢之니라

내 일찍이 어떤 노학이 정정하여 말하는 것을 보았는데 "刑은 合에서 유래하여 형하는 것이니, 子卯형 卯午형 午酉형 酉子형은 旺神끼리 서로 형하는 것이며, 寅巳형 巳申

---

35) 宣은 宜가 되어야 함.

형 申亥형 亥寅형은 生神끼리 서로 형하는 것이며, 丑辰형
辰未형 未戌형 戌丑형은 墓神끼리 서로 형하는 것이므로
이름을 三刑이라 하며, 대체로 생왕묘 세 가지가 각각 문
호를 세워 서로 투기하고 해친다"고 했는데 그 논리가 비
교적 이치가 있으나, 감히 갑자기 정하여 例로 삼지는 못
하며, 예컨대 무례지형·시세지형·무은지형 등은 모두 해
설이 잘못되고 또 갈라지고 뒤섞인 것을 모은 것이니, 이
러한 것들은 마땅히 빨리 물리쳐야 한다.

10. 支害論(지해론)

　地支六害는 由六合而來며 沖我合神이라 故謂之害니
子合丑而未沖之라 故未害子며 丑合子而午沖之라 故午
害丑이며 寅合亥而巳沖之라 故巳害寅이며 卯合戌而辰
沖之라 故辰害卯며 辰合酉而卯沖之라 故卯害辰이며
巳合申而寅沖之라 故寅害巳며 午合未而丑沖之라 故丑
害午며 未合午而子沖之라 故子害未며 申合巳而亥沖之
라 故亥害申이며 酉合辰而戌沖之라 故戌害酉며 戌合
卯而酉沖之라 故酉害戌이며 亥合寅而申沖之라 故申害

亥라

　지지의 육해는 육합에서 유래된 것이며, 나의 합신을 충하기 때문에 그것을 害라고 하는 것이니, 子가 丑과 합하는데 未가 丑을 충하므로 未는 子를 해하는 것이며, 丑이 子와 합하는데 午가 子를 충하므로 午가 丑을 해하는 것이며, 寅이 亥와 합하는데 巳가 亥를 충하므로 巳는 寅을 해하는 것이며, 卯가 戌과 합하는데 辰이 戌을 충하므로 辰은 卯를 해하는 것이며, 辰은 酉와 합하는데 卯가 酉를 충하므로 卯는 辰을 해하는 것이며, 巳가 申을 합하는데 寅이 申을 충하므로 寅은 巳를 해하는 것이며, 午가 未와 합하는데 丑이 未를 충하므로 丑은 午를 해는 것이며, 未가 午와 합하는데 子가 午를 충하므로 子는 未를 해하는 것이며, 申이 巳를 합하는데 亥가 巳를 충하므로 亥는 申을 해하는 것이며, 酉가 辰과 합하는데 戌이 辰을 충하므로 戌은 酉를 해하는 것이며, 戌이 卯와 합하는데 酉가 卯를 충하므로 酉는 戌을 해하는 것이며, 亥가 寅을 합하는데 申이 寅을 충하므로 申은 亥를 해하는 것이다.

　總而計之컨대 以六支害六支라 是爲六害며 且沖其合我者요 必合其沖我者라 其害多矣니 內惟寅巳相害兼相

刑하니 遇寅巳申從刑可也라

이것을 총괄하여 헤아려 보면 6支로 6支를 害하는 것이
므로 이것은 6害라 하며, 또 나와 합이 되는 것을 충하고
나를 충하는 것과 반드시 합이 되므로 그 해가 많은 것이
데, 그중에 寅巳의 相害는 相刑을 겸하니 寅巳申을 만나면
형을 따르는 것이 옳다.

大抵六合之力은 遜於三合이니 故六害之力도 亦遜於
三刑이나 人命中不宜多見이니 以吉害凶이면 未必能去
凶이며 以凶害吉이면 亦能損吉이라

대체로 육합의 힘은 삼합보다 뒤떨어지는 것이니, 그러
므로 육해의 힘도 삼형보다 뒤떨어지지만 人命중에서 많
이 만나는 것은 좋지 않으니, 길로써 흉을 해하더라도 반
드시 흉을 제거하지는 못하며 흉으로 길을 해하면 또한 길
을 손상할 수 있다.

舊書又有所謂破者하니 如卯破午 午破酉之類나 然不
十二支니 蓋以此法推之면 非刑卽合故也며 夫刑與害各
有所自來나 破之義無所起며 且刑害已紛紛矣하니 又加

以破면 不亦繁雜乎아 至破出某神之說하여는 尤爲穿鑿
이니 削之可也니라

　구서에 또 이른바 破라는 것이 있으니, 예컨대 卯는 午
를 파하고 午는 酉를 파하는 것과 같은 부류인데, 그러나
12支의 이치에 맞지 않으니 왜냐면 이 법으로 그것을 추
리하면 형이 아니면 합이 되기 때문이며, 무릇 刑과 害는
각각 유래된 바가 있으나 破의 뜻은 비롯된 바가 없으며,
또 刑과 害만으로도 이미 갈피를 잡을 수 없이 어수선한데
다시 또 破를 가하면 너무 번잡하지 않겠는가? 파가 모신
에서 나왔다는 설에 이르러서는 더욱 쓸데없이 파고든 것
이 되니 그것을 삭제하는 것이 옳다.

11. 五行旺相休囚論(오행왕상휴수론)

　五行旺相休囚는 按四序取之니 將來者進을 是爲相이
요 進而當令을 是爲旺이요 成功者退를 是爲休요 退而
無氣를 是爲囚니 木相於冬이요 旺於春이요 休於夏요
囚於秋며 火相於春이요 旺於夏요 休於秋요 囚於冬이
며 金相於夏요 旺於秋요 休於冬이요 囚於春이며 水相

於秋요 旺於冬이요 休於春이요 囚於夏며 土與火同이
나 但春夏隨母相旺이라 理猶可通이나 秋冬照例休囚니
何以處九月之戌 十二月之丑乎아 故論土只當以四季爲
旺이요 餘月但論生剋爲是라

오행의 왕상휴수는 사계절의 차례를 살펴서 취한 것으
로, 도움이 오는 경우에는 나아가니 이것을 相이라 하고,
나아가서 시령을 만나는 것을 旺이라 하며, 공을 이룬 경
우에는 물러가니 이것을 休라 하고, 물러가서 氣가 없는
것을 囚라 한다. 木은 겨울에는 相 봄에는 旺 여름에는 休
가을에는 囚라 하며, 火는 봄에는 相 여름에는 旺 가을에
는 休 겨울에는 囚에 해당하며, 金은 여름에는 相 가을에
는 旺 겨울에는 休 봄에는 囚에 해당하며, 水는 가을에는
相 겨울에는 旺 봄에는 休 여름에는 囚에 해당하며, 土는
火와 같은데 다만 춘하에는 母를 따라 相旺에 해당하므로
이치상 그래도 통할 수 있으나, 추동에는 例에 비추어 보
면 休囚에 해당하니, 9월의 戌과 12월의 丑은 어떻게 처리
할 것인가? 그러므로 土를 논할 때에는 다만 마땅히 사계
를 旺으로 간주하고 나머지 달은 다만 생과 극을 논하는
것이 옳다.

凡四柱干支는 須辨旺相休囚니 或日主니 或喜神은
欲旺相不欲休囚며 或凶煞이나 或忌神은 欲休囚不欲旺
相하나 然相妙於旺이니 旺則極盛之物로 其退反速이요
相則方長之氣로 其進無涯也며 休甚於囚하니 囚則旣極
之勢니 必將漸生이나 休則方退之神이니 未能遽復也라
凡所喜所忌는 宜以此意消息之니라

무릇 사주의 간지는 반드시 旺相休囚를 분별해야 하니
일주나 희신은 旺相을 원하고 휴수를 원하지 않으며, 흉살
이나 기신은 休囚를 원하고 旺相을 원하지 않으나, 相이
旺보다 묘한 것이니 旺은 극성한 물건으로 그 물러감이 도
리어 빠르고 相은 이제 막 자라나는 기로서 그 나아감이
끝이 없으며, 休는 囚보다 심하니 囚는 이미 극에 달한 셈
이니 반드시 장차 점점 생하지만 休는 이제 막 물러간 신
이니 갑자기 회복할 수 없기 때문이다. 무릇 기뻐하거나
꺼리는 바는 마땅히 이러한 뜻으로 참작하여 논해야 한다.

12. 十干生旺墓等位論(십간생왕묘등위론)

舊書十干從各支起長生하여 沐浴, 冠帶, 臨官, 帝旺,

衰, 病, 死, 墓 絶, 胎, 養, 十二位에 有陽生陰死요 陰
死陽生之異焉하니 夫五陽育於生方하고 盛於本方하며
斃於洩方하고 盡於剋方은 於理爲順이나 若五陰生於洩
方하고 死於生方은 於理未通하니 即曲爲之說이며 而
子午之地엔 終無産金産木之道며 寅亥之地엔 終無滅火
滅水之道라

　구서에 십간은 각 지지에 따라 장생에서 시작하여 목욕·
관대·임관·제왕·쇠·병·사·묘·절·태·양 등 12位에
는 陽이 生하면 陰이 死하고 陰이 死하면 陽이 生하는 다
른 점이 있다고 했는데, 생방에서 생육되고 본방에서 왕성
하며 洩방에서 넘어지고 극방에서 다 되는 것은 이치에 순
종함이 된다. 5음간이 설방에서 生하고 생방에서 死하는
것은 이치에 통하지 않으니 곧 옳지 않은 설이며, 子午의
자리에는 마침내 金이 나거나 木이 나는 도리가 없으며 寅
亥의 자리에는 끝내 火를 멸하고 水를 멸하는 도리가 없다.

　諸舊書命格도 丁遇寅[36]酉以財論하며 乙遇午, 己遇
酉, 辛遇子, 癸遇卯면 以食神論이요 俱不以生論하며

---

36) 寅은 衍文(쓸데없는 자)임.

乙遇亥, 丁遇寅, 癸遇申이면 以正印論하며 己遇寅藏
之丙이요 辛遇己藏之戊도 亦以正印論이요 俱不以死論
이라

여러 구서의 命格들도 丁이 酉를 만나면 재로 논하며,
乙이 午를 만나고 己가 酉를 만나고 辛이 子를 만나고 癸
가 卯를 만나면 식신으로 논하고 모두 生으로 논하지 않으
며, 乙이 亥를 만나고 丁이 寅을 만나고 癸가 申을 만나면
정인으로 논하며, 己가 寅에 소장된 丙을 만나고 辛이 己
에 소장된 戊를 만나도 역시 정인으로 논하고 모두 死로
논하지 않았다.

其論墓則木必於未요 火必於戌이요 金必於丑이요 水
土必於辰이며 從無以戌爲乙墓요 丑爲丁己墓요 辰爲辛
墓요 未爲癸墓者니 則陰陽同生同死爲是라

그리고 墓를 논할 때에는 木은 반드시 未에서 논하고 火
는 반드시 戌에서 하고 金은 반드시 丑에서 하고 水와 土는
반드시 辰에서 논하며, 가령 戌을 乙의 墓로 삼고 丑을 丁
己의 墓로 삼고 辰을 辛의 墓로 삼고 未를 癸의 墓로 삼는
경우는 없으니, 음양이 同生同死하는 것을 옳다고 여긴다.

考廣錄云하되 甲乙一木이라 而分陰陽이요 非可以死木活木歧而二之며 旣爲一木이면 同生同死故古人止有四長生이라 하니 此說可爲確據矣라

『광록』을 살펴보면 甲과 乙은 동일한 木이므로 음양으로 나눌 뿐이지 死木과 活木으로 갈라서 그것을 두 가지로 할 수 있는 것이 아니며, 이미 동일한 木이 되었다면 동생동사하게 되므로, 고인들은 다만 4장생이 있을 뿐이라고 했으니 확실한 증거가 될 수 있다.

至其中命名取義도 亦多未通이니 如長生之後에 繼以沐浴을 謂之敗地는 若嬰兒初生하여 沐浴氣弱이면 不能勝而敗也라 하니 夫沐浴細事라 旣不足列於生旺之屬이며 且世無因浴遂至敗壞者니 若以爲淫慾之煞이면 豈裸形而浴者가 皆宣淫乎리오 況自生起旺하여 一路發榮滋長하여 方生何以忽敗며 旣敗何以能復旺也리오

그중에 이름을 붙여 뜻을 취함에 이르러서도 통하지 않는 것이 많으니, 예컨대 장생 뒤에 목욕으로 이어지는 것을 패지라 한 것은 만약 어린아이가 처음 태어나 목욕을 하여 氣가 약해지면 견딜 수 없어서 패하기 때문이라 했는

데, 무릇 목욕이란 자질구레한 일이므로 이미 생왕의 무리
에 열거할 것이 못 되며, 또 세상에는 목욕으로 인하여 마
침내 깨뜨리고 무너짐에 이르는 경우도 없으니, 만약 이것
을 음욕의 煞로 여긴다면 어찌 몸을 벗고 목욕하는 자가
모두 음란함을 베푸는 것이겠는가? 더구나 生으로부터 旺
을 일으켜 한길로 번성하여 자라서 이제 한창 생하는데,
어째서 갑자기 패하겠으며 이미 패하였다면 어떻게 다시
旺할 수 있겠는가?

冠帶雖成立之義라도 亦爲不倫이요 臨官之官과 帝旺
之帝는 尤屬無謂니 當正其名曰 生·長·成·盛·旺·
衰·病·死·墓·絶·胎·養이라야 則名而理順矣라

　관대는 비록 성립되는 뜻일지라도 차례가 서지 않고, 임
관의 官과 제왕의 帝는 더욱 이유가 없으니, 마땅히 그 이
름을 바로잡아서 생·장·成·盛·왕·쇠·병·사·묘·
절·태·양이라고 해야만 이름이 마침내 이치에 거슬리지
않는다.

至於土之生旺墓하여는 有從寅起者하고 有從申起者
하나 夫土位乎中央하여 貫乎八方하고 旺乎四季하니

原不必與四行同例나 必不得己[37]인댄 則起寅近是라

土의 생왕묘에 이르러서는 寅으로부터 일어난다는 사람도 있고 申으로부터 일어난다는 사람도 있는데, 무릇 土는 중앙에 위치하여 8방에 관통하고 四季에서 왕하니 원래 반드시 4행과 예를 함께한다고 할 수는 없으나, 반드시 부득이 구분해야 한다면 寅에서 일어난다고 하는 것에 가깝다.

蓋申酉皆我生이라 旣洩我氣니 難言生長이요 亥子皆我剋이라 亦勞我力하니 難言盛旺이요 倘云水土一家之氣면 則我剋者尙爲一家어늘 生我之火와 我生之金은 安在非一家乎아

무릇 申과 酉는 모두 내(土)가 생하므로, 이미 나의 기를 누설하니 생장이라고 말하기 어려우며, 亥와 子는 모두 내가 극하므로 역시 나의 힘을 지치게 하니 盛旺이라고 말하기 어려우며, 만일 水土가 일가의 氣라고 말한다면(水土가 다 申에서 장생하므로) 내가 극하는 것이 오히려 일가가 되는데 나를 생하는 火나 내가 생하는 金은 어째서 일가가 아니겠는가?

---

37) 必不得己는 必不得己가 되어야 함.

若起寅이면 則母生俱生하고 母死俱死하니 其理差長
이나 然自生寅至旺午히 可以從母어늘 至未戌丑皆其本
氣라 又難分衰墓養矣니 則論土之法은 只當以巳午爲生
하고 寅卯爲剋하며 申酉爲泄하고 亥子爲財하며 四季
爲旺이 更自合理어늘 何必拘拘數十二位乎리오

만약 寅에서 일어난다면 母(火)가 생하는 곳에서 함께
생하고 母가 死하는 곳에서 함께 死하니 그 이치가 조금
나으나, 寅에서 생하는 것부터 午에서 왕하는 것까지 母를
따라야 할 것인데 未戌丑에 이르러서는 모두 그 본기이므
로 다시 또 쇠·묘·양을 구분하기 어려울 것이니, 그렇다
면 土를 논하는 법은 다만 마땅히 巳午를 생으로 간주하고
寅卯를 극으로 간주하며, 申酉를 洩로 간주하고 亥子를 財
로 간주하며, 四季를 旺으로 간주하는 것이 더욱 저절로
이치에 부합하는데, 어째서 꼭 구구하게 12位를 헤아려야
하겠는가?

或曰하되 臨官卽祿也요 帝旺卽刃也니 祿刃以陽順陰
逆取하면 則生死亦應以陽順陰逆取矣라 하나 是大不然
하여 衰病官旺者는 十干歷十二支에 盛衰之序也니 失

時退氣則爲衰病이요　當時得氣則爲官旺也라　祿刃者는
十干遇十二支에　取用之法也니　異類有生剋엔　則取財官
이요　同類無生剋엔　則取祿刃也라　昭然兩義니　何容藉
口乎리오

　혹자는 말하기를, 임관은 곧 祿이고 제왕은 곧 刃인데
녹인을 양순·음역으로 취하면 생사도 응당 양순·음역으
로 취해야 한다고 하나, 그것은 크게 그렇지 않아서 쇠·
병·관·왕은 십간이 십이지를 거치면서 성하고 쇠하는
순서이니, 시령을 잃고 퇴기하면 쇠·병이 되고 시령을 만
나고 득기하면 관·왕이 된다. 祿刃은 십간이 십이지를 만
날 때 취용하는 법인데 다른 부류에 생극이 있을 때에 재
관을 취하고 같은 부류끼리 생극이 없을 때에는 祿刃을 취
하므로, 두 가지 뜻이 분명한데 구실을 붙여 변명하는 말
을 어찌 용납하겠는가?

(千里按컨대　素庵先生論祿刃에　力言乙丁己辛癸之刃은　應在寅
申巳亥라　하며　其唯一理由는　爲「向來但知祿前一位爲刃하고　而
不知陽以前爲前이요　陰以後爲前이라　하니」固屬眞知灼見하며
發前人所未發이나　然攷陽以前爲前이요　陰以後爲前하면　卽是陽
順陰逆之意니　陰陽旣分順逆이면　則生死自亦各殊하여　乃此篇又

曰干支陰陽은 同生同死와 似乎自相矛盾矣며 至謂祿刃與臨官帝
旺이 截然兩義도 亦非通論이라)

(내가(위천리) 살펴보건대 소암 선생이 祿刃을 논할 때 乙丁己
辛癸의 刃은 마땅히 寅申巳亥에 있어야 한다고 힘주어 말하면
서 그 유일한 이유는 "이제까지 다만 녹전 일위가 刃이 되는 것
만 알고 양은 前을 前으로 삼고 음은 後를 前으로 삼음을 모르
기 때문"이라고 했는데, 진실로 참다운 지식과 명철한 견해에
속하며 전인이 미처 밝히지 못한 것을 밝혔으나, 양은 前을 前
으로 삼고 음은 後를 前으로 삼는다는 말을 살펴보면 곧 그것은
양은 순행하고 음은 역행한다는 뜻이니, 음양을 이미 순역으로
나누었다면 生死도 자연히 역시 각각 달라서 마침내 이편에서
다시 또 간지 음양은 同生同死한다고 말한 것과 서로 모순됨이
비슷할 것이며, 녹인과 임관·제왕이 분명이 두 가지 뜻이라고
말한 것도 역시 통론이 아니다.)

(竊以干支陰陽生死之說컨대 山陰沈孝瞻先生이 所論最爲精當
이라 特錄於後하니 藉資參考라.

(干支 음양생사의 설을 살펴보면 산음 심효첨 선생이 논한 것
이 가장 정밀하고 마땅하므로 특별히 뒤에 기록하니 참고에 도
움이 될 것이다.

其言曰[38]「干動而不息하고 支靜而有常하니 以每干流行于十二支之月하며 而生旺墓絶繫焉이라

말하기를「천간은 움직여서 쉬지 않고 지지는 고요하여 일정함이 있는데 干마다 12支의 달에 유행함으로 인하여 生·旺·墓·絶이 거기에 매이게 되는 것이다.

陽主聚하며 以進爲進이라 故主順이요 陰主散하여 以退爲進이라 故主逆이니 此長生沐浴等項에 所以有陽順陰逆之殊也라 四時之運에 成功者去요 待用者進이라 故每干流行于十二支之月에 而生旺墓絶이 又有一定하며 陽之所生은 卽陰之所死니 彼此互換이 自然之運也라

陽은 모임을 주장하여 전진하는 것을 움직임으로 삼기 때문에 순행을 위주로 하며, 陰은 흩어짐을 주장하여 후퇴를 움직임으로 삼기 때문에 역행을 위주로 하는 것이니, 이것이 長生·沐浴 등의 항목에 陽은 순행하고 陰은 역행하는 다른 점이 있는 이유이다. 四時의 운행에서 功을 이룬 것은 물러가고 쓰임을 기다리는 것이 앞으로 나오기 때문에 12支의 月을 유행할 때마다 生·旺·墓·絶이 다시 또 한결같이 정해짐이 있으며, 陽이 生하는 곳은 곧 陰이 死하는 곳이므로 피차가 번갈아 바뀌는 것이 자연의 운행이다.

---

38) 심효첨 저, 김정혜 서소옥 안명순 공역『자평진전』, 한국학술정보, 2011. pp.29~34 論陰陽生死(음양의 생사를 논함) 전체를 그대로 채록하였음.

卽以甲乙論하면 甲爲木之陽하여 天之生氣流行萬木者하니 是故로 生于亥而死于午하며 乙爲木之陰하여 木之枝枝葉葉으로 受天生氣者니 是故生于午而死于亥라 夫木當亥月이면 正枝葉剝落이나 而內之生氣는 己[39]收藏飽足하여 可以爲來春發洩之機하나니 此其所以生于亥也니라 木當午月이면 正枝葉繁盛之候니 而甲何以死리오 卻不知外雖繁盛이나 而內之生氣發洩己蓋하나니 此其所以死于午也라 乙木反是니 午月枝葉繁盛하니 卽爲之生이나 亥月枝葉剝落하니 卽爲之死라 以質而論하면 自與氣殊也라 以甲乙爲例하니 餘可知矣리라

이제 甲과 乙로써 논해 본다면 甲은 木의 陽이 되어 하늘의 생기가 온 나무에 유행하는 것이니 그러므로 亥에서 생하고 午에서 死하며, 乙은 木의 陰이 되어 木의 가지와 잎으로 하늘의 생기를 받는 것이니 그러므로 午에서 生하고 亥에서 死하는 것이다. 무릇 나무는 亥월을 만나면 마침내 가지와 잎이 벗겨지고 떨어지지만 안의 生氣가 이미 거두어 간직됨이 충만하여 돌아오는 봄에 발설할 기틀이 될 수 있으니 이것이 亥에서 生하는 까닭이다. 나무는 午月이 되면 마침내 가지와 잎이 번성하는 절후인데 甲이 무엇 때문에 死하는가? 오히려 밖으로는 비록 번성하지만 안의 生氣가 이미 다 밖으로 발설되고 있음을 알지 못하는 것이니 이것이 午에서 死하는 이유이다. 乙木은 이와 반대로 午월이 되면 가지와 잎이 번성하니 곧 그(乙)의 生이 되지만 亥

---

39) 己가 되어야 함.

월이 되면 가지와 잎이 벗겨지고 떨어지니 곧 乙木의 死가 되는 것이며, 質로써 논한다면 자연히 氣와는 다르다. 甲과 乙을 예로 삼았으니 나머지도 알 수 있을 것이다.

支有十二月이라 故每干自長生至胎養히 亦分十二位하니 氣之由盛而衰하고 衰而復盛이라 逐節細分하여 遂成十二니 而長生沐浴等名은 則假借形容之詞也라

地支에는 열두 달이 있으므로 각각의 干마다 長生부터 胎·養에 이르기까지 역시 열두 자리를 분담하는데, 氣는 왕성한 상태로부터 쇠약했지만, 쇠하였다가 다시 왕성해지므로 절목마다 세분하여 마침내 12가지를 이룬 것이니 長生·沐浴 등의 명칭은 임시로 빌려서 형용한 말일 뿐이다.

長生者는 猶人之初生也며 沐浴者는 猶人旣生之後而沐浴以去垢也요 如果核旣爲苗에 則前之靑殼을 洗而去之矣며 冠帶者는 形氣漸長이니 猶人之年長而冠帶也며 臨官者는 由長而壯이니 猶人之可以出仕也며 帝旺者는 壯盛之極이니 猶人之可以輔帝而大有爲也며 衰者는 盛極而衰니 物之初變也며 病者는 衰之甚也며 死者는 氣之盡而無餘也며 墓者는 造化收藏이니 猶人之埋于土者며 絶者는 前之氣已絶而後氣將續也며 胎者는 後之氣續而結聚成胎也며 養者는 如人養胎母腹也니 自是而復엔 長生循環無端矣니라

長生은 사람이 처음 태어나는 것과 같으며, 木浴은 사람이 태어난 뒤에 목욕하여 때를 제거하는 것과 같고, 과일 속의 씨가 싹이 난 뒤에는 전에 입고 있던 푸른 껍질을 벗어 버리는 것과 같으며, 冠帶는 형체와 기운이 점점 자라나는 것이니 사람이 나이가 많아져서 관을 쓰고 띠를 두르는 것과 같으며, 臨官은 자라남으로 인하여 장성한 것이니 사람이 벼슬길에 나갈 수 있는 것과 같으며, 帝王은 장성의 극치이니 사람이 임금을 보좌하여 큰일을 할 수 있는 것과 같으며, 衰는 盛함이 다하여 쇠약해지는 것이니 사물이 처음으로 변하는 것이며, 病은 쇠약해짐이 극심한 것이며, 死는 氣가 다하여 남음이 없는 것이며, 墓는 조화가 수장된 것이니 사람이 땅속에 묻힌 것과 같으며, 絶은 앞의 氣가 이미 끊어지고 뒤의 氣가 이어지려는 상태이며, 胎는 뒤의 기가 이어져서 한데 모여 태를 이루는 것이며, 養은 사람이 어머니 배 속에서 길러지는 것과 같으니, 이로부터 이후에는 장생으로부터 주기적으로 순환하여 끝이 없는 것이다.

人之日主가 不必生逢祿旺이니 卽月令休囚라도 年日時中에 得長生祿旺하면 便不爲弱이니 就使逢厚庫라도 亦爲有根이라 時說謂投庫而必沖者는 俗書之謬也니 但陽長生有力이요 而陰長生不甚有力이나 然亦不弱하면 若是逢庫면 則陽爲有根이나 而陰爲無用이라 蓋陽大陰小하니 陽得兼陰이나 陰不能兼陽이 自然之理也니라」)

사람의 日主가 반드시 生月에서 건록이나 제왕을 만나야 하는 것은 아니니 곧 월령이 休·囚되어도 年이나 日·時중에서 장생·건록·제왕을 만나면 곧 신약이 되지 않으니, 가령 庫를 만나도 또한 根이 있게 되는 것이다. 때로 말하기를 庫에 들었으면 반드시 沖해야 한다고 하는 것은 속서의 잘못이니 다만 陽의 장생은 힘이 있고 陰의 장생은 힘이 많이 있지는 않으나 또한 약하지 않으며, 만일 庫를 만난다면 陽干은 뿌리를 갖게 되지만 陰干에게는 쓸모없는 것이 된다. 무릇 陽은 크고 陰은 작으므로 陽은 陰을 겸할 수 있어도, 陰은 陽을 겸할 수 없는 것이 자연의 이치이다.」)

13. 十二支作用論(십이지작용론)

天干作用은 生則生하고 合則合하며 沖則沖하고 剋則剋하고 地支作用엔 則有種種不同者焉하니 如寅中甲木生火矣로되 而又有戊食洩火며 巳中戊土生金矣로되 而又有丙煞剋金하여 非若干之生則生也가 其不同者一也요 如寅亥合矣로되 而寅中之丙과 亥中之壬이 未嘗不沖이며 辰合酉矣로되 而辰中之乙과 酉中之辛이 未

嘗不沖하여 非若干之合則合也가 其不同者二也라

　天干의 작용은 生하는 경우에는 生하고 合하는 경우에는 合하며 沖하는 경우에는 沖하고 剋하는 경우에는 剋만 할 뿐이나, 地支의 작용에는 여러 가지 다른 점이 있으니, 예컨대 寅中의 甲木은 火를 生하지만 다시 또 寅中戊土 食神이 火를 누설함이 있으며 巳中의 戊土는 金을 生하지만 다시 또 巳中丙火煞이 金을 剋함이 있어서, 天干의 生할 때에는 生만 하는 것과 같지 않은 것이 그 다른 점의 하나이며, 예컨대 寅과 亥는 합이 되지만 寅中의 丙과 亥中의 壬이 沖하지 않는 적이 없으며 辰이 酉와 합이 되지만 辰中의 乙과 酉中의 辛이 沖하지 않는 적이 없어서 천간의 합만 할 때에는 합만 하는 것과 같지 않은 것이 그 다른 점의 두 번째이다.

　如寅申沖矣로되 而申中之壬은 興寅中之甲과 仍有情하며 己40)亥沖矣로되 而亥中之甲은 與巳中之丙과 仍有情하니 非若干之沖則沖也가 其不同者三也요 如申中庚金剋木矣로되 而又有壬印하며 亥中壬水剋火矣로되 而又有甲印하여 非若干之剋則剋也가 其不同者四也라

---

40) 己는 巳가 되어야 함.

또 예컨대 寅과 申은 沖이 되지만 申中의 壬은 寅中의 甲과 곧 유정하며 巳와 亥는 沖이 되지만 亥中의 甲은 巳中의 丙과 마침내 유정하니 天干의 沖할 때에는 沖만 하는 것과 같지 않은 것이 그 다른 점의 세 번째이며, 또 예컨대 申中의 庚金은 木을 剋하지만 다시 또 壬水印이 있으며 亥中의 壬水는 火를 극하지만 다시 또 甲木印이 있어서 天干의 剋은 剋만 하는 것과 같지 않은 것이 그 다른 점의 네 번째이다.

又有天干所無之刑與害焉하니 如寅刑巳矣로되 而巳中之丙火는 卽生於寅이며 巳刑申矣로되 而申中之庚金은 卽生於巳니 其不同者五也요 如丑害午矣로되 而午火何嘗不生丑土며 申害亥矣로되 而申金何嘗不生亥水리오 其不同者六也라

다시 또 地支에는 天干에 없는 刑과 害가 있으니 예컨대 寅이 巳를 刑하지만 巳中의 丙火는 곧 寅에 長生이 되며 巳가 申을 刑하지만 申中의 庚金은 곧 巳에 長生이 되니 그것이 다른 점의 다섯 번째이며, 또 예컨대 丑은 午를 害하지만 午火가 어찌 丑土를 生하지 않는 적이 있겠으며 申은 亥를 害하지만 申金이 어찌 亥水를 生하지 않은 것이

있겠는가. 이것이 그 다른 점의 여섯 번째이다.

不特此也라 如亥未水土也로되 而會卯則成木局하며
巳丑火土也로되 而會酉則成金局하니 其不同者七也요
如辰一土耳로되 論庫則爲帶水之土하고 論方則爲帶木
之土하며 戌一土耳로되 論庫則爲帶火之土하고 論方則
爲帶金之土하니 其不同者八也라

이뿐만 아니라 예컨대 亥와 未는 水와 土인데 卯를 만나
면 木局을 이루며 巳와 丑은 火와 土인데 酉를 만나면 金
局을 이루니 이것이 그 다른 점의 일곱 번째이며, 또 辰은
하나의 土일뿐인데도 庫를 논할 때에는 水를 대동한 土로
여기고 方을 논할 때에는 木을 대동한 土로 여기며 戌은
하나의 土일 뿐인데도 庫를 논할 때에는 火를 대동한 土로
간주하고 方을 논할 때에는 金을 대동한 土로 간주하니 이
것이 그 다른 점의 여덟 번째이다.

諸如此類를 不可枚擧며 且年月日時의 四支所藏之干
이 大約有十이로되 其自相和戰이 不知其幾也며 其與
四天干和戰이 又不知其幾也라 故看天干易나 看地支難

이니 是非深心確識이면 孰能盡其精微하고 得其要領乎리오

모든 이와 같은 부류들을 낱낱이 다 들 수 없으며 또 연월일시의 네 地支에 소장된 干이 대략 10개가 있는데 그자신들끼리 서로 화친하거나 다투는 것이 몇 개인지 모르며, 네 개의 天干과 화친하거나 다투는 것이 다시 또 몇개인지 알 수 없으므로 天干을 보기는 쉬우나 地支를 보기는 어려운 것이니 무릇 깊은 마음과 확실한 식견을 가진자기 아니면 누가 그 정미함을 다하고 그 요령을 체득할수 있겠는가.

14. 支干覆載論(지간복재론)

取用干支之法은 干以載之之支爲切하고 支以覆之之干爲切하니 如喜甲乙而載以寅卯亥子면 則生旺이요 載以申酉면 則剋敗矣며 忌丙丁而載以亥子면 則制伏이요 載以巳寅午卯면 則肆逞矣라

干支를 取用하는 法은 天干의 경우는 자신을 싣고 있는地支를 절실한 것으로 여기고 地支의 경우는 자신을 덮고

있는 天干을 절실하게 여기니, 甲乙을 좋아하는 경우에 寅
卯亥子로 싣고 있으며 生旺하고 申酉로 싣고 있으면 剋敗
하며 丙丁을 꺼리는 경우에 亥子로 싣고 있으면 制伏되고
巳寅午卯로 싣고 있으면 멋대로 기세를 부린다.

又如喜寅卯而覆以甲乙壬癸면　則生旺이요　覆以庚辛
이면　則剋敗矣며　忌巳午에　覆壬癸면　則制伏이요　覆以
丙丁甲乙이면　則肆逞矣라

또 가령 寅卯를 좋아하는 경우에 甲乙壬癸로 덮고 있으
면 生旺하고 庚辛으로 덮고 있으면 극패하며 巳午를 꺼리
는 경우에 壬癸로 덮으면 제복되고 丙丁甲乙로 덮으면 멋
대로 기세를 부린다.

不持此也라　干通根於支에　支逢生扶면　則干之根堅이
요　支逢沖剋이면　則干之根拔矣며　支受蔭於干에　干逢
生扶면　則支之蔭盛이요　干逢沖剋이면　則支之蔭衰矣라

이뿐만 아니라 天干이 地支에 통근하는 경우에 地支가
生扶를 만나면 天干의 뿌리가 견고하고 지지가 沖剋을 당
하면 천간의 뿌리가 뽑히며 地支가 天干에게 도움을 받는

경우에 천간이 生扶를 만나면 지지의 비호받음이 왕성하고 천간이 충극을 당하면 지지의 비호받음이 쇠약할 것이다.

凡命四柱干支에 有顯然吉神而失其吉이요 確乎凶神而不爲凶은 皆是故也니 可不詳察而審處之乎아

무릇 命의 四柱干支에 吉神이 분명한데도 그 吉함을 잃으며 凶神이 확실한데도 凶이 되지 않음이 있는 것은 이러한 까닭 때문이니 이것을 상세히 관찰하여 자세히 처리하지 않을 수 있겠는가?

15. 諸神煞論 一(제신살론 1)

舊書稱神煞一百二十位하여 一一細推起例나 毫無義理者가 十嘗七八이며 且一字每聚吉凶神煞十餘니 禍福何以取斷이리오 此皆術家逞臆妄造하여 每一書出에 則增數種하며 欲以何說或人하여 卽立何等名色하니 往往數煞只是一煞이로되 嘗稽歷日所載면 尙多相沿之弊하니 何況通書命書乎리오

구서에 神煞 120위를 일컬어 하나하나 자세히 추리하여

例를 들어 놓았으나 전혀 의리가 없는 것이 10에 7, 8이 되며, 또 한 字에 매번 吉凶神煞 10여 개씩을 모아 놓았으니 화와 복을 무슨 방법으로 취하여 판단하겠는가? 이것은 다 술가들이 멋대로 생각하고 함부로 만들어서 책 한 권이 나올 때마다 몇 가지씩 증가했으며, 어떠한 말로 사람을 미혹하게 하려고 곧바로 어떠한 명목을 세운 것인데 가끔 몇 가지 煞은 다만 한 가지 煞일 뿐인데 오랜 세월 동안 기재된 것을 헤아려 보면 오히려 서로 함께 이어 온 폐단이 많은데 하물며 통서나 명서에 있어서이겠는가?

今考定神煞如天德·月德·貴人, 月將, 空亡之類는 皆有義理요 其餘는 從太歲起者爲眞이나 不從太歲起者 爲妄이니 眞者는 精擇而存之요 妄者는 悉擧而削之라 或疑相沿旣久니 未必無驗이라 하나 不知人命吉凶이 皆由格局運氣니 安可以偶合神煞而信之리오

이제 신살을 살펴서 定해 본다면 천덕·월덕, 귀인, 월장, 공망과 같은 부류는 다 바른 이치가 있고 그 나머지는 태세로부터 일어나는 것은 참되나 태세로부터 일어나지 않는 것은 허망한 것이니, 참된 것은 정밀하게 가려서 그것을 보존하고 허망한 것은 다 가려내서 그것을 삭제해야

한다. 혹자는 계속 함께해 온 지 이미 오래됐으니 반드시
징험이 없지는 않을 것이라 의심하나, 人命의 吉凶이 모두
格局·運氣에 연유함을 알지 못한 것이니 어찌 우연히 신
살과 부합한다 하여 그것을 믿을 수 있겠는가?

即如桃花·流霞·紅豔等煞은 爲男女淫慾之徵이나 然
端人正土[41]와 烈婦貞女도 犯之者甚多며 況桃花煞亥
卯未在子요 寅午戌在卯요 巳酉丑在午요 申子辰在酉니
皆五行生印이며 流霞煞如乙遇申乃正官이요 丙遇寅乃
長生이요 辛遇酉乃祿神이니 何所見其淫褻乎아 且春花
無不妖冶어늘 何獨桃爲淫花리오 干支字面相見인들 有
何紅色艶態리오 神煞誕妄이 皆此類也니 但一一闢之면
太費辭說하니 達理之士는 自當曉然耳니라

가령 도화·유하·홍염 등의 살은 남녀음욕의 조짐으로
여기지만 단정한 인사와 열녀정부도 이것을 범한 경우가
매우 많으며 더구나 도화살은 亥卯未의 도화살은 子에 있
고 寅午戌은 卯에 있고 巳酉丑의 경우는 午에 있고 申子辰
은 酉에 있으니 모두 五行이 印을 生하는 것이며 유하살은

---

41) 土는 士가 되어야 함.

예컨대 乙이 申을 만나는 것은 곧 正官이고 丙이 寅을 만나는 것은 곧 長生이며 辛이 酉를 만나는 것은 곧 祿神이니 어느 곳에서 그 음란함을 보겠는가? 또 봄철의 꽃은 요염하고 아름답지 않은 것이 없는데 어째서 유독 복숭아만이 음란한 꽃이 되겠는가? 干支의 글자가 직접 서로 만난다 하여 무슨 홍색의 요염한 모습이 있겠는가? 신살의 거짓됨이 다 이러한 부류인데 다만 하나하나 그것을 물리치려면 사설(말)을 너무 허비해야 하니 이치에 통달한 사람은 스스로 마땅히 밝게 알아야 한다.

16. 諸神煞論 二(제신살론 2)

天德月德은 從每月起하고 天乙貴人은 從每日起하고 月將은 從每月太陽躔次起하고 空亡은 從每旬起하며 其餘皆從太歲起하니 如驛馬則亥卯未在巳之類니 皆太歲生動之氣也라

천덕과 월덕은 매월로부터 일어나고 천을귀인은 매일로부터 일어나고 월장은 매월 태양이 운행하는 궤도의 자리로부터 일어나고 공망은 매 旬으로부터 일어나며 그 나머

지는 모두 태세에서 비롯되는데 예컨대 역마는 亥卯未의 역마는 巳에 있는 것과 같은 부류이니 모두 태세의 生動하는 氣이다.

又亥卯未太歲는 以申爲刦煞하고 巳酉丑太歲는 以寅爲劫煞하고 寅午戌太歲는 以亥爲劫煞하고 申子辰太歲는 以巳爲劫煞이니 皆太歲剋戰之神也라

또 亥卯未태세는 申을 겁살로 삼고 巳酉丑태세는 寅을 겁살로 여기고 寅午戌태세는 亥를 겁살로 여기고 申子辰태세는 巳를 겁살로 삼으니, 다 태세와 剋戰하는 神이다.

然以方論이요 非以月日時論이나 但月日時値之에 亦可以斷吉凶이니 若歲前神煞은 命家則每歲十二支皆有之하고 歷家則每歲或某支有之하고 或某支無之하여 則參差不一하니 考其起例면 不過從太歲排列前去요 非與太歲有損益也며 是又無所取義矣라

그러나 方으로 논하고 月日時로 논하는 것이 아니나, 다만 月日時에서 그것을 만났을 때에는 또한 그것으로 吉凶을 판단할 수 있는데 세전신살은 命家에는 每歲 12支에

모두 그것이 있고 歷家(曆法연구가)에는 매 歲에 어떤 支에는 그것이 있고 어떤 支에는 없다 하여 가지런하지 않고 한결같지 않으니 그 비롯된 例를 고찰해 보면 태세로부터 배열하여 앞으로 나아가는 데 불과할 뿐이고 태세와 손익이 있는 것이 아니며 이것은 또 뜻을 取할 것도 없다.

至於馬前神煞은 又從驛馬之前排去하고 駕後神煞은 又從太歲之後排起하니 二項尤屬無謂요 此或某歲喜某字하고 惡某字하며 或某歲喜某時하고 惡某時하며 某月某日所喜所惡亦然하여 因立種種神煞이니 皆妄造也라 故悉置之며 若每月天喜는 卽每月三合之神이요 每年將星은 卽每年三合之主니 則論合足矣며 又太歲三合之墓를 謂之華蓋라 하여 或以爲文章거나 或以爲孤高는 亦不足憑也라

馬前신살에 이르러서는 또 역마의 앞에서부터 배치해 나가고 駕後신살은 또 태세의 뒤에서부터 배치가 비롯되니 이 두 항목은 더욱 意義가 없는 데 속하며, 이것은 어떤 歲에는 어떤 字를 좋아하고 어떤 字를 싫어하며 어떤 歲에는 어떤 時를 좋아하고 어떤 時를 싫어하며 어떤 月이

나 日도 좋아하는 바와 싫어하는 바가 역시 그러하여 이로 인하여 갖가지 신살을 세운 것이니 모두 허망하게 만든 것이므로 그것을 다 버려야 하며, 또 매월의 天喜는 곧 매월과 三合이 되는 神이고 매년의 將星은 매년과 三合이 되는 주인공이니 논리가 합당하다 할 수 없으며, 또 태세와 三合하는 墓를 화개라 하여 혹 그것을 文章으로 여기거나 그것을 孤高함으로 여기는 것은 또한 근거로 삼을 것이 못된다.

17. 太歲論(태세론)

舊稱太歲爲諸煞之首라 하니 夫太歲至尊이라 非煞也요 特諸煞皆從太歲干支而起耳라 凡流年太歲는 原柱干支를 以之扶抑하며 大運干支를 以之參贊하니 或干支俱爲柱運之福이요 或干支俱爲柱運之害며 或干爲福거나 支爲害며 或干爲害거나 支爲福이니 此須合看而深察之라

예전에는 太歲가 모든 살의 으뜸이 된다고 말했는데 무릇 태세는 지극히 존귀하므로 살이 아니며 다만 모든 살이

다 태세의 干支로부터 일어날 뿐이다. 대체로 유년의 태세
는 原柱의 干支를 그것으로 부조하거나 억제하며 대운의
干支를 그것으로 돕는데, 혹 干과 支가 함께 原柱와 運의
복이 되기도 하고 혹은 干支가 모두 原柱와 運에게 해가
되기도 하며 혹은 干은 복이 되나 支는 해가 되기도 하고
干은 해가 되나 支는 복이 되기도 하니 이것을 반드시 合
하여 보고 깊이 관찰해야 한다.

舊書往往獨取天干이나 嘗巧歷載每年太歲하니 甲子
年則曰太歷[42] 在甲子요 未嘗止言太歲在甲也며 及列年
神方位之圖도 子下有太歲字나 甲下無太歲字하니 奈何
詳干略支耶리오

　구서에 왕왕 오직 天干만을 取하였으나 이에 曆書를 살
펴보면 매년의 태세를 기재했는데 甲子년에는 태세가 甲
子에 있다고 말하고 다만 태세가 甲에 있다고 말한 적이
없으며 열년 神 방위도에 이르러서도 子 아래에는 태세라
는 글자가 있으나 甲 아래에는 태세라는 글자가 없는데 어
째서 干을 상세히 하고 支를 간략하게 하겠는가?

---

42) 歷은 歲가 되어야 함.

舊書又以日干尅歲爲犯이요 日干合歲爲晦라 하여 並
主凶咎하니 此一偏之見이며 流年賦中에 己[43]辨之矣
라 若征太歲之說은 尤爲不經하니 夫征者는 上伐下也
며 太歲命中之君이어늘 可言征耶리오 惟陽歲干尅陽日
干커나 陰歲干尅陰日干하며 而歲支又衝日支면 是爲天
尅地衝이니 間有不利耳니라

구서에 또 日干이 태세를 尅하는 것을 犯이라 하고 日干
이 태세와 합하는 것을 晦라 하여 모두 凶咎를 주장하는데
이것은 하나의 편견으로 유년 부중에 이미 이것을 분별하
였다. 또 정태세란 說은 더욱 도리에 맞지 않으니 무릇 征
이란 上이 下를 정벌하는 것이며 태세는 命中의 군주인데
정벌을 말할 수 있겠는가? 오직 양세간이 양일간을 극하거
나 음세간이 음일간을 극하며 세지가 다시 또 日支를 충하
면 이것은 天극 地충이라 하니 그 사이에 불리함이 있을
뿐이다.

---

43) 己는 已의 잘못인 듯함.

18. 月殺論(월살론)

舊書에 以流年每月所値神煞로 取斷吉凶하고 謂之月
將하니 夫諸煞可據者少며 在原柱値之도 尙不足憑이어
늘 況流年之各月乎아 或疑不用神煞이면 則每月吉凶은
將何取斷이나 不知每年各月干支도 亦能扶抑柱運이요
且各有時令이라 合之柱運이면 或此月相宜나 或此月不
宜며 亦可精細分別이면 奈何舍顯白之干支하고 而用渺
茫神煞乎리오 至於每日每時吉凶도 亦可依干支取斷이
나 但如此推求면 將失之太鑿矣리라

　구서에 유년에서 매월 만나는 신살로써 吉凶을 취단하
고 그것을 월장이라 했는데 무릇 여러 살은 근거로 삼을
만한 것이 적으며 原柱에서 그것을 만나도 오히려 근거로
삼을 것이 못 되는데 하물며 유년의 각 월에서 만나는 것
이랴? 혹자는 신살을 쓰지 않으면 매월의 길흉은 무엇으로
취단하느냐고 의심할 것이나 매년 각 월의 干支도 柱運을
부조나 억제할 수 있고 또 각각 時令이 있으므로 그것을
柱運과 합해 보면 혹 이 달에는 서로 적합하나 저 달에는
적합지 않음을 모르기 때문이며, 또 자세히 분별할 수 있
다면 어찌 명백하게 드러난 간지를 버리고 아득하고 막연

한 신살을 쓰겠는가? 매일 매시의 길흉에 이르러서도 干支에 의하여 취단할 수 있는데 다만 이와 같이 미루어 구하면 장차 지나치게 파고드는 데에서 잘못될 것이다.

19. 天月二德論(천월이덕론)

天德正月在丁이요 二月在坤이요 三月在壬이요 四月在辛이요 五月在乾이요 六月在甲이요 七月在癸요 八月在艮이요 九月在丙이요 十月在乙이요 十一月在巽이요 十二月在庚이며 月德은 亥卯未月在甲이요 寅午戌月在丙이요 巳酉丑月在庚이요 申子辰月在壬이라

天德은 정월은 丁에 있고 2월은 坤에 있고 3월은 壬에 있고 4월은 辛에 있고 5월은 乾에 있고 6월은 甲에 있고 7월은 癸에 있고 8월은 艮에 있고 9월은 丙에 있고 10월은 乙에 있고 11월은 巽에 있고 12월은 庚에 있으며, 월덕은 亥卯未월은 甲에 있고 寅午戌월은 丙에 있고 巳酉丑월은 庚에 있고 申子辰월은 壬에 있다.

人命値此二德하면 多多益善하니 吉者增吉하고 凶者

減凶하며 臨於財官印食하면 福力倍隆하며 卽臨於梟殺
劫傷이라도 暴橫益化하며 若二德自遭沖剋하면 則亦無
力이라

人命이 이 두 가지 덕을 만나면 많을수록 더욱 좋으니
吉한 경우에는 吉을 더하고 凶한 경우에는 凶을 감하며,
財官印食에 임하면 福力이 융성함을 倍加하며 가령 梟殺
劫傷에 임하더라도 횡포함이 더욱 변화되며 만약 두 가지
덕이 스스로 충극을 당하면 또한 무력해진다.

舊書天德在乾坤艮巽이라 하여 以寅申巳亥當之어늘
甚誤니 蓋德在天干이요 不在地支며 四孟四季月은 在
東西南北八干이나 四仲月在四隅하여 不可分屬何干이
라 故言乾坤艮巽이니 豈容雜以地支乎리오

구서에 天德이 乾坤艮巽에 있다 하여 寅申巳亥를 거기에
배당시켰는데 매우 잘못된 것이니 왜냐하면 德은 天干에
있고 地支에 있지 않으며 4맹과 4계월은 동서남북의 여덟
干에 있지만 4중월은 네 구석(귀퉁이)에 있어서 어느 干에
속하는지 구분할 수 없기 때문에 건곤간손이라고 말한 것
이지 어찌 地支를 섞어 쓰는 것을 용납한 것이겠는가?

或曰信如斯言이면　則四仲月獨無天德耶아　不知理難
强齊요　觀歷家所載天德於八干하면　皆有天德合이나　而
乾坤艮巽獨無天德合하니　是亦不能生造耳니　則四仲之
月은　不論天德可也며　卽如天乙貴人之於諸支도　有一臨
하며　有再臨하며　有不臨하니　何嘗畫一乎리오

혹 말하기를 진실로 이 말대로라면 4중월에만 유독 天德
이 없는가 하겠으나 이치가 어려워서 억지로 갖추어 놓은
것임을 모르기 때문이며 歷家들이 기재한 8干에 대한 天
德을 관찰하면 모두 천덕합이 있으나 건곤간손에만 유독
천덕합이 없는데 이것 역시 새로 만들어 낼 수 없었기 때
문일 뿐이니 그렇다면 4仲의 月은 天德을 논하지 않는 것
이 옳으며 가령 천을귀인의 여러 支에 대한 것도 한 번 임
하는 것도 있고 두 번 임하는 것도 있고 임하지 않는 것도
있으니 어찌 획일적으로 논하겠는가?

20. 貴人論(귀인론)

天乙貴人은　天神之尊貴者니　舍乎斗牛之間하고　出乎
井鬼之次하며　持衡布德하니　神煞莫不避藏이라

천을귀인은 天神의 존귀한 자인데 斗牛의 사이에 머물고 井鬼의 별자리에 나오며 人材를 심사하고 덕을 베푸니 신살들이 피하여 숨지 않음이 없다.

其治乎陰엔 夏至後則由斗牛之間而起하여 逆行各支하니 甲日臨丑이요 乙日臨子요 丙日臨亥요 丁日臨酉요 己日臨申이요 戊庚日臨未요 辛日臨午요 壬日臨巳요 癸日臨卯라

그 음을 다스릴 때에는 하지 후에 斗牛의 사이로부터 일어나서 각 支를 역행하니 甲일은 丑에 임하고 乙일은 子에 임하고 丙일은 亥에 임하고 丁일은 酉에 임하고 己일은 申에 임하고 戊庚일은 未에 임하고 辛일은 午에 임하고 壬일은 巳에 임하고 癸일은 卯에 임한다.

其治乎陽에 冬至後則由井鬼之次而起하여 順行各支하니 甲日臨未요 乙日臨申이요 丙日臨酉요 丁日臨亥요 己日臨子요 戊庚日臨丑이요 辛日臨寅이요 壬日臨卯요 癸日臨巳나 惟辰爲天羅하고 戌爲地網하여 不臨其方이라

그 양을 다스릴 때에는 동지 후에 井鬼의 별자리로부터 일어나서 각 支를 순행하니 甲일은 未에 임하고 乙일은 申에 임하고 丙일은 酉에 임하고 丁일은 亥에 임하고 己일은 子에 임하고 戊庚일은 丑에 임하고 辛일은 寅에 임하고 壬일은 卯에 임하고 癸일은 巳에 임하는데 오직 辰은 天羅가 되고 戌은 地網이 되어 그 方位에 임하지 않는다.

舊歌甲戊庚牛羊等句는 蓋言貴人治陰엔 則甲日在丑이요 戊庚日在未나 治陽則甲日在未요 戊庚日在丑이니 互文見意하여 理甚顯著하며 且言鄕言方은 可見止一貴人이라 遇某干之日이면 則臨某方耳니 說者誤以爲十干之貴人이며 又誤爲十干各有陰貴陽貴하여 將貴人有二十矣라

구가에 甲戊庚牛羊 등의 句는 대체로 귀인이 陰을 다스릴 때에는 甲일은 丑에 있고 戊庚일은 未에 있으나 陽을 다스릴 때에는 甲일은 未에 있고 戊庚일은 丑에 있음을 말한 것이니 호문으로 뜻을 나타내서 이치가 매우 밝게 드러나며, 또 향을 말하고 方을 말한 것은 하나의 귀인을 말하는데 그침을 볼 수 있으므로 모 干의 日을 만나면 모 方에 임할 뿐인데 말하는 자가 잘못 알고서 이것을 10干의 귀

인으로 여긴 것이며 또 10干에 각각 음귀와 양귀가 있어
서 장차 귀인이 20개가 있다고 잘못 여긴 것이다.

若陰陽有以寅申分者면　夫貴人旣日移一方矣니　豈於
一日之中에　又復朝暮易處乎리오　當以夏至從丑起요　冬
至從未起爲是라　凡人命生夏至後엔　甲日柱有丑字면　則
貴人正臨其方이니　能助吉解凶이나　柱有未字면　則貴人
未臨니　不足爲美라　餘倣此라

　만약 음과 양을 寅과 申으로 나누는 경우가 있다면 무릇
귀인은 이미 日이 一方으로 옮겨 갔을 것인데 어찌 一日중
에 다시 또 아침저녁으로 처소를 바꾸겠는가? 마땅히 하지
에는 丑으로부터 일어나고 동지에 未로부터 일어나는 것
을 옳은 것으로 여겨야 한다. 무릇 人命이 하지 후에 生한
경우에는 甲日生이 柱中에 丑字가 있으면 귀인이 바로 그
方에 임한 것이니 吉을 돕고 凶을 풀 수 있으나 柱中에 未
字가 있으면 귀인 未가 임한 것이니 아름다울 것이 못 된
다. 나머지도 이와 같다.

又有貴人頭頭上戴財官之說하니　此止有甲日遇辛未커
나　庚日遇丁丑이니　然亦須全觀四柱요　此一端未可決爲

貴格이며 且由頭戴而推之면 則某吉神上戴官戴財戴印
하여 將不勝其紛紜矣리라

　또 귀인의 머리마다 위에 財官을 받들고 있다는 말이 있
으니 이것은 다만 甲日이 辛未를 만나거나 庚日이 丁丑을
만나는 경우에만 있을 뿐인데 그러나 또한 반드시 사주를
전부 관찰해야지 이 한 가지 이유로 귀격이 된다고 결정해
서는 안 되며, 또 머리에 받들고 있음을 근거로 하여 이것
을 추리한다면 어떤 吉神은 머리 위에 官이나 財나 印을
받들고 있어서 장차 그 어지러움을 감당하지 못할 것이다.

　舊又有日貴格하니 止丁酉丁亥癸卯癸巳四日이니 此
亦助吉之一端이요 不可遽言格也며 至於貴人之緣起는
某干何以在某하여 其說甚多나 未見有直捷顯白者니 皆
不足深究耳며 至日生陽貴臨子요 夜生陰貴臨未는 臨子
爲陽이요 臨未爲陰이니 初非有二貴也니라

　구서에 또 日貴格이 있는데 다만 丁酉, 丁亥, 癸卯, 癸巳
4일 뿐이니 이것 역시 吉함을 돕는 한 가지 이유일 뿐이고
갑자기 格을 말해서는 안 되며, 귀인이 인연하여 일어나는
것에 대하여는 모 干은 어째서 어디에 있다는 등 그 말이

매우 많으나 아직 곧바로 분명하게 드러냄이 있음을 보지
못했으니 모두 깊이 연구할 것이 못 되며, 낮에 태어난 사
람은 양귀가 子에 임하고 밤에 태어난 사람은 음귀가 未에
임한다는 것에 이르러서는 子에 임하면 양이 되고 未에 임
하면 음이 되는 것이지 처음부터 두 가지 貴가 있는 것이
아니다.

21. 月將論(월장론)

月將者는 每月中氣後에 太陽躔次也니 太陽所臨은
吉增凶散하며 其用與天月二德同하니 如命生正月雨水
後로 二月春分前하여 地支得亥에 係吉神則益吉이요
係凶神則減凶이라 餘月倣此라

월장은 매월 중기 후에 태양이 운행하는 자리인데 태양
이 임하는 곳은 吉이 더하고 凶이 흩어지며 그 작용은 天
月二德과 같으니 가령 命이 정월 우수 후부터 2월 春分 전
에 生하여 地支에 亥를 만났을 때 吉神에 이어지면 吉을
더하고 凶神에 이어지면 凶을 감한다. 나머지 달도 이와
같다.

較太歲三合之將星하여 尤爲親切하니 即値空亡이라
亦不以空論하니 蓋太陽爲諸曜之主하여 管三旬之事하
니 不可得而空也니라

태세와 三合하는 장성과 비교하여 더욱더 친절하니 가
령 空亡을 만나더라도 空으로 논하지 않는데 그것은 태양
이 모든 빛나는 것의 주인이 되어 三旬의 일을 주관하니
空이 될 수 없기 때문이다.

22. 驛馬論(역마론)

亥卯未年馬在巳之類니 蓋從三合局하여 取其生動之
氣하여 假名驛馬니 如命中吉神爲馬면 大則超遷之喜요
小則順動之利며 凶神爲馬면 大則奔蹶之患이요 小則馳
逐之勞며 逢沖譬之加鞭이요 又合等於縶足이며 行運流
年亦然이나 然皆比擬如此요 非眞驛遞之驛과 車馬之馬
也라

亥卯未년은 역마가 巳에 있다는 것과 같은 부류이니 대
체로 三合局을 따라 그 生動하는 기를 취하여 역마라는 이

름을 빌려 쓴 것인데, 예컨대 命中의 吉神이 馬가 되면 크게는 관리가 등급을 뛰어넘어 승진하는 기쁨이 있고 작게는 순응하여 움직이는 이로움이 있으며 凶神이 馬가 되면 크게는 분주히 나아가다 넘어지는 근심이 있고 작게는 경쟁하여 쫓아가는 노고가 있으며, 沖을 만나면 채찍을 맞는 것에 비유되고 合을 만나면 발을 묶어 놓는 것과 같으며, 행운과 유년도 그와 같으나 모두 비교하기를 이와 같이 한 것이지 진실로 관리의 문서체송을 돕는 역마의 역이나 거마의 馬가 아니다.

舊書妄列款段等十二馬 및 及馬頭帶劍이요 馬驟天庭等名目은 穿鑿無理며 若日干坐馬多動은 往往有之나 他干坐馬는 不必瑣瑣推論이며 而舊書又有馬上貴人之類니 正如所謂祿前二位爲金輿라 君子居官得祿이면 須坐車以載之하여 同一可笑也라

구서에 멋대로 열거한 관단(걸음이 느린 말) 등 12馬 및 마두대검(말머리에 칼을 참), 마취천정(말이 천정에 모임) 등의 명목은 쓸데없이 파고든 것으로 이치가 없으며 또 日干이 馬에 앉으면 움직임이 많은 경우는 왕왕 있으나 다른 干이 馬에 앉은 것을 자질구레하게 추론할 필요가 없으며,

구서에 또 馬上귀인이란 것이 있는데 바로 이른바 祿前二位가 곧 금여이니 군자가 관직에 있으면서 녹을 얻으려면 반드시 수레에 앉아서 그것을 실어야 한다는 말과 같아서 똑같이 가소로운 일이다.

至於驛字之義하여는 不過往來云爾니 舊書分何者爲驛이요 何者爲馬하여 妄造有驛無馬커나 有馬無驛之說하니 充其義類면 必將又分幾等驛하여 何者爲可驛之官이며 何者爲牧馬之卒이며 何者爲豢馬之料矣리라

驛字의 뜻에 이르러서는 왕래하는 것에 불과할 뿐인데 구서에서 어떤 것은 역이 되고 어떤 것은 마가 된다고 구분하여 역은 있는데 마가 없다거나 마는 있는데 역이 없다는 說을 함부로 만들었으니 그 뜻의 부류를 채우려면 반드시 장차 다시 또 몇 개의 역으로 나누어서 어느 것은 역을 맡은 관리가 되고 어느 것은 말을 기르는 하인이 되며 어느 것은 말을 기르는 급료(祿)가 되어야 할 것이다.

又考舊書云하되 驛馬者는 先天三合數也니 先天亥四卯六未八이라 故自子順數至巳凡十八이니 而爲未局之驛馬요 先天寅七午九戌五라 故自子順數至申凡二十一

이니 而爲火局之驛馬요 先天巳四酉六丑八이라 故自午
順數至亥凡十八이니 而爲金局之驛馬요 先天申七子九
辰五라 故自午順數至寅凡二十一이니 而爲水局之驛馬
니 木火陽局也라 從子一陽而順轉하고 金水陰局也라 從
午一陰而順行이라 하니 此說亦可參攷라 故存之하노라

또 구서를 살펴보면 역마는 先天三合의 수이니 선천의
亥는 4, 卯는 6, 未는 8이므로 子로부터 順으로 세어서 巳
까지가 모두 18이니 木局의 역마가 되며 선천의 寅은 7,
午는 9, 戌은 5이므로 子로부터 순으로 세어서 申까지가
모두 21이니 火局의 역마가 되며 선천의 巳는 4, 酉는 6,
丑은 8이므로 午로부터 순으로 세어서 亥까지가 모두 18
이니 金局의 역마가 되며 선천의 甲은 7, 子는 9, 辰은 5이
므로 5로부터 순으로 세어서 寅까지 모두 21이니 水局의
역마가 되는데 木火는 陽局이므로 子로부터 一陽이 順으로
옮겨 가고 金水는 음국이므로 午로부터 一陰이 순행한다고
했으니 이 說은 또한 참고할 만하므로 이것을 보존한다.

23. 空亡論(공망론)

甲子旬中戌亥空之類니 蓋十干分統各支는 甲子至癸
酉而止하고 遺戌亥二支하여 不在統內라 故名空亡이니
皆以生日推之며 失時爲眞空이요 得時爲半空이라

甲子旬에서는 戌亥가 공하다는 것과 같은 부류이니 대체
로 10干이 각 지지를 나누어 거느리는 것은 甲子로부터 癸
酉에 이르러 멈추고 戌亥 두 지지를 남겨서 거느림의 안에
있지 않으므로 空亡이라 이름하는데 모두 生日로 그것을 헤
아리며 때를 잃으면 진공이 되고 때를 얻으면 반공이 된다.

如命中吉神眞空이면 則吉減十之七하고 半空則吉減
十之三하며 凶神眞空이면 則凶減十之七하고 半空則凶
減十之三하며 如有扶助면 則眞空同於半空이요 半空則
吉凶如故며 更逢沖剋하면 則半空同於眞空이요 眞空則
吉凶俱無矣라

만일 命中에 吉神이 진공이면 吉함이 10분의 7이 減하
고 반공이면 吉함이 10분의 3이 減하며 凶神이 진공이면
흉함이 10분의 7이 減하고 반공이면 흉함이 10분의 3이

減하며 만일 부조함이 있으면 진공은 반공과 같아지고 반
공은 吉凶이 예전과 같으며 또 충극을 만나면 반공은 진공
과 같아지고 진공은 吉凶이 모두 없어진다.

舊書謂木空則折이요 土空則崩이요 水空則涸이니 以
空爲忌며 火空則發이요 金空則鳴이니 以空爲佳라 하
니 夫空猶無也니 有火斯發이요 無火何發乎며 有金斯
鳴乎이요 無金何鳴乎리오 五行勿分可也라

　구서에 木이 공하면 꺾어지고 土가 공하면 무너지며 水
가 공하면 마르니 空을 꺼리는 것으로 여기며, 火가 공하
면 피어나고 金이 공하면 울리니 공을 아름다운 것으로 여
긴다고 했는데, 무릇 空은 無와 같으니 火가 있어야만 피
어나지 火가 없으면 어떻게 피어나겠으며 金이 있어야만
울리지 金이 없으면 어떻게 울리겠는가? 오행으로 구분하
지 않는 것이 옳다.

又謂陽日空陽하고 陰日空陰이라 하니 如甲子日陽干
則空戌이요 乙丑日陰干則空亥니 此亦近理나 然甲子日
見亥요 乙丑日見戌도 亦難謂全不空이며 至運逢原空之

神이면 是爲塡實이라 不爲愈空이며 苟原無而運遇之도 亦以空論이나 然不如局遇之緊이라

또 말하기를 양일은 양을 공망하고 음일은 음을 공망한다고 했는데 가령 甲子日은 양干이므로 戌을 空亡하며 乙丑日은 음干이므로 亥를 공망하는 것이니, 이것은 또한 이치에 가까우나 甲子日이 亥를 만나고 乙丑日이 戌을 만나는 것도 또한 완전히 공망이 아니라고 말하기 어려우며 운에서 原局의 空이 되는 神을 만나게 되면 이것은 전실이 되어 뛰어난 空이 되지 않으며 만일 원국에 없는데 운에서 그것을 만나도 역시 공으로 논하나 局에서 만날 때의 긴박함만은 못하다.

舊又謂年月日時四干在空支之上이면 是爲坐空이나 然較之支之自空이면 則更有間矣며 又謂遇沖則實이나 然空則無氣니 沖之恐益破散이어늘 豈反實乎아 至於旬空之外에도 別立數種空亡하여 雖亦有說이나 然以之推命이면 往往滿局皆空하여 徒亂人意니 姑置之니라

구서에 또 말하기를 연월일시 네 干이 空의 지지 위에 있으면 이것을 공에 앉았다고 하나 地支 스스로 空한 것과

비교하면 더욱 차이가 있다고 했으며, 또 말하기를 沖을
만나면 充實해진다고 했으나 空은 氣가 없으니 그것을 沖
하면 더욱 파괴되고 부서질까 두려운데 어떻게 도리어 충
실해지겠는가? 旬의 공망 이외에도 따로 수 종의 공망을
만들어 비록 또한 여러 設이 있으나 그것으로 추명한다면
왕왕 온 局이 모두 공망이 되어 다만 사람의 뜻을 어지럽
게 할 뿐이니 우선 그러한 것을 버려두겠다.

24. 劫煞論(겁살론)

舊書命家神煞에 以劫煞亡神爲緊하니 亥卯未太歲以
申爲劫殺하고 寅爲亡神하며 巳酉丑太歲以寅爲劫殺하
고 申爲亡神하며 寅午戌太歲以亥爲劫殺하고 巳爲亡神
하며 申子辰太歲以巳爲劫殺하고 亥爲亡神하니 其說曰
自外奪之之謂劫이요 自內失之之謂亡이라

　구서의 命家들은 神煞에 대하여 겁살과 망신을 긴요하
게 여겼으니, 亥卯未가 태세인 경우에는 申을 겁살로 삼고
寅을 망신으로 삼으며 巳酉丑이 태세인 경우에는 寅을 겁
살로 삼고 申을 망신으로 삼으며 寅午戌이 태세인 경우에

는 亥를 겁살로 삼고 巳를 망신으로 삼으며 申子辰이 태세인 경우에는 巳를 겁살로 삼고 亥를 망신으로 삼는데 그 해설에서 말하기를 밖에서 그것을 빼앗아 가는 것을 劫이라 하고 안에서 그것을 잃는 것을 亡이라 한다고 했다.

夫劫乃太歲三合之忌神이라 謂自外奪之라 하니 理之所有나 亡卽太歲之祿神이니 何因自內而失乎리오 故止存劫殺一種이며 用法與劫刃相同하여 吉神乘之면 亦爲威權하고 凶神乘之면 卽爲剋伐이나 然視殺刃則緩矣라

무릇 劫은 곧 태세삼합의 忌神이므로 밖에서 그것을 빼앗아 간다고 했으니 이치가 있는 바이나 亡은 태세의 祿神인데 무엇 때문에 안에서 잃겠는가? 그러므로 다만 겁살 한 가지만 존재할 뿐이며 용법은 劫刃과 서로 같아서 吉神이 그것을 타면 또한 위권이 있고 凶神이 그것을 타면 剋伐이 되지만 殺이나 刃에 비교하면 느슨하다.

若舊書亡劫名目이 各有十六種이니 如劫殺聚寶나 劫殺富藏等種種은 可發一笑니 不待辨而知其妄也니라

또 구서에는 亡신과 劫살의 名目이 각각 16종이 있는데 예컨대 겁살취보, 겁살부장과 같은 여러 가지는 一笑를 드

러낼 만하니 분별하기를 기다리지 않고도 그 허망함을 알
수 있다.

25. 納音論(납음론)

自唐以來로 術家多用生年論命하니 其法以年干支之
納音爲主하고 而輔以月日時之納音하여 考其生剋大端
하고 次取各干支之五行하여 以爲扶抑어늘 其遺書不多
나 往往言之成理요 持之有故라

　唐나라로부터 이래로 술가들이 대부분 生年을 써서 命
을 논하였으니, 그 法은 年干支의 납음을 위주로 하고 月日
時의 납음을 보조로 하여 그 생극의 큰 줄거리를 살피고 다
음에 각 간지의 오행을 취하여 부조와 억제로 삼았는데 그
전해지는 책이 많지 않으나 왕왕 그것을 말하면 이치를 이
루었으므로 그것을 보존하게 된 것도 까닭이 있는 것이다.

至後五代에 徐子平始專以日干論命하니 自宋迄今히
術家皆祖述之하여 著書立言甚衆하고 間有參用納音者
나 仍以日干爲主하니 其法不甚詳이요 亦不甚驗이라

후5대에 이르러 서자평이 처음으로 오로지 日干으로 命을 논하였는데, 宋나라 때부터 지금까지 술가들이 모두 그것을 이어받아 서술하여 책을 쓰고 의견을 발표한 것이 매우 많으며 그 사이에는 납음을 섞어 쓴 경우도 있으나 그대로 日干을 위주로 하고 있는데 그 法이 썩 상세하지도 않으며 또 많이 징험하지도 않는다.

蓋法遠而書少면 則精微不傳이요 法近而書多면 則義理日著也니 嘗考二法이면 雖理有可通이나 但吉凶頗多矛盾하여 旣無古人成法하여 可據以折衷이요 欲以意爲之도 又無所本이니 不若置納音而專講子平氏之術이 較爲直捷簡當이라

대체로 법이 오래되어 아득하고 책이 적으면 정미함이 전해지지 않으며, 법이 가깝고 알기 쉬우며 책이 많으면 의리가 날로 드러나는 것이니, 이에 두 가지 법을 살펴보면 비록 이치에는 통할 만함이 있으나 다만 吉凶에는 모순이 꽤 많아서 이미 근거로 하여 절충할 만한 古人의 成法이 없고 자기의 뜻으로 그것을 해설하려고 해도 또한 근본으로 할 것이 없으니 납음을 버려두고 오로지 子平씨의 術법을 익히는 것이 비교적 곧바로 지름길을 향하여 간략하

고 마땅함이 되는 것만 못하다.

若舊書論納音은　多有可怪者하니　因甲子乙丑海中金
이요　丙寅丁卯爐中火하여　謬誕相沿하여　遂取海中金爐
中火等三十名色하여　借江山草木鳥獸器皿하여　一一穿
鑿生造하고　又牽地支所屬龍虎之類하여　妄立諸名하니
如龍奔天河커나　劍化靑龍 등 種種不經은 可爲深惡이라

또 구서에서 납음을 논한 것은 괴이하게 여길 만한 것이
많이 있으니 甲子乙丑 해중금, 丙寅丁卯 노중화 등을 근거
로 하여 거짓되고 허탄한 것이 계속 이어져서 마침내 해중
금, 노중화 등 30개의 명색을 취하여 강산, 초목, 조수, 그
릇 등을 빌려서 하나하나 천착하여 만들고, 또 지지 소속의
용호 등의 부류를 끌어다가 함부로 여러 가지 명칭을 세웠
으니, 예컨대 용이 天河를 달린다거나 검이 靑龍으로 化하
는 등의 가지가지 불합리한 것은 깊은 잘못이 될 만하다.

總之컨대　論命勿雜納音이라야　自無此弊며　若有該博
之士가　廣求古人納音諸法하여　硏求纂輯하여　自成一書
면　亦於命理有補耳니라

총괄하자면 논명에 납음을 섞어 쓰지 말아야 자연히 이러한 폐단이 없을 것이며, 만약 어떤 해박한 人士가 고인의 납음의 여러 가지 법을 널리 구하여 연구하고 찬집하여 스스로 하나의 책을 만든다면 또한 命理에 보탬이 있을 것이다.

26. 八法論(팔법론)

舊書有神하니 八法은 曰類象과 曰屬象과 曰化象과 曰從象과 曰照象과 曰鬼象과 曰伏象과 曰返象이니 所謂類象者는 卽一方曲直等格也며 屬象者는 卽三合曲直等格也며 化象者는 卽甲己化土等格也며 從象者는 凡地支一氣요 天干槪從之니 然從剋我커나 從我剋거나 從我生이면 俱有秀氣나 若印綬比劫有何可取而從之耶리오

구서에 神이 있으니 8法은 유상, 속상, 화상, 종상, 조상, 귀상, 복상, 반상 등인데, 이른바 유상이란 곧 일방곡직 등의 格이며 속상은 곧 삼합곡직 등의 格이며 화상은 곧 甲己化土 등의 格이며 종상은 모든 지지가 一氣이면서 天干

이 대체적으로 그것을 따르는 경우인데, 그러나 나를 尅하는 것을 따르거나 내가 극하는 것을 따르거나 내가 生하는 것을 따르면 모두 秀氣가 있지만 만약 인수나 비겁이라면 무슨 取할 만한 것이 있어서 그것을 따르겠는가?

照象者는 卽類象引至時上하여 遇印生爲照며 鬼象者는 卽從象中地支純殺하여 行鬼旺爲吉이요 行鬼衰爲凶이나 初無殊理하니 何必又分二象이리오 伏象者는 如壬日遇寅午戌이요 生於五月에 壬水無根이요 天干無丁이면 乃取午中丁火하여 合壬水而伏之며 運至木火爲吉하고 水鄕爲凶하다 此直是棄命從財나 但不喜見丁이 小異耳나 其理紆曲難憑하니 不若棄命從財之直捷也라

조상은 곧 유상이 인도하여 時上에 이르러 印의 生을 만나면 照가 되며, 鬼상은 곧 從상 중의 지지가 순수한 殺이 되어 鬼旺운으로 행하면 吉이 되고 鬼가 쇠한 운으로 행하면 凶이 되는 것인데, 처음부터 특별한 이치도 없는데 어째서 꼭 다시 또 두 가지 상으로 나누어야 하는가? 伏상은 가령 壬日이 寅午戌을 만나고 5일에 生한 경우에 壬水가 무근이고 天干에 丁이 없으면 곧 午中丁火를 取하여 壬水

와 슴하여 그것을(壬) 제복시키는 것이며 운이 木火에 이르면 吉하고 水향은 凶하다. 이것은 곧 기명종재이나 다만 丁을 만나는 것을 좋아하지 않는 것이 조금 다를 뿐인데, 그 이치가 구불구불 뒤엉켜서 근거로 삼기 어려우니 기명종재의 곧바로 지름길로 향하는 것만 못하다.

返象者는　一說月令用神이　引至時上하여　逢絶爲返이요　一說十干欲化에　月時又逢本氣爲返이나　此乃破格이니　何足爲象也리오　舊又有取屬照伏鬼四象하여　別生詮解者나　愈繁愈支하니　不若槪置爲快耳니라

반상은 일설에는 월령의 용신이 時上에 인도되어 絶을 만나는 것을 返이라 하고 일설에는 十干이 化하려 할 때 月時에서 다시 또 본기를 만나는 것을 返이라 한다고 하나 이것은 곧 파격이니 어떻게 상이 될 수 있겠는가? 구서에 또 속·조·복·귀의 4상을 取하여 별도로 설명과 해석을 한 것이 있는데 더욱 번거롭고 지리멸렬하니 다 버려둘 때의 유쾌함만 못하다.

27. 小運論(소운론)

舊書有大小運하니 所謂大運者는 卽從生月順行逆行
하여 一運管十年이 是也요 所謂小運者는 男一歲起丙
寅하여 順行二歲丁卯·三歲戊辰하고 女一歲起壬申하
여 逆行二歲辛未·三歲庚午가 是也라

구서에 大小運이 있으니 이른바 대운이란 곧 生月로부터
순행이나 역행하여 1운이 10년을 주관하는 것이 이것이며,
이른바 소운이란 남자는 1세에 丙寅에서 시작하여 2세에
丁卯·3세에 戊辰으로 순행하고 여자는 1세에 壬申에서 시
작하여 2세에 辛未·3세에 庚午로 역행하는 것이 이것이다.

夫大運分陰陽年하고 男女從月建而起하니 其理有根
이요 且人各不同하니 吉凶易辨이나 若小運則不論何年
何月하고 所生男女가 俱起丙寅壬申하니 其理不確이요
且凡人皆然하니 吉凶何憑乎리오 況有大運及流年하여
頭緖已多어늘 更加以小運하면 紛紜愈甚이요 眩惑愈甚
矣니 故削之라

무릇 대운은 음년과 양년을 구분하고 남녀가 모두 月建

으로부터 시작하니 그 이치에 근본이 있고 또 사람마다 각각 다르니 吉凶이 분별되기 쉬우나 小運은 무슨 年, 무슨 月을 논하지 않고 태어난 남녀가 모두 丙寅·壬申에서 시작하니 그 이치가 확실치 않고, 또 모든 사람이 다 그러하니 吉凶이 무엇을 근거로 삼겠는가? 더구나 대운과 유년이 있어서 두서가 이미 많은데 다시 小運을 더하면 어지러움이 더욱 심하고 현혹됨이 더욱 심할 것이므로, 이것을 삭제해야 한다.

又舊書有從生時起小運者하니 如男生陽年·甲子時면 一歲乙丑이요 二歲丙寅이며 男生陰年·甲子時면 一歲 癸亥요 二歲壬戌이며 女命反是니 要之컨대 皆生造之 說이요 不足據也니라

또 구서에 生時로부터 小運을 시작한다는 것이 있는데 예컨대 남자가 陽年 甲子時에 태어나면 1세에 乙丑, 2세에 丙寅이며 남자가 陰年 甲子時에 태어나면 1세에 癸亥, 2세에 壬戌이며 女命은 이와 반대라는 것이니, 요컨대 모두 만들어 낸 말이며 근거로 할 것이 못 된다.

28. 干支一氣論(간지일기론)

舊書有云하되 天干一氣요 地支相同이니 人命值此면 位至三公이라 하니 嘗考公卿之命이나 干支一氣者絕少며 而一氣之命은 貧賤凶禍者頗多라

구서에 말하기를 天干도 한 가지 氣이고 地支도 서로 같은 것이니 人命이 이러함을 만나면 지위가 三公에 이른다고 했는데 공경의 命을 살펴보았으나 天干이나 地支가 한 가지 氣로 된 경우가 매우 적으며 한 가지 氣로 된 命은 빈·천·흉·화한 경우가 매우 많았다.

蓋人命須合財官印食取用이요 干支各止一字면 則必有所缺陷矣니 今約略論之라 四甲戌이면 戌中辛官戊財요 惟丁火傷官이나 而秋月火不得令하니 其命似佳나 但逢運行亥子寅卯면 財官俱背요 東方生起傷官하니 尤不美라

무릇 人命은 반드시 재·관·인·식을 합하여 取用해야 하며 干이나 支가 각각 다만 한 字뿐이라면 반드시 결함이 있게 되니 이제 대략 그것을 논한다. 甲戌이 네 개인 경우에는 戌中의 辛은 官이고 戊는 財이며 丁火는 傷官이지만

秋月의 火는 時令을 얻지 못하니 그 命이 아름다운 듯하나 다만 운이 亥子寅卯로 행함을 만나면 財官은 모두 등지게 되고 동방에서 傷官을 生하여 일으키게 되니 더욱 아름답지 않다.

四乙酉면 酉爲純煞이라 運行未午巳純煞有制니 可謂貴命이나 惟卯運不利하며 四丙申이면 申中庚壬爲財煞이나 干有四丙하니 豈能棄命從之리오 運行亥子丑不利라

乙酉가 네 개인 경우에는 酉가 순수한 煞이므로 운이 未午巳로 행하면 순수한 煞이 억제됨이 있으니 貴命이라 할 수 있으나 卯운에는 不利하며, 丙申이 네 개인 경우에는 申中의 庚壬은 財와 煞이 되지만 干에 네 개의 丙이 있으니 어떻게 命을 버리고 그것을 따를 수 있겠는가? 운이 亥子丑으로 행하면 不利하다.

四丁未면 未中乙梟丁比요 惟己爲食神이 得生金財면 流通爲妙며 運行午巳辰寅卯면 火愈炎하고 土愈燥하니 此凶禍之命이며 四戊午면 午中丁印己劫이니 炎燥極矣요 又係四刃하니 運行申酉猶可나 戌則復見火土요 亥

子尤加沖激하니 亦凶禍之命이라

丁未가 네 개인 경우에는 未中의 乙은 효신, 丁은 비견
이며 오직 己는 식신이 되니 金財를 만나 生하게 되면 유
통이 더욱 묘하며 운이 午巳辰寅卯로 행하면 火가 더욱 뜨
거워지고 土는 더욱 건조해지니 이것은 凶禍의 命이며, 戊
午가 네 개인 경우에는 午中 丁은 印·己는 劫이니 뜨겁고
건조함이 지극하고 또 네 개의 刃이 매여 있으니 운이 申酉
로 행하면 그래도 괜찮으나 戌운에는 다시 火土를 만나며
亥子운에는 더욱 충격을 가하게 되니 역시 흉화의 명이다.

四己巳면 巳中丙戊가 雖亦火土나 而四月不爲燥요
運行卯寅制土며 丑子財地라 引通巳中庚氣니 此命亦可
富貴나 但不免駁雜耳며 四庚辰이면 辰中戊梟癸傷이요
惟乙木爲財니 運行巳午制庚亦佳나 申酉戌則庚干太旺
하여 伐盡乙木이니 豈能安吉이리오

己巳가 네 개인 경우에는 巳中 丙戊가 비록 또한 火土이
나 4月에는 건조하지 않고 운이 卯寅으로 행하면 土를 제
압하며 丑과 子는 財地이므로 巳中의 庚氣를 이끌어 유통
시키니 이 命은 또한 부귀한다고 할 수 있으나 다만 뒤섞
이고 순수하지 못함을 면치 못할 뿐이며, 庚辰이 네 개인

경우에는 辰中의 戊는 효신이고 癸는 상관이며 오직 乙木이 財가 되는데 운이 巳午로 행하여 庚을 억제하면 또한 아름다우나 申酉戌로 행하면 庚干이 太旺해져서 乙木을 다쳐 버리니 어떻게 편안하고 吉하다 할 수 있겠는가?

四辛卯면 卯爲純財나 干有四辛이니 亦不能棄命從財요 運行子亥면 黨財爲患이요 酉亦沖激不佳하며 四壬寅이면 寅中甲食丙財요 惟戊爲煞이니 運行巳午未丙財得地하여 引通木性하니 可謂富命이며 申運戰食必破라

辛卯가 네 개인 경우에는 卯가 순수한 財이나 干에 네 개의 辛이 있으니 역시 命을 버리고 財를 따를 수 없으며, 운이 子亥로 행하면 財를 도와 무리를 이루어 근심이 되고 酉운 역시 충격하게 되니 아름답지 못하며, 壬寅이 네 개인 경우에는 寅中의 甲은 食·丙은 財가 되고 戊가 煞이 되는데 운이 巳午未로 행하면 丙財가 자리를 얻어 木性을 인통하니 富命이라 할 수 있으며 申운은 食을 다투니 반드시 파괴된다.

四癸亥면 亥中壬甲劫傷이며 且通體皆水니 須木爲流通하며 運行酉申이면 助水剋木하니 必致災患이며 午

巳沖激尤凶하니 此其大略也요 逐運詳究休咎면 不盡於
此니 要之컨대 此等之命은 吉凶不一하니 若干一氣而
支不一氣者면 亦從支神取斷이요 支一氣而干不一氣者
면 則合支神與各干取斷可也니라

癸亥가 넷인 경우에는 亥中의 壬과 甲은 劫과 傷이며 또
전체가 모두 水이니 반드시 木으로 유통해야 하며, 운이
酉申으로 행하면 水를 돕고 木을 극하니 반드시 재환에 이
르며 午巳운은 충격이 되어 더욱 흉하니, 이상이 그 대략이
며 운에 따라 그 길흉을 상세히 연구하면 여기에서 그치지
않으니, 요컨대 이러한 명은 길흉이 한결같지 않으니 만약
天干이 一氣이고 地支가 一氣가 아닌 경우에는 또한 地支
의 神에 따라 취단하고 지지가 一氣이고 천간이 一氣가 아
닌 경우에는 支神과 各干을 합하여 판단하는 것이 옳다.

29. 雙飛兩干三朋論(쌍비양간삼붕론)

舊取兩干兩支가 各自相同이면 名雙飛蝴蝶이요 止於
兩干各自相同이면 名兩干不雜이라 皆稱爲貴格하니 夫
一主遇兩官兩印兩財兩食도 猶須以全局斟酌이요 設使

一主遇兩煞兩梟兩劫兩傷이면　則求制求救도　尙且不暇어늘　可易言富貴乎아

　구서에서 取하기를 양간과 양지가 각자 서로 같으면 쌍비호접이라 이름하고 양간만 각자가 서로 같을 뿐이면 양간부잡이라 하여 모두 귀격이 된다고 칭하였으니, 무릇 하나의 日主가 兩官이나 兩印·兩財·兩食 등을 만나도 오히려 반드시 全局을 근거로 짐작해야 하는데 만일 一主가 양살이나 양효·양겁·양상을 만난다면 억제할 것을 구하고 구원할 것을 구하기에도 오히려 또한 겨를이 없거늘 부귀를 쉽게 말할 수 있겠는가?

舊又取天干三同커나　或地支三同이면　名爲三朋하니 夫天干一主二比是爲太强이요　一主三他神係官印財食이면　可以取用이나　倘係煞傷梟劫이면　豈非大害乎아 地支三朋은　能暗沖暗合者면　亦可取用이나　否則卽屬官印財食이라도　亦嫌太重이며　若屬煞傷梟劫이면　其凶甚矣니　要皆舊書相傳은　習而不察이라　故詳說之니라

　구서에서 또 取하기를 天干이 세 개가 같거나 地支 세 개가 같으면 삼붕이라고 이름하니, 무릇 天干이 하나의 日

主에 비겁이 둘이면 이것은 太强이 되며 一主에 세 개의 他神이 접속된 경우에 官·印·財·食이면 그것을 取用할 수 있으나 만일 살·상·효·겁 등이 접속되었다면 어찌 크게 해롭지 않겠는가? 地支가 삼붕인 경우에 암충이나 암합할 수 있으면 또한 取用할 수 있으나 그렇지 않은 경우에는 비록 官·印·財·食에 속하더라도 또한 太重함을 꺼리며 만일 살·상·효·겁에 속하면 그 凶함이 심한 것이니, 요컨대 모든 구서에서 서로 전하는 것은 익히기만 하고 살피지 않은 것이기 때문에 이것을 상세히 설명하였다.

30. 月日時祿論(월일시록론)

舊取月支見祿을 爲建祿格이요 日支見祿을 爲專祿格이요 時支見祿을 爲歸祿格이라 하니 夫人命窮達吉凶은 須合四柱取斷이어늘 安有一支之祿으로 遂可言格者리오 凡命格皆從生剋而取라 故有官煞印財食傷六格하며 祿則非生非剋이요 直是地支中一比肩耳라

구서에서 月支가 祿을 만나는 것을 건록격이라 하고 日支가 祿을 만나는 것을 전록격이라 하고 時支가 祿을 만나

는 것을 귀록격이라고 했는데, 무릇 人命의 궁달과 길흉은 모름지기 四柱를 종합하여 판단하는 것인데 어떻게 한 地支의 녹을 가지고 마침내 格을 말할 수 있겠는가? 무릇 命格은 모두 生剋에 따라 취하므로 官·煞·印·財·食·傷 등 여섯 格이 있으며 祿은 生도 剋도 아니고 다만 지지 중의 하나의 비견일 뿐이다.

善乎獨步之論歸祿曰하되 月令財官이요 遇之吉助면 可見祿之爲用이라 但能助財官之吉이라 하니 建祿專祿도 亦猶是也니 何足爲格乎리오 且均是祿也라

선호독보에서 귀록에 대하여 논하기를 月令이 財·官일 때 녹을 만나 吉하게 돕는다면 녹의 쓰임이 됨을 알 수 있으나 다만 財官의 길함을 도울 수 있어야 한다고 했으니 건록이나 전록도 이와 같은 것인데 어떻게 格이 될 수 있겠는가? 다만 똑같이 녹일 뿐이다.

舊於建祿則喜官이요 於歸祿則忌官은 其理安在오 舊又謂三祿俱畏殺하니 此必日主僅依此祿이라 恐殺傷其祿이면 則身無所依也니 若日主更有生扶면 雖見殺이라도 何害耶리오

구서에서 건록인 경우에는 官을 좋아하고 귀록인 경우
에는 官을 꺼린다는 것은 이 이치가 어디에 있는가? 구서
에 또 三祿이 모두 殺을 두려워한다고 했는데 이것은 반드
시 日主가 겨우 이 祿에 의지하고 있으므로 殺이 그 祿을
손상하면 身이 의지할 곳이 없을까 두려워하는 것이니 만
약 日主에게 다시 生扶함이 있으면 비록 殺을 만나더라도
무슨 해로움이 있겠는가?

至於財官印食이 各得本祿하여는 必先見此干이요 而
後遇支方是니 舊書丙日不見癸干이요 但見子字면 卽曰
官星得祿이며 壬日不見丁干이요 但見午字면 卽云財星
得祿이라 하니 是則柱見子午卯酉와 寅申巳亥八支면
無非財官印食得祿矣니 豈不可笑아 故附辨於此니라

財・官・印・食이 각각 本祿을 만남에 이르러서는 반드
시 먼저 干에서 만난 뒤에 支에서 만나는 것이 비로소 옳
으니, 구서에 丙日이 癸干을 만나지 않고 다만 子字만을
만나면 官星득록이라 하고 壬日이 丁干을 만나지 않고 다
만 午字만을 만나면 재성득록이라고 했으니 이것은 柱에
서 子午卯酉와 寅申巳亥 8地支를 만나면 재・관・인・식
이 祿을 만나지 않음이 없는 것이니, 어찌 가소롭지 않은

가? 그러므로 여기에 붙여서 분별하는 바이다.

31. 靑龍伏形等格論(청룡복형등격론)

舊取甲乙日坐金이면 爲靑龍伏形이요 丙丁日坐水면 爲朱雀乘風이요 戊己日坐土⁴⁴⁾이면 爲勾陳得位요 庚辛日坐火면 爲白虎持勢요 壬癸日坐土면 爲元武當權이라 하나 夫日支坐官殺하여 何遽當權持勢리오 卽使官煞會局거나 或兼坐財印이라도 亦得不問天干이요 不考全局乎리오

구서에 취하기를 甲乙日이 金에 앉으면 청룡복형(청룡이 엎드려 있는 형상)이 되고 丙丁日이 水에 앉으면 주작승풍(주작이 바람을 탐)이 되고 戊己日이 木에 앉으면 구진득위(구진이 자리를 얻음)가 되고 庚申日이 火에 앉으면 백호지세(백호가 세력을 지님)가 되고 壬癸日이 土에 앉으면 원무당권[원무(현무)가 권세를 담당함]이 된다고 했는데, 무릇 日支가 官殺에 앉은 것만으로 어떻게 갑자기 권세를 담당하거나 세력을 지니겠는가? 가령 관살이 局을 이루거

---

44) 土는 木이 되어야 함.

나 財와 印에 겸하여 앉았더라도 天干을 묻지 않을 수 있
으며 全局을 살피지 않을 수 있겠는가?

　且舊註伏形을 言伏於金也니 夫受制而伏이라 與當權
得勢와 必有分矣하니 何以均是天干이 異同若此리오
宜削之니라

　또 구서에 伏形을 註하기를 金에 굴복함을 말한다고 했
으니 그것은 제압당하여 엎드려 있는 것이므로 권세를 담
당하거나 세력을 얻는 것과는 반드시 구분이 있는데 어떻
게 똑같은 天干끼리 서로 다름이 이와 같은가? 마땅히 이
것을 삭제해야 한다.

32. 福德秀氣格論(복덕수기격론)

　舊取五陰日遇巳酉丑이면 爲福德秀氣하니 其法日干
獨三朋이요 巳酉丑須全見이라 夫陰陽干遇地支金局하
여 或爲官殺커나 或爲印財커나 或爲食傷이면 當須審
時令하여 議扶抑이요 豈因日主三朋하여 遇之遂爲秀氣
乎리오

구서에 取하기를 五陰日이 巳酉丑을 만나면 복덕수기격이 되는데 그 법은 日干이 오직 3붕(日干과 같은 天干이 세 개인 것)이고 巳酉丑이 반드시 모두 보여야 한다고 하였다. 무릇 음간이나 양간이 地支의 全局을 만나서 官殺이 되거나 印財가 되거나 食傷이 될 경우에는 반드시 時令을 살펴서 억부를 의논해야지 어찌 日主三朋을 근거로 하여 그것을 만나야만 마침내 秀氣가 되겠는가?

設遇亥卯未木局도 其理亦同이로되 何獨不取乎아 陽干三朋이 遇寅午戌申子辰이면 豈無秀德乎아

가령 亥卯未 木局을 만나더라도 그 이치가 역시 같은데 어째서 그것만은 취하지 않는가? 陽干三朋이 寅午戌이나 申子辰을 만나면 어째서 秀德이 없는가?

又云如三己巳와 三己酉와 三己丑도 亦可라 하니 無論己酉己丑이요 安得有三이리오 卽使他干支有之면 是乃偏駁之局이니 不更煩區處乎아 卽如己日遇酉丑一時면 猶以爲金神이나 全遇之면 乃三金神이라 可畏之甚이어늘 顧以爲秀德乎리오 此實妄創之格이니 故削之니라

또 말하기를 三己巳·三己酉·三己丑도 역시 될 수 있다고 하는데 己酉나 己丑을 막론하고 어찌 세 개만 있을 수 있겠는가? 가령 거기에 다른 干支가 있으면 그것은 곧 치우치고 뒤섞인 局이니 또한 번잡하고 구구한 경우가 아니겠는가? 가령 己日이 酉時나 丑時 하나를 만나면 오히려 그것을 金神으로 여기지만 그것을 모두 만나면 곧 三金神이 되어 두려워할 만함이 심한 것인데 도리어 그것을 덕이 빼어나다고 여기겠는가? 이러한 것은 실제로 망령되게 만들어 낸 格이므로 삭제해야 한다.

33. 三奇論(삼기론)

舊以乙丙丁爲三奇라 하니 此理出於奇門이니 若照奇門推究하면 其法多端하여 非見此三字하고 遂爲三奇也라 子平之理로도 已不勝煩커늘 益以奇門하면 充棟不足盡其書요 經年不能殫其蘊矣리라

구서에 乙丙丁을 三奇라고 했는데 이러한 이치는 奇門에서 나왔으니 만약 기문에 비추어 추구해 보면 그 법이 실마리가 많아서 이 세 글자만을 보고 마침내 三奇로 여기

는 것은 옳지 않다. 子平의 이치만으로도 이미 번거로움을 감당하지 못하는데 奇門을 더하면 용마루에 닿을 정도로 쌓아도 그 책을 다 쌓을 수 없고 몇 해를 지나도 그 쌓기를 다할 수 없을 것이다.

若只用此三字면 乙日遇丙丁하여 或入木火通明之格하며 丙日遇乙雖印이요 遇丁則劫矣며 丁日遇乙爲梟요 遇丙則亦劫矣라

만약 다만 이 세 글자만 쓴다면 乙日이 丙丁을 만나서 혹 木火통명격에 들기도 하고 丙日이 乙을 만나면 印이 되고 丁을 만나면 劫이 되며 丁日이 乙을 만나면 효신이 되고 丙을 만나면 또한 劫이 될 것이다.

又如甲日遇之면 則一劫一食一傷이요 庚日遇之면 則一財一殺一官이니 何奇之有리오

또 가령 甲日이 그것을 만나면 하나는 劫, 하나는 食, 하나는 傷이 되며 庚日이 그것을 만나면 하나는 財, 하나는 殺, 하나는 官이 되니 여기에 무슨 기이함이 있겠는가?

舊又以乙丙丁爲天上三奇요 而增甲戊庚爲地下三奇며

壬癸辛爲人中三奇하여 尤牽强附會니 俱置之勿論可也라

구서에 다시 또 乙丙丁을 天上三奇라 하고 거듭하여 甲
戊庚을 地下三奇라 하며 壬癸辛을 人中三奇라 하여 더욱
견강부회(억지로 끌어다 붙임)하였으니 그것을 모두 버려
두고 論하지 않는 것이 옳다.

再考舊書하면 復有三奇니 謂財官印俱全하고 無刑沖
尅害者하니 是或財官食俱全도 亦是니 夫財官食俱全이
何命無之며 卽云無沖刑尅害爲難이나 然亦恒有之局이
니 何足爲奇리오 宜幷置之니라

구서를 자세히 살펴보면 다시 또 三奇가 있으니 財官印
모두 온전하고 형충극해가 없는 것을 말하는데 이것은 혹
財官食이 모두 온전한 것도 역시 그러하니 무릇 財官食이
모두 온전한 것이 어떠한 命엔들 없겠으며 비록 충형극해
가 없는 것을 어렵게 여긴다고 하지만 그러나 또한 항상
존재하는 局이니 어찌 기이함이 될 수 있겠는가? 이러한
것들을 마땅히 모두 버려야 한다.

34. 雙美論(쌍미론)

舊取壬午癸巳二日爲財官雙美格하니 以壬坐己官丁財하고 癸坐戊官丙財하여 無夾雜也며 喜生冬月하고 忌干頭見殺及傷官하니 夫二日信美矣나 然日支財官은 只一端耳니 何可遽以爲格이리오

구서에 壬午日과 癸巳日 두 날을 取하여 재관쌍미격이라 했으니 壬은 午中의 己官과 丁財에 앉고 癸는 巳中의 戊官과 丙財에 앉아서 혼합된 것이 없기 때문이며 冬月에 生하는 것을 좋아하고 干頭에 殺과 傷官을 만나는 것을 꺼리는데 무릇 두 날이 진실로 아름다우나, 日支의 財官은 다만 한 가지뿐인데 어찌 급박하게 이것을 格으로 삼겠는가?

且所貴乎財官者는 以日主能任之也니 設使壬午日이 干支疊見丁己午未거나 癸巳日이 干支疊見丙戊辰巳면 恐不能任財官이니 是反爲不美矣라

또 財官을 귀하게 여기는 까닭은 日主가 그것을 감당할 수 있기 때문이니 가령 壬午日이 干支에서 丁己·午未를 거듭 만나거나 癸巳日이 干支에서 丙戊·辰巳를 거듭 만나면 財官을 감당하지 못할까 두려운 것이니 이것은 도리

어 아름답지 않은 것이다.

又使干頭見殺하고 巳午逢沖不用하여 別成煞刃相濟
나 殺刃相停等格이며 或甲乙木透干하고 見亥卯未會成
傷局이라도 有制有化면 皆能取貴니 豈必拘於坐下財官
하여 而必不用煞與傷哉리오

또 가령 干頭에서 殺을 만나고 巳午가 沖을 만나면 쓰지
못하여 별도로 殺刃상제나 殺刃상정 등의 격을 이루게 되
며, 혹 (壬癸日主가) 甲乙木이 天干에 투출하고 亥卯未를
만나 傷局을 이루어도 制·化가 있으면 모두 貴를 취할 수
있는데 어찌 반드시 座下의 財官에만 얽매여서 煞과 傷을
쓰지 않아야 하겠는가?

總之컨대 坐下財官印食이면 乃美質巳具나 若全局扶
抑得矣라야 榮顯較易이니 非可遂恃之爲貴也니라

총괄하여 논하자면 日支가 財·官·印·食이면 아름다
운 바탕이 이미 갖추어진 것이지만 그러나 온 국의 억부가
알맞아야만 영화와 현달이 비교적 쉬운 것이니 마침내 이
것만을 믿고 귀하다 할 수 있는 것은 아니다.

或曰古人於十干中에　止取此二日은　必有不同於他日
者나　不知己亥日坐甲官壬財로되　與此何異며　若曰坐官
印者尙多로되　安見印不如財하여　其可勝取乎리오

혹 말하기를 "古人이 十干중에서 이 두 날만을 取한 것
은 반드시 다른 날과 다른 점이 있기 때문이다"라고 하나
모르겠지만, 己亥일도 甲官·壬財에 앉아 있는데 이것과
어째서 다르며 또 日干이 官이나 印에 앉은 경우가 생각보
다 많은데도 어찌 印을 만나는 것이 財만 못하다고 여겨서
그것만을 지나치게 取할 수 있겠는가?

35. 十惡大敗論(십악대패론)

舊書에　甲辰, 乙巳, 丙申, 丁亥, 戊戌, 己丑, 庚辰,
辛巳, 壬申, 癸亥, 十日을　爲十惡大敗日하니　蓋以甲辰
旬空寅卯니　則甲辰乙巳日無祿이며　甲戌旬空申酉니　則
庚辰辛巳日無祿이며　甲午旬空辰巳니　則丙申戊戌日無
祿이며　甲申旬空午니　則丁亥己丑日無祿이며　甲子旬空
亥니　則壬申日無祿이며　甲寅旬空子니　則癸亥日無祿이

라 故爲十惡大敗라

 구서에 甲辰, 乙巳, 丙申, 丁亥, 戊戌, 己丑, 庚辰, 辛巳, 壬申, 癸亥 등 10일을 십악대패일이라 했는데, 이것은 甲辰旬의 空亡이 寅卯이므로 곧 甲辰과 乙巳日은 祿이 없으며(甲祿寅과 乙祿卯가 공망되므로) 甲戌旬의 공망은 申酉이므로 庚辰, 辛巳日이 녹이 없으며 甲午旬은 辰巳가 공망이므로 丙申, 戊戌日이 녹이 없으며 甲申旬은 午가 공망이므로 丁亥, 己丑日이 녹이 없으며 甲子旬에서는 亥가 공망이므로 壬申日이 녹이 없으며 甲寅旬은 子가 공망이므로 癸亥日이 녹이 없다고 여겼기 때문에 십악대패라 한 것이다.

 嘗考富貴之命컨대 在此十日者甚多어늘 況不論四柱하고 而止論所生之日하니 安有是理리오 卽以日推라도 丁亥辛巳日坐官하고 甲辰丙申日坐財하고 壬申日坐生하고 乙巳日亦坐庚官하며 己丑日亦坐癸財하고 庚辰日亦坐乙財하고 戊戌癸亥는 不過身旺耳니 此十日有何惡且敗리오 卽中雜比劫梟傷이라도 豈遂不可制요 不可用乎리오

 이에 부귀한 命을 살펴보면 이 10일에 태어난 경우가 매

우 많은데 하물며 사주를 논하지 않고 다만 태어난 날만을 논하니 이러한 이치가 어디에 있겠는가? 가령 날짜로 헤아리더라도 丁亥·辛巳日은 官에 앉고 甲辰·丙申日은 財에 앉고 壬申日은 長生에 앉고 乙巳日 역시 庚官에 앉으며 己丑日도 癸財에 앉고 庚辰日도 乙財에 앉고 戊戌과 癸亥는 身旺에 불과할 뿐이니, 이 10일에 어찌 악하고 패함이 있겠는가? 가령 그중에 비겁이나 효신·상관이 섞여 있더라도 어찌 마침내 억제할 수 없겠으며, 쓸 수 없겠는가?

世間娶婦에 遇此十日이면 儘有因而憎惡者하니 深可異也라 舊書所載凶日은 類此者不少니 並宜置之니라

세간에서 부인을 취할 때 이 10일을 만나면 이로 인하여 싫어하는 경우가 있는데 매우 잘못이라고 할 만하다. 구서에 기재된 凶日은 이러한 것들이 적지 않으니 모두 마땅히 이러한 것들을 버려야 한다.

36. 壬騎龍背論(임기용배론)

舊取壬辰日局中辰字多면 爲壬騎龍背格하니 其說用

辰字暗沖戌中辛丁戊하여 爲壬日財官印俱全이니 夫壬日辰多에 安得舍疊逢之顯煞하고 而用暗之官星이리오 況戌中之戊는 乃壬之殺이어늘 命家但有沖官爲用이요 從無沖殺爲用이니 則此格之無據가 決矣라

구서에 壬辰日이 局中에 辰字가 많으면 임기용배격이 된다고 했는데 그 말은 辰字와 암충하는 戌中에 辛丁戊를 써서 壬日의 財官印이 모두 온전해짐을 말한 것인데, 무릇 壬日에 辰이 많을 때 어찌 거듭 만나는 드러나 있는 煞을 버리고 드러나지 않은 官星을 쓸 수 있겠는가? 더구나 戌中의 戊는 곧 壬의 殺인데도 命家들이 다만 官을 沖하는 것을 用으로 삼음만 있고 殺을 충하는 것을 用으로 삼음이 없으니 이 格의 근거 없음이 틀림없다.

惟辰卽壬庫니 故壬日不透戊면 不畏辰多하고 丑卽藏癸니 故癸日不透己면 不畏丑多라 若身煞兩停하고 四柱扶助合法하면 多致榮顯이요 非壬日辰多卽貴也어늘 術家於寅辰字往往加以龍虎美名이며 夫用辰爲騎龍이면 則沖戌爲擊犬이니 何足取乎리오

오직 辰은 곧 壬의 庫이므로 壬日에 戊가 투출하지 않으

면 辰이 많은 것을 두려워하지 않고 丑은 癸를 암장했으므로 己가 투출하지 않으면 丑이 많은 것을 두려워하지 않는다. 만약 身과 煞이 양정하고 사주의 扶助가 법에 맞으면 영화와 현달에 이름이 많은 것이며 壬日에 辰이 많다고 귀하게 되는 것이 아닌데, 술가들이 寅이나 辰字에 왕왕 용호라는 美名을 더한 것이며 무릇 辰을 썼다고 용을 탄 것이 된다면 戌을 沖하면 개를 공격함이 될 것이니 어찌 取할 수 있겠는가?

37. 六乙鼠貴論(육을서귀론)

舊取乙日丙子時는 子往動巳하고 巳往動庚하여 乙日得官星이라 爲六乙鼠貴格하니 此與子丑遙巳相類요 牽合附會하여 於理不通이어늘 況旣稱六乙이요 乃止取乙亥乙未二日하니 可謂六乙乎아

구서에 乙日 丙子時는 子가 가서 巳를 움직이게 하고 巳가 가서 庚을 움직이게 하여 乙日이 官星을 얻으므로 六乙서귀격이 된다 했는데 이것은 子丑요사격과 서로 비슷하며 억지로 끌어다 붙여서 이치에 통하지 않는데 더구나 이

미 六乙이라 하고는 마침내 다만 乙亥와 乙未 2日만 六乙
이라고 할 수 있겠는가?

乙日遇丙爲傷官이요 遇子爲偏印이니 俱無可取나 倘
以爲天乙貴人所臨而用之면 則凡日貴人臨時者多矣니
何可勝取며 且子未相害니 乙未日又何足取也리오

乙日이 丙을 만나면 傷官이 되고 子를 만나면 偏印이 되
니 모두 取할 수 없으나 만일 그것을 天乙귀인이 임하는 경
우로 여겨서 그것을 쓴다면 무릇 日貴人이 時에 임하는 경
우가 많으니 어떻게 모두 다 取할 수 있겠으며 또 子와 未
는 서로 害가 되니 乙未日을 또 어떻게 取할 수 있겠는가?

嘗見人命生於是日時하여 成木火通明之局者에 往往貴
顯이나 若止照舊說推詳하면 杳無一驗이니 故削之니라

人命이 이 日時에 태어나서 木火通明의 局을 이루는 경
우에 왕왕 귀현하게 됨을 본 적이 있었으나, 다만 구서에
서 말한 것에 비추어 살펴보면 까마득하여 하나도 증명됨
이 없으므로 이것을 삭제해야 한다.

38. 六陰朝陽論(육음조양론)

舊取辛日戊子時를 爲六陰朝陽格하니 以子中之癸가
合巳中之戊하고 而戊與丙同祿於巳하니 戊能動丙來爲
辛官이라 所謂朝陽者는 朝丙也며 據其立說하면 巳屬
紆曲生造라

구서에 辛日 戊子時를 육음조양격이라 했는데 子中의 癸
가 巳中의 戊와 合을 이루고 戊와 丙은 똑같이 巳에 녹이
되니 戊가 丙을 움직여서 辛의 官이 될 수 있다는 것으로
이른바 조양이란 丙을 조회한다는 것이며 그 說을 세운 것
을 근거해 보면 이미 바르지 못하게 만들어진 것에 속한다.

且更有種種謬戾者하니 夫辛屬八月이니 是爲四陰이요
非六陰이니 一不通也며 舊或謂六陰은 卽六辛이라 하니
則凡爲辛日이 皆可朝陽이어늘 乃獨取辛丑辛酉辛亥三日
하니 是三陰朝陽이요 非六陰朝陽矣니 二不通也며

다시 또 여러 가지 잘못된 것이 있으니 무릇 辛은 8月에
속하니 四陰이 되는 것이지 六陰이 아니니 첫 번째 不通이
며, 구서에 혹 六陰은 곧 六辛이라 했으니 그렇다면 모든
辛日이 다 조양이 될 수 있는 것인데 마침내 유독 辛丑,

辛酉, 辛亥 三日만을 取하니 이것은 3음조양이지 6음조양
이 아니니 두 번째 不通이며,

舊又有生於亥令六陰之月이면　乃爲六陰朝陽하니　夫
辛日見亥令子時면　明是傷官이어늘　豈容置之而別求他
理리오　三不通也며　又謂運喜西方하니　夫卽以陰極喜陽
이니　則行運亦當以向陽爲美요　西方不益其寒乎니　四不
通也라

　구서에 또 亥令의 6음지월에 生하면 곧 6음조양이 된다
는 說이 있는데 무릇 辛日이 亥令의 子시를 만나면 분명히
傷官인데 어찌 이것을 버려두고 따로 다른 이치에서 구하
는가? 이것이 세 번째 不通이며, 또 운은 西方을 좋아한다
고 했는데 무릇 陰이 지극하면 陽을 좋아하는 것이니 그렇
다면 행운도 역시 마땅히 陽을 향하는 것을 아름답게 여겨
야 하며 西方은 그 한기에 도움이 되지 않는 것이니 이것
이 네 번째 不通이다.

故人命遇之면　只取戊正印과　子食神하여　爲諸格之助
則可라　嘗見是日是時之命이어늘　亦有行西方運而貴者

하니 此四柱中自有格이니 豈得借以實其謬說耶리오

그러므로 人命이 이러한 것을 만나면 다만 戊正印과 子
食神만을 取하여 여러 格의 도움으로 사는 것이 옳다. 이
러한 日이나 時의 命을 본 적이 있는데 역시 西方으로 行
하여도 운이 귀한 경우가 있었으니 그것은 四柱中에 스스
로 格이 있기 때문이니, 어찌 그러한 것을 빌려서 그 잘못
된 說을 진실로 여길 수 있겠는가?

39. 金神論(금신론)

舊取甲己日이 遇乙丑己巳癸酉時면 爲金神格이라 하
니 蓋以巳酉丑金局이 而此三時中에 二時納音又屬金耳
이라

구서에 甲己日이 乙丑, 己巳, 癸酉時를 만나면 金神格이
된다고 했는데 이것은 巳酉丑 金局이 이 세 時中에서 두
시의 납음이 다시 또 金에 속하기 때문일 뿐이다.

夫六十日中에 巳酉丑時納音屬金者多矣이어늘 何獨
甲己二日이리오 卽云甲以木畏金이나 則乙日之辛巳時

엔 乙木何以獨不畏金이며 且己日何畏於金耶아 其論喜
忌도 或言皆忌水鄕이오 喜火制커나 或己日不必火制니
夫果金强伐木이면 則得水正可滋木洩金이어늘 何以忌
之리오 一不通也며

　무릇 60일 중에는 巳酉丑時의 납음이 金에 속하는 경우
가 많은데 어째서 유독 甲己 2일뿐이겠는가? 곧 말하기를
甲은 木으로써 金을 두려워하기 때문이라고 하지만 그렇
다면 乙日의 辛巳시인 경우에는 乙木이 어째서 홀로 金을
두려워하지 않으며 또 己日이 왜 金을 두려워하는가? 그
喜와 忌를 論하는 것도 모두 水鄕을 꺼리고 火의 억제를
좋아한다거나 혹은 己日은 火의 억제를 필요로 하지 않는
다고 하니 무릇 金이 강하여 木을 伏하는 경우에 水를 만
나면 바로 木을 자양하고 金을 누설할 수 있는데 어째서
그것을 꺼리겠는가? 이것이 첫 번째 不通이며,

　使遇頑木濃土면 正恃此一點金氣하여 琢削疏通하니
用火制之면 秀氣盡矣니 二不通也며 己日或值金神結黨
에 不用火制면 弱土何以自存이리오 三不通也리니 則
金神之當削는 決也라

가령 완목이나 농토를 만난다면 바로 이 한 점의 金氣에 의지하여 깎고 다듬어서 소통시키게 되는데 火를 써서 그것을 억제하면 秀氣가 다할 것이니 이것이 두 번째 불통이며, 己日이 혹 金神의 결당을 만나는 경우에 火의 억제를 쓰지 않으면 약한 土가 어떻게 자신을 보존하겠는가? 이것이 세 번째 불통이니 그렇다면 金神의 삭제해야 함이 틀림없다.

或曰歷家亦有金神하니 命家何以不取오 夫歷家金神은 乃月干之庚辛이요 乃月納音屬金者에 其方謂之金神하니 豈可以彼例此乎아

혹자는 역가(曆法연구가)들에게도 金神이 있는데 命家들은 어째서 取하지 않는가라고 말하는데 무릇 歷家의 金神은 곧 月干이 庚辛이고 또 月의 납음이 金에 속하는 경우에 비로소 그것을 金神이라 하니 어찌 그것을 이 例로 삼을 수 있겠는가?

40. 趨乾趨艮論(추건추간론)

舊取甲日乙亥時는 以亥暗合寅字를 爲甲之祿하고 又取壬日壬寅時는 以寅暗合亥字를 爲壬之祿하니 所謂顯祿不如暗祿也라

구서에 甲日乙亥時는 亥가 암합하는 寅字를 甲의 祿으로 삼는 說을 取하였고 또 壬日壬寅時는 寅이 암합하는 亥字를 壬의 녹으로 삼는 설을 取하였는데 이른바 드러난 녹이 암장된 녹만 못하다는 것이다.

夫祿止命中一端이라 卽在月日時라도 不足取以爲格이어늘 況求合於局外乎리오 誠如是면 則乙日戌時도 可合卯祿하고 癸日丑時도 可合子祿하여 諸干如此甚多니 何可勝取리오

무릇 녹이란 다만 命中의 한 가지로 그쳐야 하므로 비록 月日時에 있더라도 그것을 취하여 格으로 삼을 수 없는데 하물며 局外에서 合을 구함이랴? 진실로 이와 같다면 乙日戌時도 卯祿과 合할 수 있고 癸日丑時도 子祿과 合할 수 있어서 여러 干에 이와 같은 경우가 매우 많으니 어떻게 이루 다 取할 수 있겠는가?

舊或謂亥爲天門이니 甲趨之爲貴라 하니 無論天門虛名코 卽果有此理면 獨甲可趨요 他干不可趨乎리오

구서에 혹 亥는 天門이 되니 甲이 이것을 向하면 귀격이 된다고 했는데 天門의 허명을 논할 것 없이 만일 그러한 이치가 있다면 어찌 甲만이 趨가 될 수 있고 다른 干은 추가 될 수 없는가?

雟[45] 又謂壬以寅中甲丙合己辛爲財官하니　此則因暗祿無據라 而復變其說이니 然不能確指合某支之己辛이니 其無據同耳라

구서에 또 壬은 寅中 甲丙이 己辛과 合하는 것을 財官으로 삼는다고 했는데 이것은 암록에 근거가 없기 때문에 다시 그 說을 변경한 것이지만 그러나 어떤 支의 己辛과 合하는지 확실히 지적할 수 없으니 근거가 없는 것과 같을 뿐이다.

更有乾艮二字도　穿鑿取義者이니　夫乾在戌亥之間이요 非獨亥也며 艮在丑寅之間이요 非獨寅也로되 安保趨

---

45) 雟는 舊가 되어야 함.

乾不兼趨戌하며 而趨艮不兼趨丑乎리오 故並削之니라

또 乾과 艮도 억지로 뜻을 取함이 있으니 무릇 乾은 戌亥의 사이에 있는 것이지 亥에만 있는 것이 아니며 艮은 丑과 寅의 사이에 있는 것이지 寅에만 있는 것이 아닌데, 어째서 추乾을 보전하면서 추戌을 겸하지 않으며 추艮에 추丑을 겸하지 않는가? 그러므로 이것을 모두 삭제해야 한다.

41. 合祿論(합록론)・刑合附(형합부)

舊取戊日庚申時에 庚暗合乙을 爲戊日之官하고 癸日庚申時에 申暗合巳中戊를 爲癸日之官하여 名合祿格하니 祿卽官也라

구서에 戊日庚申時에서 庚과 암합하는 乙을 戊日의 官으로 삼고 癸日庚申時에서 申과 암합하는 巳中戊를 癸日의 官으로 삼아서 이름을 合祿格이라 했는데 녹은 곧 官이다.

又取癸日甲寅時에 寅暗刑巳中之戊를 爲癸日之官하고 名刑合格하니 蓋因局無官星可取라 故用時干支之專者爲格이니 似亦有理나 但專時能合이요 則亦能沖이니

安見庚申時가 不沖甲寅하고 爲戊之祿이요 癸之傷乎며
安見甲寅時가 不沖庚申코도 爲癸之印乎아

　또 癸日甲寅時에서 寅이 暗刑하는 巳中의 戊를 癸日의
官으로 삼고 이름을 刑合格이라 한다 했는데, 이것은 局에
官星이 없을 때 取할 수 있기 때문에 時의 干支가 專一(같
은)한 경우를 써서 格으로 삼으므로 또한 이치가 있는 듯
하나 다만 전일한 時가 合할 수도 있고 沖할 수도 있으니,
庚申時가 甲寅을 沖하지 않고도 戊의 녹이 되고 癸의 傷이
되는 것을 어디에서 보겠으며 甲寅時가 庚申을 沖하지 않
고도 癸의 印이 되는 것을 어디에서 보겠는가?

　專時能刑이요 則亦能合이니 安見甲寅時가 不合亥中
之甲壬하고 爲癸之傷劫乎며 且癸日辛酉時에 酉亦可暗
合辰中戊爲官이니 豈獨申能合巳中之戊乎리오 如此取
格이면 生造日繁矣리라

　전일한 時가 刑할 수도 있고 合할 수도 있으니 甲寅時가
亥中의 甲壬과 合하지 않고도 癸의 傷과 劫이 되는 것을
어디에서 보겠으며, 또 癸日 辛酉時에서 酉 또한 辰中의
戊와 암합하여 官이 될 수 있으니 어찌 유독 申만이 巳中
의 戊와 合할 수 있겠는가? 이와 같이 格을 取한다면 만들

어지는 것이 날로 번거로울 것이다.

舊書所載庚申時忌某干支요 甲寅時忌某干支나 然人
犯諸忌者도 富貴甚多하니 可見戊日庚申時는 只應以食
神論하고 癸日庚申時는 只應以正印論하고 癸日甲寅時
는 只應以傷官論하며 卽局無官星이면 自可合四柱取斷
耳라

구서에 庚申時는 어떤 干支를 꺼리고 甲寅時는 어떤 干
支를 꺼린다고 기재하였으나 사람이 여러 가지 꺼리는 것
을 犯한 경우에도 부귀함이 매우 많으니 戊日庚申時는 다
만 食神으로만 논해야 하고 癸日庚申時는 다만 정인으로
만 논해야 하고 癸日甲寅時는 다만 상관으로만 논해야 함
을 알 수 있으며 만일 局에 官星이 없으면 자연히 四柱와
합하여 판단을 取할 수 있을 뿐이다.

或曰支神暗合暗沖은 皆取로되 何獨專時不取오 하니
不知支神雖多라도 只是一字라 故所沖所合이 一定之理
나 然必擇確當者用之라

혹자는 말하기를 地支神의 암합과 암충은 다 取하면서

어째서 유독 전시만은 取하지 않는가라고 하는데 地支의 神이 비록 많더라도 다만 그것은 한 글자씩이므로 沖하는 바와 合하는 바가 일정한 이치이나 반드시 확실하고 마땅한 것을 선택하여 그것을 써야 함을 모르기 때문이다.

若專時則上干下支에 各有所沖所合이나 理無定在어늘 況止取時干支之專者면 則專年專月專日로 其力更大於專時어늘 何以不取리오 至於用暗刑取貴도 理尤渺茫하니 故支神之多者도 皆不取暗刑커늘 何況一時支乎아

또 전시는 上干과 下支에 각각 충하는 바와 합하는 바가 있는데도 이치로는 정해진 것이 없는데, 하물며 다만 時干支의 전일한 것만 取한다면 전년, 전월, 전일도 그 힘 또한 전시보다 크거늘 어째서 取하지 않는가? 暗刑을 써서 귀를 취한다는 설에 이르러서는 이치가 더욱 아득한 것이니 본래 地支神이 많은 경우에도 모두 暗刑을 取하지 않는 것인데 하물며 하나의 時支를 취함이랴?

42. 時格論(시격론)

舊書以時取格하니 如時官·時殺·時上偏財·時上一位貴·時上財庫官庫殺庫之類로 不可枚擧라

구서에 시로써 격을 취했는데 예컨대 時官, 時殺, 時上偏財, 時上一位貴, 時上財庫, 官庫, 殺庫와 같은 부류로 일일이 다 열거할 수 없다.

夫論命當合觀四柱하여 苟屬吉神이면 處處可用이요 苟屬凶神이면 處處可畏니 卽云時爲歸宿이나 特吉神喜時上生旺하고 凶神喜時上死絶耳라

무릇 命을 논할 때에는 마땅히 四柱와 합하여 관찰하여 만일 吉神이라면 곳곳마다 쓰일 수 있고 만일 凶神이라면 곳곳마다 두려워해야 하니, 비록 時를 귀숙이라 하지만 다만 吉神은 時上의 生旺을 좋아하고 凶神은 時上의 死絶을 좋아할 뿐이다.

且舊說論格有取通月氣者하고 有取他干支扶抑者하니 則仍不專論時矣니 夫月令取格이 至當之理라도 猶不可拘어늘 況專取一時爲格耶리오

또 구설에 格을 논할 때 月令의 氣와 통하는 것을 取한 경우가 있고 타 干支의 억부를 취한 경우는 있지만 곧 오로지 時만을 논하지는 않았으니, 무릇 月令으로 格을 취하는 것이 지당한 이치일지라도 오히려 얽매여서는 안 되는데 하물며 오로지 하나의 時를 취하여 格으로 삼을 수 있겠는가.

43. 遙合論(요합론)

舊書取甲子日甲子時에 以子中癸水가 遙合巳中戊土하고 丙戊同在巳하여 戊動丙하고 丙動辛하여 得官星을 名曰子遙巳格이라 하고 又取癸丑辛丑二日에 丑字多면 遙合巳字하여 巳中丙戊가 因遙合而動癸辛하여 得官星을 名曰丑遙巳格이라

구서에 甲子日 甲子時인 경우에 子中 癸水가 巳中 戊土와 요합하고 丙戊가 똑같이 巳에 있어서 戊는 丙을 움직이고 丙은 辛을 움직여 官星을 얻는 것을 이름하여 자요사격이라 하고, 또 癸丑과 辛丑 2日에서 丑字가 많으면 巳字와 요합하여 巳中 戊土가 요합으로 인하여 癸와 辛을 움직여

官星을 얻는 것을 이름하여 축요사격이라 한다고 하였다.

夫子巳向非合神이어늘 若從支中所藏癸戊論合이면 則諸支所藏如此者가 多矣리니 可勝取乎리오 丑巳雖屬 三合이나 止取二字를 巳爲不全하여 若依此例推究면 則支中所藏三合尤多리니 更不勝取矣리라

무릇 子와 巳는 합하는 神이 아닌데 만약 地支中에 소장 된 것에 따라 癸와 戊로 합을 논한다면 다른 여러 지지에 소장된 것도 이러한 경우가 많을 것이니 이루 다 取할 수 있겠는가? 丑과 巳는 비록 三合에 속하지만 다만 두 字만 을 취하는 것을 이미 온전치 않다고 여겨서 만약 이러한 例에 의하여 추구한다면 地支中에 소장된 三合이 더욱 많 을 것이니 더욱더 이루 다 取하지 못할 것이다.

卽强以此支所藏合彼所藏爲用이면 巳屬渺茫이어늘 乃幷其所藏化神而動之하여 以爲我用하니 有是理否아 或曰古傳有之니 此二格安得不用이리오 不知暗沖暗合 之近理者가 尙恐開種種生造니 若更以遙爲說이면 何干 何支인들 不可牽合乎아 宜亟闢之니라

가령 억지로 이 地支에 소장된 것과 저 地支에 소장된 것이 合을 이루는 것을 쓰임으로 삼는다면 이미 아득한 논리에 속하는데 마침내 그 소장된 化神이 움직이는 것을 함께 아울러 그것을 나의 쓰임으로 삼으니 이러한 이치가 있겠는가? 혹자는 말하기를 예부터 전해져 온 것인데 이 두 가지 格을 어째서 쓰지 못하겠는가라고 하나 암충과 암합의 이치에 가까움을 모르는 자들이 오히려 여러 가지 새로운 것을 만들까 두려우니 만약 더욱 요원한 것을 說로 삼는다면 어떤 干支인들 끌어당겨 합할 수 없겠는가? 마땅히 이러한 것을 빨리 물리쳐야 한다.

44. 魁罡論(괴강론)·日德附(일덕부)

舊取庚辰·壬辰·戊戌·庚戌四日爲魁罡格하여 主剛果掌威權하며 以辰爲天罡이요 戌爲河魁니 乃陰陽滅絶之地也라

구서에 庚辰, 壬辰, 戊戌, 庚戌 등 4일을 괴강격이라 하여 강경, 과감, 위엄, 권세를 주장하며 辰을 천강으로 삼고 戌을 하괴로 삼으니 곧 음양멸절의 자리라 했으며,

又取甲寅·丙辰·戊辰·庚辰·壬戌五日爲日德格하
여 主慈善享福祿하니 以甲坐寅得祿하고 丙坐辰官庫하
고 戊坐辰財官兩全하고 壬坐戌財官印三奇俱備也라

또 甲寅, 丙辰, 戊辰, 庚辰, 壬戌 등 5일을 일덕격이라 하
여 자선을 주장하고 甲이 寅에 앉아 녹을 얻고 丙이 辰에
앉아 官庫가 되고 戊가 辰에 앉아 財官이 모두 안전하고
壬이 戌에 앉아 財官印 三奇가 모두 구비되기 때문이라 하
였다.

夫辰戌旣爲陰陽滅絶之地면 則諸干皆不宜坐어늘 何
以取之며 況同一庚戌也어늘 何以坐辰則慈요 坐戌則猛
리오

무릇 辰戌이 이미 음양멸절의 자리가 된다면 여러 干이
모두 그 위에 앉지 말아야 하는데 무엇 때문에 그것을 取
하며 더구나 동일한 庚과 戌인데 어째서 辰에 앉으면 慈가
되고 戌에 앉으면 猛이 되는가?

且同一庚辰也어늘 何以又爲魁罡이요 又爲日德하여
忽猛忽德하며 丙何以獨慈而不猛하며 甲何以獨異而不

取寅하며 他支之藏財官印祿者多矣어늘 何以不名日德이 卽上稽天文하며 旁參壬遁하니 絶不得魁罡與日德同宮之理라 並削之니라

또 동일한 庚辰인데 어째서 다시 또 괴강이 되고 또 일 덕도 되어 猛하기도 하고 德이 되기도 하며 丙은 어째서 유독 자선하기만 하고 사납지 않으며 甲은 어째서 유독 특 이하게 辰戌을 취하지 않고 寅을 取하며 他支에도 財官印 祿을 소장하는 경우가 많은데 어째서 日德이라고 이름하 지 않는가? 곧 위로 天文을 비교 헤아려 보면 參宿(삼수)와 壬方에 의지하여 숨으니 괴강과 일덕이 같은 宮에서 만난 理가 없으므로 이것들을 모두 삭제해야 한다.

45. 胞胎論(포태론)·胎元附(태원부)

舊取甲申·乙酉·丙子·丁亥·庚寅·己亥·庚寅· 辛卯·壬午·癸未를 爲胞胎日이라 하고 其說曰하되 五行絶處가 卽是胎元이니 生日逢之면 名曰受氣요 無 論陰陽同生同死라

구서에 甲申·乙酉·丙子·丁亥·庚寅·己亥·庚寅·辛

卯·壬午·癸未를 포태일이라고 하고 설명하기를 오행의 절처가 곧 태원이니 生日에서 그것을 만나면 秀氣라 이름하고 음양동생동사를 논하지 않는다 하였다.

卽據其說推之면 甲申乙酉庚寅辛卯는 是皆逢絶이나 若丙戊絶於亥어늘 何以取子與寅이며 丁巳絶於子어늘 何以取亥며 壬絶於巳어늘 何以取午며 癸絶於午어늘 何以取未오

이에 그 說을 근거로 추리해 보면 甲申, 乙酉, 庚寅, 辛卯는 다 絶을 만나지만 그러나 丙과 戊는 亥에 絶이 되는데 어째서 子와 寅을 취하며 丁과 巳는 子에 절이 되는데 어째서 亥를 取하며 壬은 巳에 절이 되는데 어째서 午를 取하며 癸는 午에 절이 되는데 어째서 未를 取하는가?

又謂胞胎逢印綬하면 祿享千鍾하여 以爲富貴從胎中帶來라 得印卽能享也나 是則四柱他神은 皆可勿論耶아

또 포태가 인수를 만나면 녹이 천종[46]을 누린다 하여 부귀가 胎中으로부터 대동하고 오므로 인수를 만나면 누릴 수 있다고 여긴 것인데, 이것은 사주의 다른 神은 모두 왜

---

46) 천종(千鍾): 1종은 6섬 4말로 천종은 많은 녹봉을 말함.

논함이 없는가?

　且甲申乙酉戊寅庚寅癸未는　支皆帶煞하며　申寅中又
帶梟印하니　夫殺乃剋身之物이요　梟乃奪食之神이니　柱
中逢之라도　尙須處置어늘　胎中帶之면　乃以爲美耶아
故削之니라

　또 甲申, 乙酉, 戊寅, 庚寅, 癸未는 지지가 모두 煞을 대
동하며 申과 寅中에는 또 편인을 대동하는데 殺은 곧 身을
극하는 물건이고 효신은 곧 食을 빼앗는 神이니 柱中에서
이것을 만나도 오히려 반드시 처치해야 할 것인데 태중에
서 이것을 대동한다 하여 마침내 아름답게 여기겠는가? 그
러므로 이것을 삭제해야 한다.

　舊又以距生月之前十月을　爲胎元이라 하여　或於四柱
之後에　復列一柱하니　夫人之生이　或不及十月이요　或
踰十月하니　是何可論이리오 且須至此면　亦大可笑也已
니라

　구서에 다시 또 生月의 전 10月을 태원이라 하여 4柱의
뒤에 다시 1柱를 열거하기도 했는데, 무릇 사람의 태어남

이 10月이 못 되기도 하고 10月을 넘기기도 하는데 이것을 어찌 논할 수 있겠는가? 또 반드시 여기에 이르러야 한다면 또한 크게 가소로울 뿐이다.

46. 學堂學館論(학당학관론)

舊書日干遇長生於月時支를 謂之學堂이요 官殺遇生祿之支를 謂之學館이라 하여 皆取文學貴秀之義하니 夫一字之生與祿으로 何足以定其文學貴秀리오 使日干或太强커나 官殺或太旺에 而又逢生與祿하면 是適爲累耳라

구서에 日干이 月이나 時支에서 長生을 만나는 것을 학당이라 하고 관살이 生祿의 지지를 만나는 것을 학관이라 하여 모두 문학귀수의 뜻으로 취하였는데 무릇 한 글자의 生과 祿으로 어떻게 그의 문학귀수를 결정할 수 있겠는가? 가령 일간이 혹 태강하거나 관살이 태왕한 경우에 다시 또 生과 祿을 만난다면 그것은 다만 누가 될 뿐이다.

況干支不過陰陽之氣니 有何堂館이리오 若由此而穿

鑿之면 必將以見某爲虛堂이요 見某爲美館이니 何者爲堂中之師友하고 何者爲館中之文章矣리오 宜削之니라

더구나 干支는 음양의 氣에 불과한 것인데 무슨 당이나 관이 있겠는가? 만약 이것을 근거로 천착한다면 반드시 장차 어떤 것을 만나면 허당이 되고 어떤 것을 만나면 미관이 될 것이니 어떠한 것을 당중의 師友로 삼고 어떠한 것을 당중의 文章으로 삼겠는가? 마땅히 이것을 삭제해야 한다.

47. 支屬論(지속론)

子鼠丑牛寅虎卯兔辰龍巳蛇午馬未羊申猴酉鷄戌犬亥猪니 此目十二支所屬이 與人命何涉이리오

子는 쥐, 丑은 소, 寅은 범, 卯는 토끼, 辰은 용, 巳는 뱀, 午는 말, 未는 양, 申은 원숭이, 酉는 닭, 戌은 개, 亥는 돼지이니 이것은 12지의 소속을 가리킨 것인데 인명과 어떤 관계가 있는가?

舊書多有據以論命하니 於寅辰二字에 以龍虎取用하여 如龍吟虎嘯요 龍躍虎臥之類니 不一而足이며 甚至

欲言鳳에 而支中無鳳이라 往往代以酉鷄하니 然則欲言麟에 而支中無麟하니 將代以戌犬也리라

구서에 이것을 근거로 하여 논명한 것이 많이 있는데 寅과 辰 두 字에 대하여 용과 호로 取用하여 예컨대 용이 울면 구름이 나오고, 범이 으르렁거리면 바람이 일며 용이 뛰어오르고 범이 누워 있다는 것과 같은 부류이니 일일이 다 말할 수 없으며, 심지어 봉을 말하고자 하는데 地支中에 봉이 없으므로 왕왕 酉닭으로 대신하였으니 그렇다면 기린을 말하려는데 地支中에 기린이 없으니 戌개로써 대신하려 할 것이다.

設使因所屬하여 而被以惡名하니 則酉戌相見이면 當謂之鷄鳴狗盜요 巳寅相見이면 當謂之虎頭蛇尾나 然人命值此四支라도 其貴者多矣니 此等陋妄之說을 宜亟闢之니라

가령 소속으로 인하여 惡名을 당하기도 하니 酉와 戌이 서로 만나면 당연히 그것을 계명구도(좀도둑)라고 말하고 巳와 寅이 서로 만나면 그것을 호두사미(처음은 성하나 끝이 약함)라 하나 人命이 이 네 地支를 만나도 귀한 자가 많으니 이러한 천박하고 망령된 說을 마땅히 빨리 물리쳐야 한다.

48. 字形論(자형론)

舊書以字形論煞하니 凡八字甲辰丙辰丁酉多者를 謂之平頭殺이요 乙巳己巳多者를 謂之曲脚煞이요 甲午甲申辛卯多者를 謂之懸針殺이요 戊戌多者를 謂之倒戈殺이라

구서에 字形으로 煞을 논했는데 무릇 八字에 甲辰, 丙辰, 丁酉가 많은 것을 평두살이라 하고 乙巳, 己巳가 많은 것을 곡각살이라 하고, 甲午, 甲申, 辛卯가 많은 것을 현침살이라 하고, 戊戌이 많은 것을 도과살이라 했다.

夫古聖人制立干支엔 各有意義어늘 即以象形論하니 豈在一畫一豎乎리오 信如斯例면 則庚寅辛亥多者는 當爲探頭殺이요 庚寅癸亥多者면 當爲擘脚殺이요 戊辰戊戌庚辰庚戌多者면 當爲倚劍殺矣라

옛 성인들이 간지를 제정한 데에는 각각 의의가 있는 것인데 곧 상형으로 논하니 어찌 한 획 한 획에 있겠는가? 진실로 이러한 예와 같다면 庚寅, 辛亥가 많은 것은 당연히 탐두살이 되고, 庚寅, 癸亥가 많으면 당연히 벽각살이 되고 戊辰, 戊戌, 庚辰, 庚戌이 많으면 의검살이 되어야 할

것이다.

況相人貴頂平이요 修養須曲足하니 有何不美리오 前
人反兵攻後를 是是爲倒戈하니 戊戌二字는 戈皆正寫니
何倒之有리오 故亟闢之니라

더구나 사람의 相을 볼 때에는 정수리가 평평한 것을 귀
하게 여기고 수양하는 데는 반드시 다리를 굽어야 하니 어
디에 불미함이 있는가? 전인들이 병기를 돌이켜 후미를 공
격하는 것을 도과라고 했으니 戊와 戌 두 字는 戈라 한 것
이 모두 바르게 쓴 것이니 거기에 무슨 거꾸로 함이 있는
가? 그러므로 이러한 것을 빨리 물리쳐야 한다.

命理約言　卷四

雜論(잡론)(二十四則)

(1) 祿命之學은 不詳所自起니 舊書云하되 始於珞琭子하니 乃戰國時代人으로 與鬼谷子同時며 漢司馬季主嚴君平과 三國管輅와 晉郭璞과 北齊魏定과 唐袁天罡과 僧一行과 李泌과 李虛中이 皆祖其術이며 泌嘗得輅天陽訣하고 又得一行要旨하여 推人吉凶最驗하며 泌傳虛中하니 推衍用之라 自珞琭子迄虛中은 論命取生年하고 取納音하니 五代有麻衣道者와 及陳希夷요 又有徐居易하니 字子平으로 得虛中之術하고 而損益之하여 始專論日主하고 以推五行하여 不主納音하며 宋孝宗時에 淮上術士冲虛子精此術하여 傳僧道洪하고 道洪傳徐大升元人하여 推子平大升二家之法하여 而演繹之하여

以迄於今니 此其大略也라

녹명의 학은 비롯된 바(출처)가 상세하지 않으니, 구서에 말하기를 낙록자에서 비롯되었다 하는데 그는 곧 전국시대 사람으로 귀곡자와 같은 시대이며, 한의 사마계주 엄군평과 삼국시대의 관로와 진의 곽박과 북제의 위정과 당의 원천강과 승 일행 이필과 이허중 등이 모두 그 술의 조상이며, 필은 일찍이 노(관로)와 천(원천강)의 비결을 터득하고 또 일행의 요지를 터득하여, 사람의 길흉을 추리하면 가장 잘 증명되었으며, 필이 이허중에게 전하니, 그것을 미루어 넓혀서 썼다.

낙록자로부터 허중에 이르기까지는 논명을 할 때 생년을 취하고 납음을 취했는데, 오대의 마의도자와 진희이가 있었고 또 서거이가 있었는데 字자 자평으로 허중이 술을 터득하고 그것을 손익하여 비로소 오로지 일주를 논하고 오행을 미루어 납음을 주장하지 않았으며, 송 효종 때 회수가의 술사 충허자가 정통하여 승 도홍이 원나라 사람 서대승에게 전하여 자평과 대승 二家의 법을 미루어 그것을 풀어 넓혀서 지금에 이르렀으니, 이것이 그 대략이다.

余考珞琭子世代無據하고 大約與李虛中相去不遠하니
觀舊書所傳의 珞琭子一賦컨대 其中援引漢晉諸人하니
則非戰國時人明矣나 何反云諸人祖其術耶아 卽漢晉唐
諸人이 或以卜著커나 或以相著커나 或以歷著하여 未
有以祿命著者하니 李泌外傳에 但有神仙之事요 陳希夷
隱去養道하여 皆無所謂祿命者라 若推命之法이 舊書間
引虛中之說이나 而全文罕觀이니 其法未詳이며 至徐子
平에 而法始定하고 至徐大升에 而法益章이나 然二家
所著가 往往一篇之中에 財官印食神煞之屬와 生剋扶抑
吉凶之理가 錯然並陳하여 觀之者가 目眩以亂하며 餘
諸家所著賦論도 不越此體라 間有區分條晰者나 而頭緖
繁雜하고 文義俚拙하니 蓋學非通儒면 則見理不徹하고
筆非文士면 則措詞不通也라

내가 살펴보건대 낙록자의 시대에는 근거로 할 만한 것
이 없고 대략 이허중과 서로 간의 거리가 멀지 않은데, 구
서에 전해지는 낙록자 一賦를 살펴보면 그 가운데에 한·
진의 여러 사람의 설을 끌어 증거로 삼았으니 전국시대 사
람이 아닌 것이 분명한데도, 어째서 도리어 여러 사람이
그 術을 조상으로 여긴다고 하는가? 곧 한·진·당의 여러

사람이 혹은 점술로 저술하고 혹은 상학으로 저술하고 혹은 역사로 저술하여 녹명으로 저술한 자가 있지 않았으니, 이필의 외전에는 다만 신선의 일이 있을 뿐이고 진희이는 은거하여 도를 길러서 모두 녹명을 말한 자가 없었다. 그런데 만약 추명의 법이 구서 사이에 허중의 설을 이용했으나 全文은 드물게 보이니 그 법이 상세하지 않으며, 서자평에 이르러 법이 비로소 정해지고 서대승에 이르러 법이 더욱 밝게 드러났으나, 두 사람의 저술한 바가 왕왕 한편 가운데 재·관·인·식·신살의 무리와 생극억부길흉의 이치가 뒤섞여서 나란히 진열되어 그것을 보는 자가 눈이 어지러우며, 나머지 제가들이 지은 賦와 論도 이 형식을 벗어나지 못하였다. 간혹 구분하여 조리를 분석한 것도 있으나 두서가 번잡하고 文義가 속되고 옹졸하니 이것은 학설을 통달한 선비가 아니면 이치를 보는 것이 철저하지 못하고 필체는 文士가 아니면 언사를 배치해도 통하지 않기 때문이다.

張逸叟楠이 著命理正宗하니 頗能區別條晰이나 亦病筆拙詞蕪며 惟萬進士民英이 著三命通會하니 區分條晰하여 文理朗順하나 而意在蒐采요 義無確一하여 貴多

而不貴精하며 能博而不能約하니 然較諸術家면 則勝遠
矣라 俗稱子平屬水하여 推命如子水之平者는 此謬說也
며 後五代徐居易字子平이오 東海人으로 別號沙滌先生
이며 又稱蓬萊叟하니 隱於太華西棠峯洞하여 濯纓筆記
하여 載之其詳이라

일수 장남이 『명리정종』을 저술했는데 제법 구별하여
조리 있게 밝혔으나 역시 흠이 있어서 필체가 옹졸하고 문
사가 거칠며, 진사 만민영이 『삼명통회』를 저술했는데 구
분하여 조리 있게 밝혀서 문맥이 밝고 순조로우나 뜻이 모
으고 채집하는 데 있고 의리에 확실히 통일된 것이 없어서
많은 것을 귀하게 여기고 정밀한 것을 귀하게 여기지 않으
며, 넓게 하는 데는 능하나 간략하게 하는 데는 능하지 못
한데, 그러나 여러 술가와 비교하면 많이 뛰어나다. 세속
에서 칭하기를 자평이 水에 속하여 추명함이 子水의 평평
함과 같다고 한 것은 잘못된 설이며, 후 오대 서거이의 字
가 자평이고 동해인으로 별호가 사척 선생이며 또 봉래수
라고 칭하였는데, 태화 서당 봉동에 은거하였다고 『탁영필
기』에 그 상세함을 기재하였다.

(2) 命家所論이 財官格局神煞三者而已니 玉井奧訣과 滴天髓二書는 則捜陰陽之理하고 窮干支之情이나 不沾沾講求三者라 故術家不尚之나 然陰陽之理精하고 干支之情透는 於以推論三者보다 不更深微而確當乎아 故全錄之라 奧訣乃安東杜謙所著니 其筆晦而空이요 滴天髓託名劉誠意하여 其筆朗而快하며 言理皆了然心手라 要之컨대 此二書當與子平大升輩所著와 並爲命家法式이라

命家들의 논한 바가 재관·격국·신살 등 세 가지뿐인데,『옥정오결』과『적천수』등 두 책은 음양의 이치를 찾고 干支의 정을 궁구했으나 외면만 꾸미고 세 가지를 강구하지 못했으므로 술가들이 그것을 숭상하지 않았지만, 음양의 이치가 정밀하고 干支의 정이 드러나는 것은 추론하는 세 가지보다 더욱 깊고 미묘하며 확실하게 마땅치 않겠는가? 그러므로 그것을 모두 기록한다.『오결』은 곧 안동두겸이 지은 것인데 그 필체가 분명치 않고 공허하며,『적천수』는 유성의 이름에 의탁하여 그 필명이 밝고 명쾌하며 말과 이치가 모두 명확하니 마음먹은 대로 손이 움직인 것이다. 요컨대 이 두 책은 당연히 자평과 대승 등이 지은

것과 함께 명가의 법식이 되었다.

(3) 張神峯看四柱及大運에 俱重天干이라 有蓋頭之
說하니 謂干如人之頭面이요 支如人之臟腑하여 藏乎下
者發乎上이요 藏可掩이나 發不可掩하여 一生富貴貧賤
이 只從頭面上得見이며 凡爲福禍之物이 透於柱中이면
天干利害最切하고 行運雖値所喜之支라도 而所憎之干
蓋之면 則不吉하며 値所憎之支라도 而所喜之干蓋之면
則不凶하니 如喜木火而運有甲乙丙丁이면 便有幾分美
處요 憎金水而運有庚辛壬癸면 便有幾分不美處라 하니
其說頗有見解나 然在柱在運이라도 終須合干支論斷이
니 如喜甲乙而坐申酉면 能無損乎아 憎丙丁而坐亥子면
豈無益乎아 要之柱干當論令하니 卽甲乙蓋寅卯라도 生
於秋令이면 只是秋木이요 運支當論方이니 寅卯辰之方
이면 雖上蓋庚辛이라도 終是東方上之金이니 不與西方
之金同論이니라 餘皆例此라

　장신봉이 사주와 대운을 볼 때 두 가지 모두 천간을 중
히 여겼음으로 蓋頭(개두)의 설이 있으니, 천간은 사람의
두면과 같고 지지는 사람의 장부와 같아서 아래에 저장된

것이 위로 드러나는 것이며, 저장된 것은 가릴 수 있으나 드러난 것은 가릴 수 없어서 일생 부귀빈천이 다만 두면상으로부터 볼 수 있다고 했으며, 무릇 복이 되고 화가 되는 물건이 주중에 투출되면 천간의 이해가 가장 절실하고, 운행에서는 비록 좋아하는 지지를 만나더라도 싫어하는 천간이 그것을 덮고 있으면 불길하며 싫어하는 지지를 만나더라도 좋아하는 천간이 그것을 덮고 있으면 흉하지 않으니, 가령 木火를 좋아하는데 운에서 甲乙丙丁이 있으면 어느 정도의 이름다운 부분이 있고, 金水를 싫어하는데 운에 庚辛壬癸가 있으면 얼마간의 아름답지 않은 부분이 있다고 했는데 그 설이 제법 견해가 있으나, 주중에 있거나 운에 있더라도 마침내 반드시 干과 支를 합하여 논단해야 하니, 가령 甲乙을 좋아하는데 申酉에 앉았다면 해로움이 없을 수 있겠는가? 丙丁을 싫어하는데 亥子에 앉았다면 어찌 이로움이 없겠는가? 요컨대 柱의 干은 마땅히 시령을 논해야 하니, 가령 甲乙이 寅卯를 덮고 있더라도 秋令에 生하였다면 다만 그것은 秋木일 뿐이며, 운의 支는 마땅히 方을 논해야 하니 寅卯辰의 方이면 비록 위에 덮인 것이 庚辛일지라도 마침내 그것은 東方上의 金이니 西方의 金과 똑같이 논하지 않는다. 나머지도 모두 이 예를 따른다.

(4) 張神峯病藥之說은 其法甚善이나 然方取病傷이
라야 卽求醫藥이니 旣用醫藥이면 仍歸中和니 非舍正
理而尙僻耶아 至所云八字純然不旺不弱하고 財官無損
하여 日主中和면 斷如常人之命하여는 則其說尤偏矣니
人命純粹中和면 安有不貴不富리오 特純粹之中에 暗藏
駁雜하고 中和之內에 嫌於淺露면 仍是不純粹不中和耳
라 嘗見大富貴命컨대 無病無傷이요 不旺不弱이며 運
歷五行而皆美면 身備五福而無虧니 豈非純粹中和之確
驗이리오 何必過拘病藥之說乎아

　장신봉의 病藥(병약)에 대한 설은 그 법이 매우 좋으나,
바야흐로 병으로 상한 것을 취했을 때라야 곧 의약을 구하
는 것이니, 기왕에 의약을 썼으면 마침내 중화로 돌아갈
것인데, 바른 이치를 버리고 치우친 것을 숭상함이 아닌
가? 이른바 팔자가 순수하여 왕하지도 약하지도 않고 재관
에 손상이 없어서 日主가 중화를 이루면 평상인의 命처럼
판단해야 한다는 것에 이르러서는 그 설이 더욱 편벽된 것
이니, 人命이 순수하고 中和를 이루면 어찌 귀하지 않고
부유하지 않음이 있겠는가? 다만 순수한 가운데에 암장된
것이 뒤섞이고 중화된 안에 싫어하는 것이 얕게 드러나면

곧 이것은 순수하지 못하고 중화하지 못한 것일 뿐이다. 일찍이 크게 부귀한 命을 보건대 병도 없고 손상도 없으며, 왕하지도 약하지도 않으며 운에서 거쳐 가는 오행도 아름다우면 몸에 오복을 구비하여 결손함이 없으니, 어찌 순수와 중화의 확실한 증명이 아니겠는가? 어째서 꼭 병약의 설에 지나치게 구속되어야 하겠는가?

(5) 昔人云하되 盈天地間者가 皆水土也라 故長生而不滅이요 木雖時榮落이나 然到處皆有라 故次之요 火則由鑽木而來요 金則披沙而得이라 故易生易滅이라 하니 此說亦通이나 但五行生息은 惟論其理요 不在形質이니 觀大易所引天生地成之數면 可見厥氣惟均하여 不須差別也라

옛사람이 말하기를 천지간에 가득 찬 것이 모두 水와 土이므로, 장생하여 없어지지 않고 木은 비록 때마다 무성하고 쇠락하지만 도처에 모두 있으므로 그다음이며, 火는 鑽木(찬목)[47]으로 인하여 나오고 金은 모래를 파헤쳐야 얻을 수 있으므로, 생하기도 쉽고 멸하기도 쉽다고 했는데, 이 말도 역시 통하나 다만 오행의 생멸은 오직 그 이치를 논

---

47) 나무나 돌을 맞비비거나 구멍을 뚫는 마찰 작용으로 불씨를 얻던 일.

해야 하고 모양이나 바탕에 있지 않으니, 大易에서 이용한 天生地成의 수를 보면 그 氣가 균등하여 차별할 필요가 없음을 알 수 있다.

(6) 百物皆具有生氣라 故能長育攸遠하니 人命亦然하여 不拘財官有無와 格局成否요 須有一種生氣니 非生我我生之謂也라 只在體象神理之間하니 細細理會면 上命有之요 下命亦有之며 沖和朗健中有之하고 强戾柔闇中亦有之하여 正如人身六脈中에 胃氣盛則生하고 衰則病하고 絶則死하니 名醫之審胃氣하여 了然指下나 難以形容이요 神術之察生氣하여 曉然胸中이나 亦難以形容也라

온갖 물건이 모두 生氣를 갖추고 있으므로 생장육성할 수 있음이 원대한 것인데, 人命 역시 그러하여 재관의 유무나 격국이 이루어지고 이루어지지 않음에 구애받지 않고 반드시 일종의 생기가 있으니, 나를 생하거나 내가 생하는 것을 말하는 것이 아니라, 다만 체상과 神理 사이에 있으니, 세세하게 理會하면 上命도 그것이 있고 下命도 그것이 있으며, 沖和나 밝고 강건한 가운데 그것이 있고 강

하고 사납고 부드럽고 어두운 가운데 그것이 있어서 바로
人身의 여섯 맥 가운데 胃의 기운이 성하면 살고 쇠하면
병들고 絶하면 죽는 것인데, 명의가 胃氣를 살펴서 분명하
게 처방을 내리지만 형용하기는 어렵고 신술이 生氣를 살
펴서 胸(흉)중을 분명히 알지만 역시 형용하기 어려운 것
과 같다.

(7) 人命生於春秋之月이면 寒暖得中이나 若生於盛
夏면 則偏炎矣요 炎則喜潤하니 局中得水爲佳며 生於
嚴冬이면 則偏於寒矣요 寒則喜溫하니 局中得火爲美라
然亦有不同焉이니 冬月水生木하고 木卽生火하여 其化
剋爲生也易나 夏月火生土하고 土生金하니 其化囚爲生
也難이라 故冬火但求得生이요 夏水或徒相激하니 若夏
水不激하고 而成象通根커나 冬火逢生하면 而揚揮發燄
이니 或日主커나 或爲六神이라도 皆貴命也라

　사람이 춘추월에 태어나면 한난이 알맞음을 이루지만
만약 盛夏에 태어나면 더위에 치우치고 더우면 물로 적시
는 것을 좋아하니, 局중에 水를 만나는 것을 아름답게 여
기며, 엄동에 태어나면 추위에 치우치고 추우면 따뜻한 것

을 좋아하니 局중에 火를 만나는 것을 아름답게 여긴다. 그러나 또한 이와 같지 않은 경우도 있으니, 冬月에는 水가 木을 생하고 木은 火를 생하여 그 극을 변화하여 生을 이루기가 쉬우나, 夏月에는 火가 土를 생하고 土는 金을 생하니 그 囚를 변화하여 생을 이루기가 어려우므로, 겨울의 火는 다만 생을 만나는 것만을 구하고 여름의 火는 혹 무리와 서로 부딪침이 있는데, 만약 여름의 水가 부딪치지 않고 象을 이루어 통근하거나 겨울의 火가 생을 만나면 빛을 드날리고 불꽃을 발생할 것이니, 日主에 있거나 六神이 그렇게 되더라도 모두 貴命이다.

(8) 日主雖弱이라도 棄格不成하고 官煞食傷雖强이라도 從局不就에 如此者强扶抑之면 則相激而反凶矣니 不若取强者之性情하여 引而化之하여 卽其所生是也니 如官殺太强이면 則引之以印하고 食傷太强이면 則引之以財하되 然以陽引陽爲上이니 如引甲以丙하고 引乙以丁是也며 以陽引陰하고 以陰引陽爲次니 如引甲以丁하고 引乙以丙是也라 若財印太强하면 則難槪用引化니 蓋財所生者乃官殺이라 恐剋重身輕하여 愈爲弱主之害

며 印所生者乃比劫이라 卽母多子病이라도 亦非比劫可
救耳라

　일주가 비록 약하더라도 棄格(기격)이 이루어지지 않고
관·살·식상이 비록 강하더라도 從局이 이루어지지 않을
때 이와 같은 경우에 그것을 강하게 부조하거나 억제하면
서로 충격하여 도리어 흉하게 되니, 강한 것의 성정을 취
하여 그것을 이끌어 변화시켜서 그 소생으로 나아갈 때의
옳은 것만 못하니, 가령 관살이 너무 강하면 그것을 印으
로 引化하고 식상이 너무 강하면 그것을 財로 引化하는데,
양으로 양을 이끌어 변화하는 것을 으뜸으로 여기니, 예컨
대 甲을 丙으로 인화하고 乙을 丁으로 인화하는 것이 그것
이며, 양으로 음을 이끌어 변화하고 음으로 양을 이끌어
변화하는 것이 그다음이니, 예컨대 甲을 丁으로 인화하고
乙을 丙으로 인화하는 것이 그것이다. 만약 財印이 태강하
면 인화를 대충 쓰기가 어려우니, 그것은 財가 생하는 것
이 곧 관살이므로 극이 중하고 身이 경하여 더욱 일주를
약하게 하는 해가 될까 두려우며, 印이 생하는 것이 곧 비
겁이므로 가령 母가 많아 子가 병들어도 역시 비겁으로 구
제할 수 있는 것이 아니기 때문이다.

(9)　日主雖貴得時나　然月令值官殺財印食傷하여　其生剋作用甚多에　俱有情致면　值祿僅堪助主나　情致頗少에　苟值刃劫하면　反須仗他人裁制矣니　故日主以相爲上이요　女命尤宜니　蓋不强不弱也며　必謂女貴休囚도　亦非至理耳라

일주가 비록 득시를 귀하게 여기지만 월령이 관·살·재·인·식상을 만나서 그 생극 작용이 매우 많을 때 함께 情致(정치)가 있으면 녹을 만났을 때 일주를 조금 도울 수 있지만 정치가 적을 때 만일 비겁을 만나면 도리어 반드시 타인의 제재에 의지해야 하니, 그러므로 일주는 相을 으뜸으로 여기며 女命에게는 더욱 마땅한 것이니, 강하지도 않고 약하지도 않아야 하며, 女命은 휴수를 귀하게 여긴다고 단정하여 말하는 것도 또한 지극한 이치가 아니다.

(10)　陽干任剋之力輕하고　而生物之力重이라　故陽日用印하며　有時喜偏하되　而丙壬尤喜며　陰干生物之力輕하고　而任剋之力重이라　故陰日遇殺不畏其强하되　而丁己尤不畏라

양간은 극을 감당하는 힘이 경하고 物을 생하는 힘이 중

하므로 양일은 印을 쓰며 때로 偏을 좋아하는데 즉 丙壬은 더욱 좋아하며, 음간은 물을 생하는 힘이 경하고 극을 감당하는 힘이 중하므로 음일은 살을 만나도 두려워하지 않는데 丁己는 더욱 두려워하지 않는다.

(11) 六神分官殺財印食傷하고 六親分父母妻子兄弟하니 亦只大端如是耳며 若執一取斷하면 種種難通하니 如財爲妻室이요 又爲家資니 人命有財神得時無破면 宜乎二者並美矣어늘 乃或妻偕老而財窘乏거나 或財充裕而妻喪亡하여 有財神失時遭剋하면 宜乎二者俱傷矣어늘 乃或妻頻逝而財仍豊커나 或財雖匱而妻無恙이니 將何說以處此乎리오 謂法當分看하나 其法何憑이며 謂理各不同하나 其理安在오 故六神六親은 皆宜通融取斷이라

육신은 관·살·재·인·식·상으로 나누고, 육친은 부모처자 형제로 나누는데 또한 다만 큰 실마리가 이와 같을 뿐이며, 만약 한 가지만을 고집하여 취단하면 여러 가지로 통하기 어려우니, 가령 財는 아내도 되고 또 집안의 재물도 되는데, 人命에 재신이 있어 득시하고 파괴됨이 없으면 마땅히 두 가지가 모두 아름다워야 할 것인데, 의외로 혹

처는 해로하는데 재가 궁핍하거나 혹 재는 넉넉한데 처가 상망하기도 하며, 재신이 있어도 失時하고 극을 당하면 마땅히 두 가지 모두 손상되어야 할 것인데, 혹 처는 자주 떠나가도 재는 여전히 풍부하거나 혹 재는 비록 다 없어져도 처는 근심이 없는 경우가 있으니, 무슨 말로 이것을 처리할 것인가? 법대로 마땅히 나누어 보아야 한다고 하나 그 법은 무엇을 근거로 한 것이며, 이치가 각각 다르다고 하는데 그 이치가 어디에 있는가? 그러므로 육신과 육친은 모두 마땅히 융통성 있게 대처하여 취단해야 한다.

(12) 生時歸祿之外에 其吉者는 甲日癸酉時와 己日丙寅時와 丁日壬寅時와 壬日己酉時는 皆干支官印으로 上下相生하며 己日甲子時와 丁日辛亥時는 皆干支財官으로 上下相生하며 戊日乙卯時는 干支上下純官이요 癸日庚申時는 干支上下純印이요 甲日戊辰時와 戊日壬子時와 壬日丙午時와 癸日丁巳時는 皆干支上下純財요 戊日庚申時와 癸日乙卯時는 皆干支上下純食이니 此諸時雖非遇之卽貴나 然以助全局之吉이니 較有力也라

생시의 귀록 외에 그중 길한 경우로는 甲日癸酉時와 己

日丙寅時와 丁日壬寅時와 壬日己酉時는 모두 간지가 官印으로 상하가 상생하며, 戊日乙卯時는 간지 상하가 순수한 官이며, 癸日庚申時는 간지 상하가 순수한 印이며, 甲日戊辰時와 戊日壬子時와 壬日丙午時와 癸日丁巳時는 모두 간지 상하가 순수한 財이며, 戊日庚申時와 癸日乙卯時는 모두 간지 상하가 순수한 食이니, 이 여러 가지 시는 비록 그것을 만나 곧바로 귀하게 되는 것은 아니라도 전국의 길함을 도우니, 비교적 유력한 것이다.

(13) 俗於四墓愛之하여 則取財庫官庫殺庫어늘 夫財之取庫는 猶爲近理나 官殺何取於庫乎아 憎之則動云天羅地網이어늘 夫辰戌止是水火之墓니 豈諸干皆墓乎아 卽水火亦有時用庫하니 豈遂爲羅網乎리오 又謂少忌庫運하고 老喜庫運하니 夫原局過於發揚이면 少年亦利收欽이요 過於鬱塞이면 老年亦惡閉藏이니 此正與少畏死絶이요 老畏長生과 同一偏見耳라

세상 사람들이 사묘에 대하여 그것을 좋아하여 재고 관고 살고를 취하는데, 무릇 재에서 고를 취하는 것은 그래도 이치에 가깝다 하겠으나 관살은 왜 고를 취하는가? 그

것을 미워하여 동하는 것을 천라지망이라 하는데 무릇 辰戌은 다만 水火의 묘일뿐이니, 어찌 여러 干 모두의 묘가 되겠는가? 水火 역시 때때로 고를 쓰는데 어째서 마침내 羅網(라망)이 되겠는가? 또 말하기를 어려서는 庫운을 꺼리고 늙어서는 庫운을 좋아한다고 하는데, 무릇 원국이 발양에 지나치면 소년기에도 또한 수렴하는 것이 이롭고, 막힘에 지나치면 노년기에도 또한 닫고 감추는 것을 싫어하는 것이니, 이것은 바로 어려서는 사절을 꺼리고 늙어서는 장생을 꺼린다는 동일한 편견일 뿐이다.

(14) 緇流羽士之命으로 證果登仙者는 不特體格至淸커나 抑且福力至厚라 非人間大富貴人所可及也며 此不當以孤高求之니 其孤高者는 乃釋道中稍成品格者耳라 若尋常釋道는 只就五行推看하며 偏枯駁雜하면 自然世緣淡薄하니 必謂火土爲釋이오 金水爲道라 하니 其論固矣라

　승려나 도사의 命으로 진리를 깨닫고 신선의 경지에 오르는 것은 체격이 지극히 깨끗하거나 아니면 또한 복력이 지극히 두터워서일 뿐만 아니라, 인간으로 크게 부귀한 사람이 미칠 수 있는 바가 아니며, 이것은 고고함(홀로 세속

을 초월함)으로 그것을 구해서는 안 되니, 그 고고함이란 바로 불자나 도사 중에서도 조금씩 품격을 이루어 나가는 것일 뿐이다. 그러나 보통의 불자나 도사는 다만 오행에 따라 추간하며 편고하거나 뒤섞이면 자연히 세상과의 인연이 담박하니, 기필하여 말하기를 火土는 불자가 되고 金水는 도사가 된다고 하는데 그 논리는 틀림이 없다.

(15) 人命好運이 多或三四十年이니 須二十歲外行之하며 少或一二十年이니 須三十歲外行之하니 若好運太早하여 髫齡之日이나 弱冠之前이면 何遽能榮顯乎리오 卽或蒙親蔭世職라도 然好運過後에 福盡而算促矣리라

人命의 호운이 많으면 혹 30~40년이니 반드시 20세 이후에 행해야 하며, 적으면 혹 10~20년이니 반드시 30세 후에 그 운으로 행해야 하니, 만약 호운이 너무 일찍 와서 어린아이 때나 20세 이전이라면 어떻게 번영, 현달할 수 있겠는가? 혹 부모의 음덕을 입어 職(직)을 세습하더라도 호운이 지난 뒤에는 복이 다하여 꾀하는 일이 궁지에 빠질 것이다.

(16) 命有十分福氣에 行二三分惡運이면 都不覺凶이
요 四五分惡運이라도 亦止浮災細累며 至六七分惡運이
라야 方有重災니 福力本厚故也며 命有五分福氣에 行
一分惡運도 卽不如意요 二三分惡運이면 必見重災며
若四五分惡運卽死니 根基不堅故也라

命에 10分(100%)의 福氣가 있을 때 2～3분의 악운으로
행하면 대체로(조금도) 흉함을 깨닫지 못하고, 4～5분의
악운이라도 다만 가벼운 재앙이 조금 쌓일 뿐이며, 6～7분
의 악운에 이르러야 비로소 중한 재앙이 있는 것이니, 복
력이 본래 두텁기 때문이다. 命에 5분의 복기가 있을 때에
는 1분의 악운으로 행하더라도 곧 여의치 않고 2～3분의
악운으로 행하면 반드시 재앙을 만나며, 만약 4～5분의 악
운으로 행하면 곧 죽게 되니, 근기가 견고하지 않기 때문
이다.

(17) 命主旺甚에 行剋削之運宜利矣어늘 而或凶或死
는 何也오 譬之暴悍之人이 忽遭折挫에 多至引決也며
命主衰甚에 行滋助之運宜亨矣어늘 而或危或喪은 何也
오 譬之寒微之人이 驟得富貴면 反爲不祥也니 故旺勿

至於太元이요 弱勿至於無氣라

命主의 왕함이 심할 때 극하고 깎아내리는 운으로 행하면 이로워야 마땅한데도, 혹 흉하거나 죽는 것은 어째서인가? 비유하건대 사나운 사람이 갑자기 좌절을 만났을 때 자살에 이르는 경우가 많은 것과 같으며, 命主의 쇠함이 심할 때 자양하고 돕는 운으로 행하면 형통해야 하는데도, 위태롭거나 죽게 되는 것은 어째서인가? 비유하건대 빈한하고 미천한 사람이 갑자기 부귀를 만나면 도리어 상서롭지 못하게 되는 것과 같으니, 그러므로 旺해도 너무 높아지는 데에 이르지 말고, 약해도 氣가 없는 데에 이르지 말아야 한다.

(18) 人有此日坐罪나 而來日忽貴者요 前月登第나 而後月遽沒者는 非此運吉凶雜見乃吉運中微帶危機커나 凶運中偶扶貴氣耳며 又有以義氣攖禍患이나 而反致通達者요 由詭道得名利나 而反取喪亡者는 此則直是吉運, 絶非危機, 直是凶運, 毫無富貴氣也.

사람이 금일에는 죄를 짓고 형벌을 받았으나 뒷날에는 갑자기 귀하게 되는 경우가 있고, 전월에는 과거에 급제했으나 다음 달에는 갑자기 몰락하는 것은 운의 길흉이 섞여

서 나타난 것이 아니라, 바로 길운 가운데 위기를 조금 대
동하거나, 흉운 가운데 우연히 貴氣를 돕기 때문일 뿐이며,
義氣로 인하여 禍患(화환)에 다가갔다가 도리어 통달에 이
르는 경우도 있으며, 바르지 않은 수단으로 인하여 명예와
이익을 얻었다가 도리어 멸망을 취하게 되는 것은, 다만
그것이 길운이라서 절대로 위기가 아니거나 그것이 흉운
이라서 富貴의 氣가 전혀 없기 때문이다.

(19) 人命有十分吉運이나 而反休官何也며 宦途危險
하여 欲罷不能타가 一旦投閒하여 終身安枕하니 非十
分吉運이면 何能得此乎리오 有十分凶運이나 而反遷秩
者何也며 歷任平安타가 忽移重地에 變生意外하여 命
損須臾는 非十分凶運이면 何以至此乎리오

人命이 10분의 길운인데도 도리어 관직을 그만두는 경
우가 있는 것은 어째서이며, 벼슬길이 위험하여 그만두려
고 해도 그만둘 수 없다가 하루아침에 몸을 한직에 두어
종신토록 편안하게 지내기도 하는데, 10분의 길운이 아니
면 어떻게 이러함을 만날 수 있는가? 10분의 흉운인데도
도리어 관직의 승진이 있는 것은 어째서이며, 자리에 역임
할 때는 편안하다가 갑자기 중한 자리에 옮기자 뜻하지 않

은 곳에서 변고가 생기고 命이 잠시 손상되는 것은 10분의 흉운이 아니면 어째서 이러함에 이르는가?

(20) 凡看人命에 先問六親姓氏와 及前此履歷하여 一一詳悉이라야 方可推算이니 蓋已往之事는 雖驗無益하여 不足爲奇요 惟將來休咎를 果能洞見이라야 其人信之하여 上可積善改過요 下亦趨吉避凶이라 然非稽其已往이면 無以測其將來니 如或隱而不言커나 朦朧相試요 愼勿輕談妄斷이라

무릇 人命을 볼 때에는 먼저 육친의 성씨와 이전의 이력을 물어서 일일이 상세히 알아야 비로소 추산할 수 있으니, 대체로 지나간 일은 비록 증명되더라도 보탬이 없어 기이함이 될 수 없으며, 오직 장래의 길흉을 정말로 환하게 내다볼 수 있어야 그 사람이 그것을 믿어서 윗사람은 적선개과 할 수 있고 아랫사람도 추길피흉 하게 된다. 그러나 이미 지나간 것을 살피지 않으면 그의 장래를 헤아릴 수 없으니, 혹 숨기고 말하지 않거나 애매모호하게 상대를 시험하고 가볍게 말하거나 함부로 판단하지 말아야 한다.

(21) 舊書稱官爲祿이요 稱財爲馬니 易與日祿之祿과 驛馬之馬相混이며 又稱子丑爲鼠牛요 寅卯爲虎兔니 此類亦不爽目하니 故是集各正其名이라

구서에 官을 일컬어 녹이라 하고 財를 가리켜 馬라고 했는데, 역에는 일록의 녹과 역마의 마가 서로 섞여 있으며, 또 子丑을 가리켜 쥐와 소라 하고 寅卯를 범과 토끼라 했는데, 이러한 부류도 눈을 상쾌하게 하지 못하므로, 이러한 것을 모아서 각각 그 이름을 바로잡아야 한다.

(22) 舊書往往稱子午卯酉를 爲坎離震兌요 寅申巳亥를 爲艮坤巽乾하니 不知八卦加十二支之上이니 坎正在子位하여 傍占亥丑各二分半하며 離正占午位하여 旁占巳未各二分半하며 震正占卯位하여 旁占寅辰各二分半하며 兌正占酉位하여 旁占申戌各二分半하며 艮則占丑寅各七分半하고 坤則占未申各七分半하고 巽則占辰巳各七分半하고 乾則占戌亥各七分半하니 謂子午卯酉를 爲坎離震兌가 猶曰擧其重者言之면 謂寅申巳亥를 爲艮坤巽乾은 何以偏擧其少하고 獨遺其多乎아 夫地道只十二支一層耳요 加以天干是第二層이며 加以八卦是第三

層이니 堪輿家以六十四卦十二支를 分爲二十四山하니
識者猶以爲不盡然이어늘 況命理而可分裂諸支하여 妄
擧四卦也耶리오

구서에 왕왕 子午卯酉를 가리켜 감리진태라 하고 寅申
巳亥를 간곤손건이라 했는데, 8괘를 12支상에 더할 줄을
모르기 때문이니, 坎은 子位에 바르게 있으면서 옆으로 亥
丑을 각각 2분반씩 차지하고 離(이)는 午位를 바르게 차지
하면서 옆으로 巳未를 2분반씩 차지하며, 震은 卯位를 바
르게 차지하면서 옆으로 寅辰을 2분반씩 차지하며, 兌는
酉位를 바르게 차지하면서 옆으로 申戌을 각각 2분반씩
차지하며, 艮은 丑과 寅을 각각 7분반씩 차지하고 坤은 未
申을 각각 7분반씩 차지하고 巽은 辰巳를 각각 7분반씩
차지하고 乾은 戌亥를 각각 7분반씩 차지하고 있는데, 子
午卯酉를 가리켜 감리진태라고 한 것이 오히려 그 중한 것
을 들어서 말한 것이라면 寅申巳亥를 건곤손건이라 한 것
은 무엇 때문에 그 적은 것을 치우쳐 들고 유독 그 많은
것을 버리는가? 무릇 地道는 다만 12支가 1층일 뿐이고 천
간을 더한 것이 제2층이며 8괘를 더한 것이 제3층인데, 감
여가들이 64괘와 12支를 나누어 24山을 만들었으니, 식자
들이 오히려 그것을 다 옳다고 여기지 않는데 하물며 命理

에서 모든 지지를 분열하여 함부로 4괘를 열거할 수 있겠는가?

(23) 世俗相傳에 父命凶이면 則能剋子요 子命凶이면 則能剋父며 夫命凶이면 則能剋妻요 妻命凶이면 則能剋夫라 하여 遂至有骨肉相怨憎者니 此說殊誤나 凡父命中子星破壞면 可以推其子之不肖나 非因父命而剋子也며 子命中父星衰絶이면 可以推其父之早逝나 非因子命而剋父也며 夫命中妻星損壞면 可以推其妻之頻喪이나 非因夫命而剋妻也며 妻命中夫星死絶이면 可以推其夫之不祿이나 非因妻命而剋夫也라

세속에서 서로 전하기를 父命이 흉하면 자식을 극할 수 있고 자식의 命이 흉하면 父를 극할 수 있으며, 夫의 命이 흉하면 처를 극할 수 있고 처의 命이 흉하면 남편을 극할 수 있다고 하여, 마침내 골육끼리 서로 원망하고 미워함이 있기에 이르니, 이러한 설은 특히 잘못된 것이다. 무릇 父命에 子星이 파괴되면 그 자식이 불초함을 추측할 수는 있으나 父命으로 인하여 자식을 극하는 것이 아니며, 子命중에 父星이 쇠절되면 그 父의 일찍 죽음을 추측할 수는 있

으나 子命으로 인하여 父를 극하는 것이 아니며, 夫命중
妻星이 손괴되면 그 처의 자주 상망함을 추측할 수는 있으
나 夫命으로 인하여 처를 극하는 것이 아니며, 妻命중에
夫星이 사절되면 그 夫의 죽음을 추측할 수 있으나 妻命으
로 인하여 夫를 극하는 것이 아니다.

(24) 昔人有言하되 能讀千賦면 則曉賦하고 能觀千
劍이면 則曉劍이라 凡欲究心斯道면 須收集舊命하여
并海內現在諸命과 挨順年月日時하여 編成底本하여 詳
錄六親履歷하고 考古證今하면 自然命理精通이나 若祇
有閱看術家舊刻之書하고 僅推相與親知之命이면 此猶
空讀醫經하고 未嘗臨千百人之症하여 用千百劑之藥이
어늘 遽欲立方中病하여 難矣라

옛사람이 말하기를 천편의 부를 읽으면 부를 환하게 알
수 있고, 천개의 검을 보면 검을 환하게 알 수 있다고 했
는데, 무릇 이 道에 마음을 다하고자 한다면 반드시 옛 명
조를 수집하여 나라 안의 현재 여러 명조와 함께 연월일시
순서에 따라 저본(책의 초고)을 만들어 육친의 이력을 상
세히 기록하고 옛날을 살피고 현재를 증명하면 저절로 명

리에 정통할 것이나, 단지 술가들이 예전에 써 놓은 책만 열람해 보고 겨우 친지의 命과 함께 헤아려 본다면, 이것은 의서를 헛되게 읽고 천백인의 병증에 임하여 천백제의 약을 써 본 적이 없으면서 갑자기 곧바로 병에 알맞게 처방하려는 것과 같아서 어려울 것이다.

(附) 張神峯闢五行諸謬(장신봉벽오행제류)(十則)

(1) 婁景以爐中海中大林路傍等을 配納五行爲歌하여 使人成誦하니 後世謂爲實然하며 若 三車一覽, 望斗眞經, 蘭臺妙選 等書는 俱不論生剋正理하고 漫以江山水石風雨立說하며 又以人之生年十二支生肖所屬으로 論人吉凶은 尤爲謬妄이니 如宜黃縣兵部尚書譚二華八字는 庚辰甲申丁未丙午니 本係身强殺淺하여 假殺爲權이라 喜行殺旺之地어늘 乃舍此正理하고 謬言其命屬龍하며 得丁未丙午日時는 爲之龍奔天河니 以龍遇水爲極貴라 하여 有一貧命은 庚辰甲申癸亥癸亥니 亦可以龍入大海論之어늘 何以極貧고 緣此八字水多爲病이니 再行

北方運하면 以水濟水니 正謂背祿逐馬로 守窮途而悽惶
也라 且如人屬鷄犬猪羊이라도 亦有貴命이니 將似何理
論之48)리오 又有破碎吞陷等煞과 及小兒雷公金鎖斷橋
百日鷄飛等關은 祇以生年一字가 犯某日某時爲言커늘
以至驚人父母하니 夫在八字干支는 以生剋制化의 正理
搜尋도 尙且禍福不驗이어늘 乃欲執一字하여 以定生死
乎리오

婁景(누경)이 노중 해중 대림 노방 등을 오행에 배치하
여 노래를 만들어 사람들에게 외우게 하니, 후세에 그것을
진실처럼 여겼으며, 『삼차일람』, 『망두진경』, 『난대묘선』
등의 책은 모두 생극의 바른 이치를 논하지 않고 멋대로
강산 수석 풍우 등으로 설을 세우고, 또 사람의 생년 12支
의 생긴 형상이 속한 바로써 사람의 길흉을 논한 것은 더
욱 잘못되고 망령된 것이니, 예컨대 의황현의 병부상서 담
이화의 팔자는 庚辰甲申丁未丙午이니 본래 身이 강하고
살이 약하여 살을 빌려 권으로 삼아야 하므로 살이 왕한
곳으로 행하는 것이 좋은데, 마침내 이러한 바른 이치를
버리고 그 命이 龍(용)에 속하며 丁未丙午 일시를 만난 것

---

48) 似는 以의 잘못인 듯함.

은 용이 은하수를 달리는 것이 되니 용이 물을 만나는 것을 지극히 귀하게 여긴다고 잘못 말했으며, 어떤 가난한 命은 庚申甲申癸亥癸亥이니 용이 大海로 들어가는 것으로 논할 수 있는데, 어째서 가난한가? 이 팔자는 水가 많은 것을 病으로 여기는데 다시 북방운으로 행하면 水로써 水를 구제하니 바로 녹을 등지고 馬를 쫓는다고 말하는 것이므로, 벼슬하지 못하고 곤궁한 처지를 지키며 처량하게 됐기 때문이다. 또 가령 사람이 닭, 개, 돼지, 양에 속하는데도 貴命이 있으니, 장차 어떠한 이치로 이것을 논할 것인가? 또 파쇄 탐함 등의 煞과 소아의 뇌공 금쇄 단교 백일 계비 등의 關은 다만 생년 一字가 모일 모시를 범하는 것을 말할 뿐인데, 그것으로 남의 부모를 놀라게 하기에 이르니, 무릇 팔자간지는 생극제화의 바른 이치로 찾아도 또한 화와 복이 증명되지 않음이 있는데, 한 글자에 집착하여 生死를 정하고자 하는가?

(2) 呂才合婚書도 俱爲理之所無니 人之婚姻은 由於前定이라 擇婚擇命은 不過父母愛子之心하며 男之擇女也엔 八字貴看父子二星이요 女之擇男也엔 八字貴得中和之道니 何以妄立骨髓破鐵掃帚六害大敗狼籍飛天八敗

孤虛等謬說이리오 將生年十二支가 止以月家一字爲犯
이니 豈有是理耶아 夫合年月日時及地支所藏하여 論人
休咎라도 尚不能得거늘 況獨取年月兩字하고 不與日時
相關乎아 世俗遂以爲眞을 彼高明者가 知其無驗而破之
면 人亦不信이니 卽如發科發甲者가 止讀儒書하고 未
諳此理오 遂亦酷信以致下愚之人曰하되 彼讀書人尚且
信之어늘 我何疑焉이며 又或八字果係偏枯커나 太弱太
旺커나 有病無藥에 不以爲正理未佳어늘 只怨帶此諸凶
爲害하고 愚謂此等妄語하니 必毁其板하고 火其書한
而後可라

여재의 합혼서도 모두 이치가 없는 것으로 간주하니, 사
람의 혼인은 미리 정해진 것에 연유하므로, 혼인할 명을
선택하는 것은 부모가 자식을 사랑하는 마음에 불과하다.
남자가 여자를 선택할 때에는 팔자에서 父와 子 두 星을
보는 것을 귀하게 여기고 여자가 남자를 선택할 때에는 팔
자가 중화의 도를 만나는 것을 귀하게 여기는데, 어째서
함부로 골수파 철소추 육해 대패 낭자 비천 팔패 고허 등
잘못된 설을 세우는가?

무릇 생년의 12支가 다만 월에서 한 글자를 차지하고 있

는 것을 범하는 것으로 여기니, 어찌 이러한 이치가 있겠는가? 연월일시와 지지에 소장된 것을 합하여 사람의 길흉을 논하더라도 오히려 해득할 수 없는데, 하물며 오직 연과 월 두 글자만을 취하고 일시와는 서로 관련을 주지 않음이랴?

세속에서 참되게 여기는 것은 저 고명한 자들이 그 증명됨이 없음을 알고 그것을 타파하면 사람들 또한 믿지 않을 것이니, 가령 과거에 급제한 자가 다만 유학의 책만 읽고 이러한 이치를 알지 못한 채 드디어 심하게 믿어서 어리석은 사람들이 말하기를 저 글을 읽은 사람도 오히려 믿는데 내가 왜 그것을 의심하랴 할 것이며, 또 혹시 팔자가 정말로 편고하거나 태약하거나 태왕하거나 병만 있고 약이 없는 경우에 이것을 바른 이치로 따져 보면 아름답지 않음이 없는 법인데, 다만 이러한 여러 가지 흉함을 지닌 것을 원망하여 해로운 것으로 여기고 반드시 판목을 헐어 버리고 불태워 버린 뒤에야 옳게 될 것이다.

(3) 進財退財나 望門守寡는 妻多危하고 夫多厄하며 死墓絶은 妨夫妻하니 止以人之生年金木水火土로 納音所屬月上一字犯之하니 夫退財進財가 係乎自己命運이

요 安有他人家男女가 而能致我之禍耶리오

　진재·퇴재나 망문·수과가 있으면 처에게 위태로움이
많고 남편도 재액이 많으며, 사묘절은 夫妻를 방해하는데
다만 사람이 태어난 해의 金木水火土로 납음에 속한 것을
月上의 한 글자를 범했기 때문이라 하니, 夫의 퇴재나 진
재가 자기의 운명에 관계된 것이지, 어찌 다른 집의 남녀
가 나의 재앙을 이르게 할 수 있겠는가?

　(4) 女命以八敗桃煞爲首忌하니 八敗如猪羊犬吠春三
月이니 蓋以亥未戌人이 三月生者를 遂爲八敗하니 不
論日時하고 不論夫子하니 其謬甚矣며 桃花煞은 如寅
午戌兔從茅裏出이니 蓋取寅午戌屬火요 沐浴於卯니 火
在卯上沐浴하면 有裸體之嫌이니 其謬甚矣라 吾見夫子
兩全富貴老婦하니 因其幼帶八敗諸煞이라 父母將其八
字改造適人하고 及至臨終하여 始告夫子眞造를 以紀譜
志墓라 하니 嘗取其眞造視之컨대 原係夫子明透하고
理得中和로되 世俗止謂其帶八敗諸凶하고 而不知其八
字甚美也라

　女命은 팔패와 桃煞(도살)을 첫째로 꺼리게 되는데, 팔패

는 예컨대 돼지, 양, 개가 춘삼월에 짖는 것으로, 이것은 亥未戌人이 3월에 태어난 것을 곧 팔패라 하는데, 일과 시는 논하지 않고 지아비와 자식도 논하지 않으니 그 잘못됨이 심하며, 도화살은 예컨대 寅午戌은 토끼가 띠풀 속에서 나오는 것과 같으니, 이것은 寅午戌은 火에 속하고 卯는 목욕이 되는데, 火가 卯上에서 목욕하면 나체의 혐오가 있음을 취한 것이니 그 잘못됨이 심하다. 나는 지아비와 자식이 모두 온전하고 富貴한 老婦(노부)를 보았는데, 그가 어릴 때 사주에 팔패와 여러 煞을 지녔기 때문에 부모가 그의 팔자를 고쳐서 시집보내고 임종에 이르러서야 비로소 지아비와 자식에게 진실한 명조를 알렸다고 족보에 기록하고 묘에 기재하였다는데, 그의 진짜 명조를 취하여 그것을 보니 원래 지아비와 자식과 관계된 것이 밝게 투출하고 이치상 중화를 이루었는데도, 세속에서 다만 그 팔패와 여러 凶을 지닌 것만을 말하고 그 팔자의 매우 아름다움을 알지 못한 것이다.

(5) 合婚書以男女年命宮數가 配合天醫福德爲上婚이요 游魂歸魂爲中婚이요 五鬼絶命爲下婚이니 若果有是理면 則凡議婚者에 俱擇上中者配之하고 擇下者舍之니

天下必無怨女曠夫矣라 或曰하되 男女俱擇四柱好命相
配면 則下命者는 當看男命帶比肩劫財重者에 擇女命帶
傷官食神重者配之하고 女命帶傷官食神重者에 擇男命
帶比肩劫財重者配之라 하니 庶幾近理라

합혼서에서 남녀의 年命 宮數(궁수)가 천의 복덕에 배합
되는 것을 上婚으로 여기고 유혼 귀혼을 中婚으로 여기고
오귀 절명을 下婚으로 여기는데, 만약 정말로 이러한 이치
가 있다면 무릇 혼인을 의논하는 경우에 모두 上과 中에
해당되는 자를 택하여 그를 배필로 삼고 下에 해당되는 자
를 버릴 것이니 천하엔 반드시 과부와 홀아비가 없어야 할
것이다. 혹자는 말하기를 남녀가 모두 사주가 좋은 命을 택
하여 서로 짝을 맺는다면 下命者는 마땅히 남명은 비견 겁
재를 지닌 것이 중한 경우에는 여명을 택할 때 상관 식신
이 중한 자를 배우자로 삼고, 여명이 상관 식신을 지닌 것
이 중한 경우에는 남명을 택할 때 비견 겁재를 중하게 대
동한 자를 배우자로 삼는다고 하는데, 거의 이치에 가깝다.

(6) 珞琭子專以財官爲主하니 雖人以財爲依傍이나 然
財官太旺하고 日主太弱하면 則身不能任其財官이며 苟
日主太旺하고 財官氣輕하면 則財不敷身主之運用이니

當以財官日主二者參看이라 子平書云하되 財官輕而日
主旺이면 運行財官最爲利요 財官旺而日主弱이면 運行
生旺最爲奇라 하니 此言至當至約하며 若珞琭子所言止
要財官生旺하고 不看日主强弱하면 不亦甚謬乎아

　낙록자는 오로지 재관을 위주로 했는데, 비록 재를 기댈
만한 것으로 여기지만 재관이 태왕하고 일주가 태약하다
면 身이 그 재관을 감당할 수 없으며, 만일 일주가 태왕하
고 재관의 氣가 경미하면 재가 身主의 운용에 베풀어지지
못할 것이니, 마땅히 재관과 일주 두 가지를 참고하여 보
아야 한다. 자평서에 말하기를 재관이 경미하고 일주가 왕
성할 때에는 운이 재관으로 행하는 것이 가장 이로우며,
재관이 왕하고 일주가 약하면 운이 생왕한 곳으로 행하는
것이 가장 기특하다고 했는데, 이 말이 지극히 마땅하고
지극히 요점을 얻었으며, 만약 낙록자가 말한 것처럼 다만
재관이 생왕한 것만을 중요하게 여기고 일주의 강약을 보
지 않는다면 또한 매우 잘못된 것이 아니겠는가?

(7) 一日德格은 有甲寅丙辰戊辰壬戌五日하니 何以
見其爲德이리오 不考原委來歷하고 輒以日德名之하니
豈非謬說乎리오

일일덕격은 甲寅·丙辰·戊辰·壬戌 등 5일이 있는데, 무엇 때문에 그것이 덕이 된다고 보았는가? 원래의 내력을 살피지 않고 대수롭지 않게 일덕이라고 이름했으니, 어찌 잘못된 설이 아니겠는가?

(8) 魁罡格取壬辰庚戌庚辰戊戌臨四墓之上하니 爲魁罡이면 能掌大權이니 何以臨四墓之上이라야 遂能如此리오 亦謬說也라

괴강격은 壬辰·庚戌·庚辰·戊戌이 사묘상에 임하는 것을 취하는데, 괴강이 되면 대권을 장악할 수 있다 하니, 어째서 사묘상에 임해야만 마침내 이와 같을 수 있겠는가? 이 또한 잘못된 설이다.

(9) 六壬趨艮格은 謂用寅中甲木이 能合己土爲壬之官하고 寅中丙火가 能合辛金爲壬之印하니 俱是無中生有며 大抵與拱祿飛祿祿馬之說과 相爲表裏나 而此說尤非也라 六甲趨乾格은 謂亥乃天之門戶하니 甲日生人臨此면 謂之趨乾이니 假如別日干生臨亥上면 何以不謂之趨乾乎아 豈天門祇好此六甲來趨乎아 夫天體至圓하여

本無門戶니 卽以乾居西北하여 類天之門戶하니 豈可論
人之禍福乎리오

　육임추간격은 寅中 甲木이 己土와 합할 수 있으니 壬의
관이 되고 寅中의 丙火가 辛金과 합할 수 있으니 壬의 印
이 된다는 논리를 쓰는 것을 말하는데, 이것들은 모두 無
에서 有가 생기는 것이며 대체로 공록 비록 녹마의 설과
서로 표리가 되지만 이설이 더욱 잘못되었다. 육갑추건격
은 亥가 곧 天의 문호가 되는 것을 말하는데, 甲日생인이
여기에 임하면 추건이라 하는데, 가령 다른 일간에 생한
사람이 亥上에 임하면 어째서 그것을 추건이라 하지 않는
가? 어찌 天門이 다만 六甲으로 따르는 것만을 좋아하는
가? 무릇 천체는 지극히 둥글어서 본래 문호가 없는데, 곧
건이 서북에 거하므로 天의 문호와 같다고 여기니, 어찌
사람의 화와 복을 논할 수 있겠는가?

　(10) 勾陳得位格은 以日主臨財官之地也니 夫身主不
柔면 能任財官하니 謂之得位秉權宜矣나 若身主氣弱이
요 臨財官太旺之地거나 或爲財多身弱거나 或爲煞重身
輕을 以之爲美면 豈不謬乎리오

　구진득위격은 일주가 재관의 자리에 임하는 것이니, 무

릇 身主가 유약하지 않으면 재관을 감당할 수 있으니 이것을 득위하여 권세를 잡는 것이 당연하다고 말하는데, 만약 身主의 기가 약하면서 재관이 태왕한 자리에 임하거나 혹 재다신약이 되거나 殺이 중하고 身이 경미한 것 등을 아름답다고 여긴다면 어찌 잘못이 아니겠는가?

옛 선인들이 저술한 훌륭하고 귀중한 많은 명리서 가운데에서 『자평진전』, 『이허중명서』, 『적천수천미』, 『궁통보감』에 이어 『명리약언』을 번역하여 출간하게 되었다.

『명리약언』을 번역하고 보니 그 이론의 가치와 위치가 대단하다는 것을 알 수 있었다. 역자 서문에 그 이유를 기록하였으니 더 말하지는 않겠다. 다만 세상의 평가나 알려짐이 거기에 미치지 못함이 있어 안타까움이 매우 컸다.

오행의 생극제화와 억부 이론으로 간명하는 『명리약언』은 지금 시대에 맞는 실용적인 체계를 세운 최초의 명리이론 책이라고 할 수 있다. 命을 보는 명리이론이나 이론의 적용과 방법도 시대적 변화와 환경, 직업, 주거, 생활양식 등 현대인의 의식에 따라 알맞은 방향으로 나아가야 한다고 본다. 『명리약언』은 잡다하고 어수선하고 기이한 많은 이론을 조목조목 따져서 버릴 것은 확실히 배제하고 이론의 근거가 확실치 않은 것은 그 이론의 근거를 밝힌 후에 적용해야 한다고 분명히 하였다. 그리고 통일되고 일관성이 있는 이론으로 공식화되어 있음과 앞선 명리이론보다 개혁적이라는 점에 역자는 크게 감탄하였다.

命을 보기 위해서는 명리이론서로 먼저 열심히 학문에 힘써 기초를 다지고 깨우친 후에 많은 사람을 간명하는 과정을 거쳐야만 예리한 증험함을 얻게 된다. 『명리약언』이야말로 초학자부터 전문가에 이르기까지 명리이론을 깊고 논리적으로 공부할 수 있는 최적의 전문 명리서라고 할 수 있다. 부족함이 많음에도 불구하고 이 책을 번역 출간하니, 명리를 공부하는 모든 분께 작은 도움이라도 되었으면 하는 간절한 마음뿐이다.

『명리약언』을 비롯한 여러 책을 번역할 수 있도록 훌륭한 명리서를 저술해 주신 옛 선인들에게 머리 숙여 감사드린다. 그리고 한결같이 지도해 주신 미당 이동윤 스승님의 무한한 은혜에 마음 깊이 감사드린다. 언제나 따뜻한 마음으로 함께한 서소옥 선생님, 안명순 선생님께는 여전히 사랑한다는 말씀을 전한다.

2015년 12월 正明院에서
旦岩 김정혜

命理學의 근간이 되는 명리서들을 접하고 그 심오한 이치와 정밀한 원리에 감탄하며, 부족한 능력과 게으른 걸음에 한탄하며, 그래도 하나라도 알게 되는 것에 기뻐하며 지내온 學習의 시간들이었다.

명리 이론들을 세세하고 분명하게 밝혀 놓은 명리학 고전들을 번역하면서 배우는 이들에게 명리서의 올바른 이해와 정확한 전달이 얼마나 중요한가를 절실하게 깨닫는 시간들이기도 했다.

앞서 내놓은 『자평진전』과 『적천수천미』와 함께 『명리약언』도 명리학을 연구하는 이들에게 필독서라 할 수 있는 책이다.

『명리약언』은 오행의 근본 원리에서 벗어나 혹세무민하고 견강부회할 수 있는 여러 속된 이론들을 강력하게 비난하고 그 이론에 대한 잘못을 논리정연하게 지적하면서 이론의 무용함을 낱낱이 밝히고 있다.

『명리약언』은 명리학의 바른 근간을 세우고, 불필요한 이론들을 배제할 수 있도록 체계적으로 명리 이론을 정리하고, 명리 이론을 더욱 단단하게 다질 수 있는 지침서가 될 것이다.

원저자의 뜻을 오해하거나 잘못 전달하는 일이 없도록 원문의 글자마다 여러 번 살펴서 정성껏 번역하였고, 명리학을 공부하는 이들이 바르게 명리 이론을 이해하고 정립할 수 있는 데 도움을 주고자 하는 한 가지 마음으로 책을 내었다.

항상 변함없이 존경스러운 모습으로 따뜻한 가르침을 주시는 이동윤 스승님께 한없는 감사의 말씀을 드리고, 오랜 시간 더욱 깊어지는 정으로 인연의 소중함을 느끼게 해 주시는 김정혜 선생님, 안명순 선생님께도 감사드린다.

2015년 12월 황령산 자락에서

樂淸 서소옥

역자 후기

論語에 "命을 알지 못하면 君子가 될 수 없다"고 하였으니 예나 지금이나 命을 알고자 부단히 노력하고 배우려 든다.

그러나 命을 다 배우는 것이 어찌 쉬운 일이겠는가? 거기에는 반드시 두 가지 일이 겸비되어야 비로소 공력을 볼 수 있으니 그중 하나는 독서를 많이 하는 것이고 또 하나는 看命을 많이 하는 것인데 독서를 많이 하면 학술이 정밀해지고 간명을 많이 해보면 경험이 풍부해지므로 요즘 사람들의 命을 가지고 古人의 書, 즉 命理原典을 참고하여 맞춰 보기를 오래도록 한다면 저절로 자세히 이해하고 일관되게 통하여 무엇이 옳고 그른지를 통달하기가 어렵지 않을 것이라는 가르침을 준 스승 石泉公의 말씀을 소중히 하였다고 한다.

이 가르침은 명리 공부를 하며 교육 현장의 일선에 있

는 역자에게도 아주 훌륭한 조언임이 틀림없다. 古書에서 전해져 내려오는 이론들을 배제하고서는 학술적 정통성을 설명할 수 없음이다. 연우님들과 함께 그동안 번역해 출간한 『자평진전』, 『이허중 명서』, 『적천수천미 상·하』, 『궁통보감』 등의 원전들 속에 숨겨진 이론들을 어찌 쉽게 간과할 수가 있겠는가? 그 소중함을 알기에 이번에 또 『정선 명리약언』을 번역하여 출간하게 되었다.

『명리약언』은 문장이 단정하고 품위가 있을 뿐 아니라 고증과 근거가 상세하고 분명하였다. 청나라 진소암이 쓴 『명리약언』이 300년 동안이나 초야에 묻혀 있던 것을 위천리가 註를 달아 『정선 명리약언』이란 이름으로 다시 공개를 하였다. 위천리는 註를 달면서 초학자들로 하여금 그것을 읽고 얕은 곳에서 깊은 곳으로 들어갈 수 있으며 고명한 사람들은 그것을 읽고 같은 것을 근거로 다른 것을 고찰할 수 있게 주를 달게 된 사유를 말하면서 혹 사족의 비난을 받지 않을까 염려가 된다고 하였으나 오히려 각 책들의 특징을 비교 분석하는 데 도움이 되리라 생각한다. 역자 세 사람은 초지일관으로 뜻을 관철하여 古書를 번역하면서 한문 해석 시 한 글자도 빼놓지 않고 정직하게 번역을 하였고 독자들에게 혼동을 주지 않고 빠른 이해를 돕기 위해서 불필요한 설명이나 의역을 덧붙이지 않았다. 그럼에도 불구하고 미진한 점이 있으리라 염려가 된다. 命理에 조예가 깊으신 석학들과 사리에 통달한 학인들의 조언에 겸허히 감사한 마음을 전하고자 한다.

역자들이 여섯 권의 책을 출간하기까지 옆에서 고귀한 가르침과 깨우침을 주신 이동윤 스승님께 말로 다할 수 없이 정성스러운 마음을 실어서 깊은 감사를 드립니다. 또한 김정혜 선생님과 서소옥 선생님께도 긴 대장정을 함께할 수 있어서 기쁜 마음을 드린다.

2015년 12월 川泉연구실에서

寶楨 안명순

초판인쇄 2016년 3월 21일
초판발행 2016년 3월 21일

옮긴이 김정혜, 서소옥, 안명순
펴낸이 채종준
펴낸곳 한국학술정보㈜
주소 경기도 파주시 회동길 230(문발동)
전화 031) 908-3181(대표)
팩스 031) 908-3189
홈페이지 http://ebook.kstudy.com
전자우편 출판사업부 publish@kstudy.com
등록 제일산-115호(2000. 6. 19)

ISBN 978-89-268-7198-0 93150